# A EDUCAÇÃO
# NO SÉCULO XXI

E24 A educação no século XXI: os desafios do futuro imediato / organizado por Francisco Imbernón; trad. Ernani Rosa – 2.ed. – Porto Alegre : Artmed, 2000.

ISBN 978-85-7307-664-6

1. Educação – Século XXI. I. Imbernón, Francisco. II. Título.

CDU 37.012"21"

Catalogação na publicação: Mônica Ballejo Canto – CRB 10/1023

# A EDUCAÇÃO NO SÉCULO XXI

## Os desafios do futuro imediato

**F. Imbernón**
(organizador)

L. Bartolome, R. Flecha, J. Gimeno Sacristán,
H. Giroux, D. Macedo, P. McLaren,
T. S. Popkewitz, L. Rigal, M. Subirats, I. Tortajada

**Tradução:**
*Ernani Rosa*

**Consultoria, supervisão e revisão técnica desta edição:**
*Ilza Rodrigues Jardim*
Professora da Faculdade de Educação da UFRGS.

Reimpressão 2008

2000

Obra originalmente publicada sob o título
*La educación en el siglo XXI: los retos del futuro inmediato*
© Editorial Graó, 1999
ISBN 84-7827210-0

Capa:
*Mário Röhnelt*

Preparação do original:
*Magda S. Chaves*

Supervisão editorial:
*Patrícia Barreto S. Lima*

Editoração eletrônica:
*Formato Artes Gráficas*

Reservados todos os direitos de publicação, em língua portuguesa, à
ARTMED® EDITORA S.A.
Av. Jerônimo de Ornelas, 670 - Santana
90040-340 Porto Alegre RS
Fone (51) 3027-7000   Fax (51) 3027-7070

É proibida a duplicação ou reprodução deste volume, no todo ou em parte, sob quaisquer formas ou por quaisquer meios (eletrônico, mecânico, gravação, fotocópia, distribuição na Web e outros), sem permissão expressa da Editora.

SÃO PAULO
Av. Angélica, 1091 - Higienópolis
01227-100 São Paulo  SP
Fone (11) 3665-1100   Fax (11) 3667-1333

SAC 0800 703-3444

IMPRESSO NO BRASIL
*PRINTED IN BRAZIL*
Impresso sob demanda na Meta Brasil a pedido de Grupo A Educação.

# **AGRADECIMENTOS**

Este é um livro coletivo na idéia e na execução, do qual muitas pessoas participaram. Em primeiro lugar, quero agradecer à colaboração dos autores que atenderam ao meu convite e ocuparam seu tempo escrevendo algumas páginas para que repensemos a educação do presente e projetemos a do futuro.

Entre as pessoas que ajudaram na realização deste livro, gostaria de destacar Gregorio Casamayor e Rosa Guitart, da Editora Graó, que me estimularam a colocar em prática a idéia e então revisaram e melhoraram o original com suas sugestões.

A Ramón Flecha e María José Bernal, do Centro de Investigación en Educación de Personas Adultas (CREA), da Universitat de Barcelona, que me ajudaram muito na seleção e na busca de autores. Sem a perseverança e a amizade deles não teria sido possível publicar estes escritos.

# Os autores e os temas

**Ramón Flecha e Iolanda Tortajada**

Ramón Flecha é catedrático do Departamento de Teoria Sociológica, Filosofia do Direito e Metodologia das Ciências Sociais da Universitat de Barcelona. Diretor do CREA da Universitat de Barcelona. Seu último livro em espanhol é *Compartiendo palabras* (Paidós, 1997) e, em inglês, *Critical education in the new information age* (Rowman & Littlefield publishers, Inc., 1999), juntamente com Castells, Freire, Giroux, Macedo e Willis. Seu artigo mais recente é "Modern and Postmodern Racism in Europe: Dialogic Approach and Anti-Racist Pedagogies" (*Harvard Educational Review*, 1999).

Iolanda Tortajada é professora da Universitat Ramon Llull de Barcelona (Espanha). Pesquisadora do CREA da Universitat de Barcelona. Co-autora de *Transitions towards lifelong learning in Spain* (NIER-UNESCO, Tóquio). Está finalizando sua tese de doutorado sobre Goffman, Habermas e a metodologia de pesquisa social em centros penitenciários em que trabalhou durante oito anos. Fez parte de equipes de pesquisa que realizaram trabalhos para a União Européia, a Unesco e outras instituições.

Ramón Flecha e Iolanda Tortajada situam-nos em seu texto (Capítulo 1) em uma reflexão sobre as características da sociedade da informação e suas conseqüências nas práticas educativas. O texto coloca propostas, como a aprendizagem dialógica e as comunidades de aprendizagem, como alternativas educativas para a educação no futuro próximo.

**José Gimeno Sacristán**

José Gimeno Sacristán é catedrático de didática e organização escolar da Universitat de Valencia (Espanha). Também foi professor da Universidad Complutense de Madrid e da Universidad de Salamanca. Em sua produção intelectual, destacam-se as seguintes obras já traduzidas pela Artmed Editora: *Poderes instáveis em educação* (1999); *O currículo – uma reflexão sobre a prática* (2000); e, em colaboração com A.I. Pérez Gomez, *Compreender e transformar o ensino* (1998).

"A educação que temos, a educação que queremos" (Capítulo 2) é o texto que apresenta neste livro. José Gimeno Sacristán, depois de uma interessante rememoração do projeto educativo desenvolvido durante o século XX, na qual debulha quais aspectos ainda serão revitalizados e relidos, leva-nos a uma reflexão sobre a necessidade de busca de uma nova narrativa educativa sem perder os referenciais essenciais.

## Henry Giroux

Henry A. Giroux ocupa a cátedra Waterbury na Escola de Educação Secundária da Penn State University (Estados Unidos). Foi professor em Miami University, Tufts University e Boston University. Publicou numerosos artigos científicos e capítulos em diferentes revistas e livros (o mais recente de todos é "Crítica Cultural, Estudios Culturales", Harvard Educational Review e New Art Examiner). Além disso, é autor de 17 livros e organizador de sete. Organizador de três séries de livros que abrangem os campos da pedagogia, dos estudos culturais e da reforma educativa, publicados, respectivamente, por SUNY Press, University of Minnesota Press Bergin e Garvey Press. Seus livros incluem: *Educación Postmoderna, Cruzando límites, Vivir peligrosamente* (ganhador do prêmio Gustav Myers de 1995 como um dos melhores livros sobre Direitos Humanos na América do Norte); *Placeres: Aprendiendo cultura popular;* e *Culturas fugitivas: raza, violencia y juventud*. Seus livros mais recentes são: *Channel Surfing: Race talk and the politics of destruction of today's youth* (St. Martin) e *Pedagogy and the politics of hope* (Westview Press). É membro do Comitê Editorial de 14 revistas e, atualmente, é diretor do *Waterbury Forum in Education and Cultural Studies,* na Penn State University.

"Pedagogia crítica como projeto de profecia exemplar: cultura e política no novo milênio" (Capítulo 3) é um texto que, a partir da análise do atual debate sobre o profissionalismo do professor, mostra-nos como a escola e a cultura democráticas devem criar uma nova linguagem e um novo discurso crítico para entender a relação entre a escolaridade e a política da cultura, bem como ver essa relação no marco global da crise da democracia e da vida pública.

## Francisco Imbernón

Francisco Imbernón é catedrático de didática e organização escolar da Universitat de Barcelona (Espanha), professor honorário da Universitat Nacional Autónoma de Nicaragua-León e diretor da revista pedagógica em catalão *Guix* desde 1979. Entre suas publicações destacamos: *Una alternativa pedagógica* (1982); *La formació permanent del professorat. Anàlisi de la formació dels formadors* (1987), prêmio Renovação Pedagógica; *La formación del profesorado* (1994); *La formación y el desarrollo profesional del profesorado. Hacia una nueva cultura profesional* (1994); e *En busca del discurso educativo* (1996).

O tema que desenvolve é "Amplitude e profundidade do olhar: a educação ontem, hoje e amanhã" (Capítulo 4), no qual examina (e busca alternativas) os dois desafios mais importantes, segundo o autor, da educação do futuro: a educação favorecerá a igualdade de oportunidades e a eqüidade, ou, pelo contrário, será um fator de seleção, de marginalização e de exclusão; e analisa a importância no futuro da educação como desenvolvimento da participação e de envolvimento político dos cidadãos.

## Donaldo Macedo e Lilia Bartolome

Donaldo Macedo é professor ilustre de Artes e Educação Liberal da Massachusetts University, Boston (Estados Unidos). Possui várias publicações nas áreas de lingüística, alfabetização crítica e educação bilíngüe e multicultural, entre as quais destacamos: *Reading the word and the know*; *The Paulo Freire reader*, com Anna Maria Araujo Freire, e *Critical education in the new information age* com Paulo Freire, Henry Giroux e Paul Willis.

Lilia Bartolome é professora de língua e educação multicultural na Escola de Educação da Massachusetts University, Boston (Estados Unidos). Publicou muitos textos nas áreas de língua, multiculturalismo e pedagogia crítica. Seu último livro publicado intitula-se *The (mis) teaching of academic discourse: the politics of language in the classroom*.

Em "O racismo na era da globalização" (Capítulo 5), os autores analisam o funcionamento das forças que constroem, definem e mantêm a cruel realidade do racismo nos Estados Unidos na complexa e intrigante realidade da globalização.

## Peter McLaren

Peter McLaren é catedrático da Faculdade de Educação e Estudos sobre a Informação da California University (Estados Unidos). Primeiro, foi professor no Ensino Fundamental e ativista comunitário em Toronto, Canadá. Em 1985, começou sua docência em Miami (na Ohio University) e, em 1990, foi nomeado Scholar-in-residence na Escola de Educação e profissões afins da Miami University, onde também foi reitor do Centro de Educação e Estudos Culturais. É professor da UCLA desde 1993. Escreveu e organizou numerosos livros sobre pedagogia crítica, sociologia da educação, alfabetização crítica, etnografia crítica, estudos culturais e teoria social marxista. Seus livros mais recentes abordam a vida nas escolas: *Introduction to critical pedagogy in the social foundations of education, Critical pedagogy and predatory culture*, em parceria com Henry Giroux, Colin Lankshear e Michael Peters. *Counternarratives; Revolutionary multiculturalism* e *Schooling as a ritual performance: towards a political economy of educational symbols and gestures*. Seu próximo livro intitula-se *Che Guevara, Paulo Freire, and the pedagogy of revolution*.

O texto de Peter McLaren (Capítulo 6) descreve-nos, a partir de uma análise crítica, a economia política que impera no capitalismo mundial atual e suas repercussões no campo educativo, uma excelente reflexão sobre o que aconteceu com a educação crítica no final deste milênio e o que necessitamos para o novo.

## Tomas S. Popkewitz

Tomas S. Popkewitz é professor da Wisconsin-Madison University, Estados Unidos, trabalhou e publicou a respeito dos discursos sociais, políticos e econômicos subjacentes aos processos educativos. Autor de diversas publicações sobre os mitos das formas educativas, a profissionalização do ensino, a pesquisa educativa e a formação dos professores. Entre elas, destacamos algumas das publicadas em língua espanhola: *Formación del profesorado. Tradición. Teoría. Práctica*; *Sociología política de las reformas educativas* y *Paradigmas e ideología en investigación educativa*.

O texto "Reforma, conhecimento pedagógico e administração social da individualidade: a educação escolar como efeito do poder" (Capítulo 7) analisa e aprofunda as reformas educativas e seu governo não como atividades de princípios que tragam mudanças necessárias para acomodar o sistema educativo de um país aos objetivos nacionais e aos compromissos sociais contraídos, mas como um problema de administração social que pretende construir (e reconstruir) a alma do indivíduo. O autor propõe-nos a alternativa de passarmos da administração social da liberdade e que tipo de construções e mudanças deveremos realizar para administrar socialmente essa liberdade.

## Luis Rigal

Luis Rigal é sociólogo e pedagogo. Professor titular de sociologia da educação na Universidad de Buenos Aires e na Universidad Nacional de Jujuy, ambas argentinas, onde é pesquisador. Docente de pós-graduação na Faculdade Latino-americana de Ciências Sociais (Flacso) e no Centro de Estudos Avançados da Universidad Nacional de Córdoba (Argentina). É integrante do conselho editorial da revista *Crítica Educativa*. Foi diretor regional para o cone sul do Conselho de Educação de Adultos da América Latina (CEAA). Publicou, entre outros, os livros: *Educación, democratización y modelo neoliberal: el caso Jujuy 1984-1997; Escuela, ciudadanía e democracia* (com Carlos Legorio); *Reinventar la escuela: una perspectiva desde la educación popular* e *La educación en América Latina: contexto y tendencias. El aporte de Paulo Freire*.

O tema que desenvolve é "A escola crítico-democrática: uma matéria pendente no limiar do século XXI" (Capítulo 8), no qual faz uma reflexão teórica sobre o possível futuro educativo, transcendendo o imediato e o conjuntural, que pode confundir o presente e o futuro. Nessa reflexão, é introduzida, na educação e na escola do futuro, pela mão da preocupação ética, a preocupação política e a preocupação epistemológica, enquadrada em uma perspectiva global e, especificamente, latino-americana.

## Marina Subirats

Marina Subirats é catedrática de sociologia da Universitat Autònoma de Barcelona (Espanha). Diretora do programa de Co-educação (ICE) da Universitat Autónoma de Barcelona desde 1989. Diretora do Instituto da Mulher do Ministério de Assuntos Sociais do governo espanhol entre setembro de 1993 e maio de 1996. Presidente do Comitê Consultivo para a Igualdade de Oportunidades entre Homens e Mulheres da Comissão Européia (1995). Alguns de seus trabalhos publicados são: *El empleo de los licenciados; Rosa y azul. La transmisión de los géneros en la escuela mixta*, com C. Brullet, e *Con diferencia. Las mujeres frente al reto de la autonomía*.

O texto "A educação do século XXI: a urgência de uma educação moral" (Capítulo 9) analisa o novo conceito de educação herdado e o que surgirá no próximo século, em uma sociedade pós-industrial, para construir uma nova pessoa, e reflete sobre outros aspectos da educação e da transformação democrática do sistema educativo, a fim de formar indivíduos capazes de buscar e manejar por sua própria conta os conhecimentos e os valores que lhes sejam necessários, operação muito diferente da simples transmissão de conhecimentos.

## REFERÊNCIAS BIBLIOGRÁFICAS

GIDDENS, A. (1998): "La tercera vía", in *Les notícies de llengua i treball*, n. 5, p. 19-21.
LERENA, C. (1976): *Escuela, ideología y clases sociales en España*. Barcelona. Ariel.
SÁBATO, E. (1999): *Antes del fin*. Barcelona. Seix Barral.
VATTIMO, G. (1990): "Postmodernidad: ¿una sociedad transparente?", in *En torno a la Postmodernidad*. Barcelona. Anthropos.

# Sumário

Agradecimentos .................................................................................. V

Os autores e os temas ...................................................................... VI

Um livro para a reflexão e a busca de alternativas educativas
para o futuro ................................................................................ 17
*Francisco Imbernón*

**1. Desafios e saídas educativas na entrada do século** ................ 21
*Ramón Flecha e Iolanda Tortajada*

    Que crise? ...................................................................................... 22
    Superar a crise: educação para a transformação na
        mudança permanente ............................................................... 27
    Notas ............................................................................................... 35
    Referências bibliográficas ............................................................ 36

**2. A educação que temos, a educação que queremos** ................ 37
*José Gimeno Sacristán*

    A construção da imagem do "desejável": o futuro a partir
        do presente ................................................................................ 37
    A construção de um projeto para a educação que "deveria ter
        sido feita" .................................................................................. 40
    Os eixos de um projeto ainda válido para o futuro ................ 46
    Educar para o futuro sem projeto para a educação:
        de volta à modernidade ........................................................... 54
    Notas ............................................................................................... 61
    Referências bibliográficas ............................................................ 61

## 3. Pedagogia crítica como projeto de profecia exemplar: cultura e política no novo milênio ........... 65
*Henry Giroux*

    Notas ........... 74
    Referências bibliográficas ........... 74

## 4. Amplitude e profundidade do olhar: a educação ontem, hoje e amanhã ........... 77
*Francisco Imbernón*

    Um ontem muito próximo e um hoje já muito distante ........... 78
    Somos realmente diferentes, ou é uma ilusão que nos padroniza de outra maneira? ........... 82
    Se somos diferentes, acabou-se a homogeneização? ........... 83
    A diversidade como projeto cultural e educativo ........... 86
    A importância no futuro da educação como desenvolvimento da participação e do envolvimento político dos cidadãos ........... 88
    Referências bibliográficas ........... 94

## 5. O racismo na era da globalização ........... 97
*Donaldo Macedo e Lilia Bartolome*

    A linguagem e a estruturação do racismo ........... 108
    Nota ........... 116
    Referências bibliográficas ........... 116

## 6. Pedagogia revolucionária em tempos pós-revolucionários: repensar a economia política da educação crítica ........... 119
*Peter McLaren*

    Pedagogia crítica: uma visão fragmentada ........... 128
    Pedagogia crítica: o que se deve fazer? ........... 133
    A educação crítica para o novo milênio ........... 135
    Nota do autor ........... 138
    Notas ........... 138
    Referências bibliográficas ........... 139

## 7. Reforma, conhecimento pedagógico e administração social da individualidade: a educação escolar como efeito do poder ........... 141
*Thomas S. Popkewitz*

    A reforma como administração social do governo da alma: padrões de administração social e de liberdade ........... 143

As práticas de conhecimento das ciências sociais e a reforma ..... 149
As reformas educativas contemporâneas e a
   reconfiguração das práticas de governo ................................ 155
Imaginários nacionais e inclusão-exclusão social .................... 160
Considerações finais ................................................................ 163
Notas ......................................................................................... 166
Referências bibliográficas ........................................................ 167

## 8. A escola crítico-democrática: uma matéria pendente no limiar do século XXI ..... 171
*Luis Rigal*

Fim de século, início de século: celebrações e preocupações ...... 171
A escola atual: entre a modernidade e a pós-modernidade
   em tom latino-americano .................................................... 174
Os processos atuais de mudança educativa: contexto
   e escola emergente ............................................................... 179
Pensando outra escola para a nova época ............................. 186
Final prospectivo... e esperançoso ......................................... 192
Nota .......................................................................................... 192
Referências bibliográficas ........................................................ 192

## 9. A educação do século XXI: a urgência de uma educação moral ..... 195
*Marina Subirats*

A educação do século XX: do ler e contar à titularidade .......... 196
As sociedades pós-industriais: a ruptura dos modelos morais .. 198
Construir um novo modelo de educação ............................... 201
Notas ......................................................................................... 204

# Um livro para a reflexão e a busca de alternativas educativas para o futuro

*Francisco Imbernón* (organizador)
Universitat de Barcelona

*Nunca penso no futuro; chega demasiado depressa.*
(Albert Einstein)

Embora satisfeitos pelo fato de uma idéia simples e precária, uma mera intuição, ter tido uma realização mais do que aceitável, seu êxito depende agora do sedimento que deixará nos leitores, em sua maioria, como nós, homens e mulheres preocupados com o futuro (e o presente) da educação. O propósito é realizar uma reflexão sobre o presente e o futuro da educação para entrever os cenários sociais, políticos e educativos possíveis, saber com o que nos defrontamos, onde estamos e o que podemos fazer.

Quando surgiu a proposta para realizar este livro, realmente parecia impossível que chegasse a se concretizar em um objeto tangível, pois reunir em um só texto especialistas de diversas disciplinas que aceitassem expor seu pensamento sobre o futuro da educação era um grande desafio. No entanto, o convite aos diversos autores para que, sob um mesmo tema, deixassem fluir suas idéias tem hoje um marco que algum dia será lembrado: estas páginas impressas, tinta negra sobre papel branco. Dessa forma, estas linhas contribuem para a reflexão sobre os tempos passados, porque, quando se buscam alternativas para o futuro, não há outra saída a não ser relembrar um passado que, embora seja objeto de interpretação pessoal, em parte podemos afirmar que é um fato constatável, sobretudo nos aspectos que continuam vigentes e que se podem recuperar, modificar ou refutar. Não esqueçamos que o nosso passado foi o futuro (incerto e sempre diferente de como o imaginaram) de outras pessoas. O futuro vai sendo construído com peças do passado e do presente. A análise do passado permite-nos conhecer melhor nossa própria idiossincrasia e a do presente, prever uma situação do futuro provável (desejável ou não).

A virada de século e de milênio tornou-se para a sociedade ocidental um referencial estimulante, composto em partes iguais de ilusão e de receio. Estimulante, porque, coletivamente, decidimos que, ao alcançar a mítica data do 2000 e entrarmos em um novo século, alguma coisa mudará em nossas vidas casuais. Uma certa ilusão, porque sofremos uma curiosa fantasia: temos a sensação de que entramos em uma época que nos permitirá cumprir inumeráveis profecias de todo tipo – e isso evitando um presente nada auspicioso. E um certo receio, porque o século que vem já foi mitificado como uma nova era em que os avanços da ciência (a engenharia genética, a informação, os processos biológicos, os novos tipos de materiais, etc.) serão produzidos em um ritmo ainda maior do que o atual; enfim, um século com um futuro desconhecido.

No entanto, a troca de milênio também nos obriga a olhar ao nosso redor e para trás. Analisar de onde partimos, o que jogamos fora e o que conservamos. Que herança conservamos e aprofundamos e com o que contribuiremos para os cidadãos e os educadores do século XXI. Nossa situação é tão absurdamente contraditória como a própria pessoa: ao lado de avanços educativos, como uma maior e mais abrangente escolarização nos países desenvolvidos; de avanços tecnológicos, como viagens espaciais, satélites, informação digitalizada, rapidez na comunicação, computadores potentíssimos, fibra ótica, etc., e de declarações de boas intenções, como a dos direitos humanos e outras, podemos encontrar também fatos vergonhosos, como o terror de Auschwitz, ou revoluções ocas que não fizeram nada além de ampliar a miséria, a pobreza e a fome; ou a volta ao ocultismo, à exploração de meninos e meninas, a uma nova forma de pós-colonialismo; ou o retorno triunfante de um capitalismo selvagem, de um fundamentalismo de mercado e do neoliberalismo como uma filosofia de ideologia conservadora – segundo Giddens (1998), o neoliberalismo é uma filosofia conservadora, tanto que, na política de classes, situa-se na direita política.

Nas décadas finais do século XX, vimos e sentimos que não conseguimos uma ordem internacional mais justa e solidária. Não foram corrigidas as imensas desigualdades sociais, de alcance planetário, nem foram reparadas as injustiças históricas. Na realidade, observamos como a diferença entre os países foi crescendo. As idéias tradicionais conservadoras foram consolidadas no final do século: o individualismo institucionalizado considerado como liberdade individual, a liberdade de comércio, a iniciativa privada, a restrição do papel do Estado; e no campo educativo: a avaliação seletiva, as reformas tecnocratas mascaradas de abertura, a rentabilidade do ensino, a submissão cultural dos professores mascarada de autonomia, a violência simbólica e a exclusão social dos mais fracos são temas do presente que se projetam, às vezes com mais força, no futuro imediato. Vemos dia a dia que a economia, hegemônica, cria interdependência entre os países de primeiro mundo e aprofunda a dependência e a subordinação dos de terceiro, fortalecendo, no governo do mundo, as empresas multinacionais e os grandes bancos. E tudo isso em um contexto nada pacífico, já que o século XX foi o mais violento de todos os tempos, pois a crueldade humana viu-se reforçada por novas técnicas de guerra e de tortura. Agora, poucos acreditam que o próximo século será o tempo da distribuição equitativa da riqueza.

Os autores deste livro analisam tal situação e perguntam-se, individual e coletivamente: nos limitaremos a aceitar este estado de coisas, assim sem mais nem menos? Vamos nos acomodar a uma política social e educativa que não é de nosso agrado e que atende somente a uma parte da humanidade? O que podemos fazer a partir da educação? Que função a educação exercerá em relação às grandes interrogações propostas pelo futuro? O que recuperamos da educação da modernidade e o que projetamos da pós-moderna? Tudo isso do ponto de vista de uma crítica teórica, ou seja, ideológica, e prática da educação.

O século XXI já começa mais documentado do que qualquer um dos anteriores, mas também é mais incerto para grande parte da humanidade do que o século XX. Embora a incerteza faça parte intrínseca do tempo que vivemos, embora seja parte do presente, há sociedades e povos inteiros que não estão preparados para enfrentá-la. Não há nada seguro sob o sol: encontramo-nos diante de uma nova forma de ver o tempo, o poder, o trabalho, a comunicação, a relação entre as pessoas, a informação, as instituições, a velhice, a solidariedade.

Disso tudo resulta, quem sabe, uma certa desorientação coletiva que se reflete no pensamento e na ação educativa. A enérgica incorporação, em todos os campos sociais, educativos ou culturais, das idéias da democracia liberal, baseada no liberalismo econômico, no *homo economicus:* "A democracia liberal falha porque não é suficientemente democrática" (Giddens, 1998), idéias como a liberdade de ação econômica sem controle, a especulação monetarista, o comportamento individualista, a descentralização, o afã de benefício, o espírito de concorrência individual, o livre jogo dos mecanismos competitivos do mercado, etc. Algumas dessas idéias são velhas conhecidas e deram lugar a políticas fracassadas na década de 80 (recessão, instabilidade, mais pobreza), mas agora aparecem com força renovada em um contexto pós-modernista que se beneficia da queda, durante o século XX, de idéias e práticas políticas que haviam semeado esperanças de mudança (um determinado socialismo, chamado real, não-derrotado pela democracia, mas auto-destruído, soterrado nas contradições de uma nomenclatura que se apropriou do poder em benefício de uma nova classe dominante).

O neoconservadorismo, produto de uma democracia mercantil, aborrece-se por falta de rivais que discutam sua posição social e econômica. Talvez, como consolo sinistro, reste-nos analisar e denunciar as contradições evidentes, enquanto buscamos alternativas válidas, uma nova utopia, que se levantem como rivais diante de uma dura realidade que cega nossos olhos, silencia nossas mentes e seca nossos corações.

Com a finalidade de incitar a reflexão e estimular a busca de novas alternativas gerais, e outras especificamente educativas, este livro foi editado. As idéias são a fonte da reflexão e propiciarão novas ações. Se Lerena (1976) nos permite, diríamos que este texto pretende analisar o verdadeiro sentido das instituições educativas no futuro, tentando uma ruptura epistemológica que implique enfrentar a educação não como um fato abstrato, mas como uma prática social concreta, uma prática educativa.

Esperamos que este livro ajude nisso de forma individual e coletiva. São pinceladas simples que nos ajudam a pintar o futuro com cores mais auspiciosas, pinceladas aproximativas que podem conduzir-nos a propostas que incidem nos problemas genéricos e comuns das instituições educativas. E também para ajudar a compreender o que acontece frente às especificidades relativas aos processos curriculares; à veloz implantação das novas tecnologias da informação e das comunicações; à exclusão social de muitos meninos e meninas; ao fenômeno intercultural; à educação ambiental na busca de uma nova ética que nos ajude a superar a crise ecológica e a melhorar da relação entre a espécie humana e a biosfera (estabelecer uma verdadeira sintonia emocional); à construção de uma economia ecologicamente mantida como condição indispensável para preservar uma vida humana viável; à educação política do cidadão; à verdadeira igualdade de oportunidades; à superação da marginalização das minorias, etc...; enfim, ao posicionamento diante de tantos fatores que devemos analisar e diante de tanto trabalho que fica por fazer às portas do tempestuoso século XXI.

Os textos dos diversos autores confirmam-nos uma idéia: não podemos aceitar o que sugere Vattimo (1990) quando argumenta que desaparece a possibilidade de continuar falando da história como uma entidade unitária. A história, ao menos a educativa e sua filosofia, não chegou ao seu fim e pode haver regras éticas, morais e científicas, caminhos individuais e coletivos, que nos conduzam a um futuro que não está escrito, a um maior compromisso com a possibilidade de mudá-lo – à busca de novos sonhos coletivos, embora, no momento, sintamos que o horizonte da esperança retrocedeu em muitas mentes.

Uma dessas mentes, lúcida e pessimista, é a de Ernesto Sábato. Em seu livro-testamento, *Antes de Fin*, faz muitas referências à importância da educação, ao seu papel na dignificação das pessoas e dos povos. Reproduzo aqui um desses parágrafos:

> *Por tudo isso, em diferentes oportunidades, visitei os professores que há mais de um ano ajudam na Carpa Blanca, frente ao Congresso (em Buenos Aires, Argentina). Símbolo comovente dessa reserva que salvará o país, se conseguirmos recuperar os valores éticos e espirituais de nossas origens. A educação é o que de menos material existe, mas o mais decisivo no futuro de um povo, já que é sua fortaleza espiritual; e, por isso, é esmagada pelos que pretendem vender o país como peças dos grandes consórcios estrangeiros. Sim, queridos professores, continuem resistindo, porque não podemos permitir que a educação se transforme em um privilégio.*

# 1 Desafios e saídas educativas na entrada do século

*Ramón Flecha e Iolanda Tortajada*
Universitat de Barcelona

Para refletirmos sobre como será e como deveria ser a educação nos próximos anos, propomos cinco tendências principais em duas grandes partes.

Na primeira parte, analisamos as mudanças que estão sendo produzidas atualmente e que marcarão a entrada do novo século. Para alguns, talvez em uma visão apocalíptica, cabe falar de crise; para nós, de transformação. A primeira tendência nessa parte refere-se às mudanças socioeconômicas que são produzidas com o surgimento da sociedade da informação, o que nos permite ver quais são as novas necessidades geradas e as competências que serão requeridas. A segunda aborda com maior profundidade as mudanças constantes que, em nível sociocultural, vivemos em nosso cotidiano e quais são os desafios que devem ser propostos, para depois enfrentar a educação.

Na segunda parte, propomos como será a educação da entrada do milênio, destacando as tendências que possibilitarão uma educação igualitária e que já são uma realidade em algumas práticas educativas. Nesse sentido, a terceira tendência sustenta a necessidade de dar um passo indispensável em direção a uma cultura educativa que transforme, e aqui tomamos emprestadas as palavras de Freire, as "dificuldades em possibilidades". A quarta tendência desenvolve o conceito de aprendizagem dialógica, que supera as concepções educativas construtivistas e da qual deve partir qualquer ação educativa com uma firme posição por uma educação que tenha como objetivos a igualdade, a solidariedade, a aprendizagem instrumental de conhecimentos e habilidades e a transformação. A quinta, baseando-se nas premissas anteriores, apresenta a transformação de escolas em comunidades de aprendizagem. A participação da comunidade é imprescindível para superar os processos de exclusão que podem ocorrer na sociedade informacional em todos os níveis e, mais concretamente, no âmbito educativo.

## QUE CRISE?

### Da sociedade industrial à sociedade da informação

O ceticismo, que durante algum tempo ocasionou nas ciências sociais a definição das mudanças socioculturais dos últimos 30 anos, vem contraposto por duas questões principais: a primeira, o fato de que a sociedade informacional é uma realidade econômica e cultural, e não uma abstração intelectual; e a segunda, o fato de que estamos teorizando plausivelmente as mudanças que, em todos os níveis, estão acontecendo (Beck, 1998b; Castells, 1997; Flecha, 1997).

A sociedade da informação surge na década de 70 devido a uma revolução tecnológica sem precedentes. Embora estejamos nos acostumados a falar desse momento como de uma crise, deveríamos falar de mudança. Vejamos por quê.

Na sociedade industrial, havia um predomínio do setor secundário (indústria) e um crescimento do terciário (serviços) em detrimento do setor primário (agricultura, pesca, mineração, etc.). Atualmente, está desenvolvendo-se um novo setor (quartenário ou informacional), em que a informação é a matéria-prima e o seu processamento é a base do sistema econômico. No desenvolvimento do citado setor, acontecem majoritariamente diferentes modos de articulação que podemos resumir em duas tendências conforme a posição econômica do país e as políticas governamentais realizadas: a mudança no processo de produção e o surgimento de novas atividades e profissões.

Não se deve confundir uma mudança no processo de produção com uma mudança no modo de produção. Nossa sociedade não é pós-capitalista, e sim capitalista, embora agora se consigam os produtos graças à micro-eletrônica ou à biotecnologia em um sofisticado processo de automatização de grande parte das tarefas características dos setores econômicos até hoje conhecidos. Estas são as mudanças nos processos. O modo de produção, insistimos, é mantido. Por exemplo, a automação nos matadouros afeta desde a alimentação dos animais até a inseminação artificial com que "se mantém a espécie". Esse processo afeta diretamente a capacidade de produção que, em todos os âmbitos e em todos os níveis, vê-se aumentada. Incrementa, pois, a riqueza. Nesse sentido, algumas vozes iludidas acusam as máquinas e as novas tecnologias de privar empregos. Não é a máquina. Esta não toma decisões. É o modo de produção capitalista com suas premissas de máximo benefício, investimento e competitividade.

Por outro lado, dentro das empresas, o planejamento, mais do que a produção ou a distribuição, vem a ser um fator-chave de competitividade. Quando compramos algo, além de um produto, estamos comprando a informação que lhe é acrescentada. Por exemplo, quando compramos uma Levi's, não compramos apenas uma calça jeans. A cor e o número da etiqueta informam-nos sobre o modelo, a cor e o estilo que exibiremos. Da mesma maneira, quando consumimos qualquer um dos dentifrícios hoje disponíveis no mercado, não estamos comprando uma pasta de dentes apenas para lavá-los, mas compramos um gel ou um elixir, ou um plus de flúor, ou um efeito 24 horas de cor verde, ou vermelho, ou azul, ou branco, ou listrado, ou com sabor de hortelã, morango, menta, etc.

Nos países do G-7, há uma tendência comum para o aumento do peso relativo da ocupação mais claramente informacional. Há um crescimento dos empregos dedicados ao processamento da informação que oscila entre 33,4% no Japão e 48,3% nos Estados Unidos (Castells, 1997, 1998). Por exemplo, nos Estados Unidos, as profissões diretamente relacionadas com o manejo da informação (comunicações, finanças, seguros, serviços, etc.) constituíram a metade da estrutura ocupacional no começo de 1990 em uma tendência progressiva até hoje. Têm-se novas profissões, como psicólogo ou psicóloga ambulante, compositores de música à la carte, compradores de presentes de aniversário, etc.

Os processos de industrialização, a revolução nos transportes e o modo de produção capitalista transformaram as economias locais características das sociedades agrárias em uma economia mundial. No final do século, e devido à infra-estrutura proporcionada pela revolução tecnológica, a economia mundial característica do industrialismo é global. Durante o industrialismo capitalista, assistimos à divisão internacional do trabalho; agora, vemos também que o novo sistema de produção baseia-se na combinação de alianças estratégicas e cooperação entre grandes empresas, suas unidades descentralizadas e redes de pequenas e médias empresas. Os diferentes agentes econômicos estão organizados em redes que interagem entre si, em um processo que afeta a todos os componentes de um sistema econômico baseado no manejo da informação.

Encontramo-nos em uma economia informacional e global, cujo surgimento foi facilitado, quando não provocado, pela revolução tecnológica dos últimos 25 anos. O desenvolvimento dessa economia vem acompanhado por organizações mais democráticas em nível micro, e em nível macro, pela forte exclusão do mercado e da produção de grandes setores da população.

Produz-se uma mudança na organização empresarial, cuja gestão ocorre por meio de métodos menos hierárquicos, priorizando a participação dos trabalhadores e promovendo uma produção com modelos baseados em franquias e subcontratação. O novo modelo empresarial em rede baseia-se na descentralização, na participação e na coordenação. A descentralização é um valor cultural, além de uma forma de organização, gestão e produção.

Por outro lado, vemos que no capitalismo informacional, e devido ao processo de globalização econômica, as desigualdades não se configuram em simples estrutura de um centro e de uma periferia, mas como múltiplos centros e diversas periferias, tanto em nível mundial como local. A economia global é profundamente assimétrica. Em nível mundial, desaparece a fronteira norte-sul no sentido então conhecido, aumentando a diferença do crescimento econômico, a capacidade tecnológica e as condições sociais entre zonas do mundo. Também entre regiões e nas mesmas cidades produz-se uma marcante dualização ou polarização social (Castells, 1997, 1998). Para ilustrar esse processo, utilizaremos dois exemplos diferentes, mas complementares.

- Em primeiro lugar, a forma como está configurando-se a nova ordem mundial. Na nova divisão internacional do trabalho, a África já não é um continente dependente, mas estruturalmente irrelevante do ponto de vista do sistema; desaparece dos interesses, "desaparece" da rede.
- Como segundo exemplo, em nível micro, o desemprego estrutural é um problema que é gerado pela forma como se administram os recursos no capitalismo e que está criando novos bolsões de pobreza no que se denominou *quarto mundo*, uma realidade da forte polarização nas grandes cidades.

Em educação, essa dualização é concretizada no fato de que a sociedade da informação prioriza o domínio de certas habilidades. As pessoas que não possuem as competências para criar e tratar a informação, ou aqueles conhecimentos que a rede valoriza, ficam excluídas. Vai-se caracterizando uma sociedade na qual a educação, ao proporcionar acesso aos meios de informação e de produção, torna-se um elemento-chave que dota de oportunidades ou agrava situações de exclusão. Ao contrário da sociedade industrial, que se baseava na produção material e na qual os grupos que possuíam os meios de produção, ou tinham uma posição vantajosa no mercado, eram os que conseguiam benefícios, a sociedade informacional é o tratamento da informação – e, em todo o mundo, temos oportunidade de processá-la. Contudo, esse potencial de democratizar o acesso à produção e ao mercado trunca-se, já que, embora todos nós tenhamos capacidades, nem todas são valorizadas da mesma maneira. A forma como se organiza, codifica-se e transmite-se o conhecimento está de acordo com a dos grupos privilegiados, e, conseqüentemente, são as pessoas que não dominam as habilidades impostas por tais grupos que correm o risco de ficar excluídas dos diferentes âmbitos da sociedade informacional (CREA, 1999). Socialmente, é produzido um forte "efeito Mateus", em que mais se dá a quem mais tem (Merton, 1977). Os grupos privilegiados têm um maior acesso à informação, com o qual se constituem em grupos conectados à rede.

Por isso, a educação, além de facilitar o acesso a uma formação baseada na aquisição de conhecimentos, deve permitir o desenvolvimento das habilidades necessárias na sociedade da informação. Habilidades como a seleção e o processamento da informação, a autonomia, a capacidade para tomar decisões, o trabalho em grupo, a polivalência, a flexibilidade, etc., são imprescindíveis nos diferentes contextos sociais: mercado de trabalho, atividades culturais e vida social em geral. Nós, educadores e educadoras, devemos conhecer a sociedade em que vivemos e as mudanças geradas para potencilizar não apenas as competências dos grupos privilegiados, mas também as competências requeridas socialmente, porém a partir da consideração de todos os saberes.

## Da sociedade "segura" à sociedade plural e reflexiva

Vivemos em uma sociedade com grande pluralidade de opções no que se refere a formas de vida e que afeta todos os aspectos de nosso cotidiano. Por isso, nossa vida diária está cheia de incertezas que antes eram resolvidas "satisfatoriamente" pelos diferentes agentes de socialização. A tecnologia possibilitou a revolução econômica, mas também a de nossos lares; a democracia não se remete exclusivamente ao político, mas à totalidade de nossas relações, e a ciência reflexiva dessacraliza inclusive seu próprio conceito, rompendo com a busca de uma verdade absoluta definida unilateralmente ou de forma definitiva. Do mesmo modo que no setor econômico as mudanças foram interpretadas como uma crise, no cultural foram teorizadas amplamente sobre a perda de sentido ou de liberdade nas análises sobre o capitalismo industrial e sobre a crise de valores no capitalismo informacional. São teorias diferentes com contradições diferentes.

Em primeiro lugar, as teorias da perda de liberdade permitiram explicar a forma como o capitalismo assegurou e generalizou a lógica utilitarista baseada na racionalidade conciliada aos fins das ações, independentemente dos juízos e das decisões racionais conciliados aos valores dos membros da organização. Essa situação seria resolvida pela ação de caudilhos carismáticos, ou pelo controle do comportamento a partir das organizações sociais, e não a partir da consciência dos indivíduos.

Em segundo lugar, a crise de valores baseia-se em um discurso conservador que, mais do que considerar a imposição ou a colonização da lógica sistêmica, postula o desaparecimento dos valores e culpa pela situação determinados coletivos, por exemplo, os jovens. Tal fato supõe a individualização das causas, a referência a situações anteriores supostamente melhores e a negação de uma mudança futura por parte dos agentes.

No entanto, acreditamos que, se os valores estão em crise, não é porque estejam desaparecendo junto com a tradição, ou porque o sistema social imponha-se ao indivíduo. A *crise* surge pela inexistência de uma única forma de vida e pensamento, porque as tradições têm que se explicar e porque a informação não é um terreno restrito aos especialistas. Não é, pois, uma crise no sentido negativo que geralmente se atribui ao termo; por outro lado, os mais otimistas costumam viver as crises como um crescimento e não como uma catástrofe, assim como o risco e a incerteza, característicos de uma sociedade reflexiva, fazem parte de nossas vidas. A sociedade atual caracteriza-se por estar sendo constantemente pensada. Nós, como sujeitos ativos em nossas interações sociais, agimos e pensamos, questionando-nos; não damos por certa e absoluta a realidade que nos rodeia, e sim sabemos da existência de outros contextos e outras práticas que põem "entre aspas" nossa normalidade. Constantemente, devemos filtrar a informação e envolvermo-nos na sociedade para sobreviver devido à pluralidade de formas de vida e maneiras de fazer. Devemos decidir constantemente entre opções possíveis, sabendo que aquilo de "para toda a vida" é algo que não acontece nem no trabalho e nem no casamento.

Isto não quer dizer que estejamos assistindo ao desaparecimento da modernidade e entrando na pós-modernidade, mas em uma segunda modernidade (Beck, 1998a; Habermas, 1987). O discurso filosófico da modernidade contém o princípio de um contradiscurso que questiona a subjetividade em que se baseia. Não se eliminam a subjetividade e a razão, mas propõe-se de novo sua concepção, substituindo o paradigma do sujeito conhecedor e transformador de objetos pelo do entendimento entre sujeitos capazes de linguagem e ação. Uma das características da teoria da ação comunicativa habermasiana é a demonstração de que toda tentativa de explicação do que é a pessoa implica, discursivamente, o que ela deveria chegar a ser; explica a possibilidade de realização da mudança social a partir do ato comunicativo e da capacidade discursiva das pessoas; portanto, outorga-lhe a possibilidade de desenvolver ações para a emancipação. Desse modo a incerteza não é uma barreira para a ação, mas a possibilidade para a democratização. Essa possibilidade é algo que está além das classes e da cultura ocidental, embora sejamos conscientes dos condicionamentos estruturais e culturais que existem.

No plano político, as mudanças culturais supõem um questionamento tanto da democracia quanto do Estado-Nação. Vejamos como. O Estado-Nação, na forma como o conhecemos, vê-se deslegitimado por dois processos paralelos ao mesmo tempo: a globalização que estamos comentando e a força que está adquirindo o local. Esse último processo é reforçado por uma grande descentralização no político como parte do desenvolvimento democrático e como valor compartilhado, como vimos anteriormente nos modos de produção e organização empresarial. Quanto ao primeiro processo, o Estado nacional vê-se confrontado com a globalização no econômico, no crime e nos meios de comunicação; por isso, as funções que vinha realizando na sociedade industrial quanto ao monopólio do poder de coação e como Estado-Patrão devem ser reformuladas. Para que os direitos fundamentais tenham validade global, a democracia deve ser cosmopolita (Beck, 1998a), já que a globalização econômica significa também a necessidade de um governo mundial.

E, enquanto o Estado estabelece novas formas de organização e novas funções, a própria democracia sofre um processo de deslegitimação. Em parte, pela perda de confiança em uma democracia representativa na qual os políticos preocupam-se mais em ser eleitos do que com o programa que deve ser realizado e na qual a corrupção é constantemente denunciada como parte da ação de alguns desses representantes. Essa situação pode provocar o surgimento de antimovimentos que, baseados na afirmação da identidade cultural, pretendam impor sua posição pela violência e pelo autoritarismo. Um exemplo disso seria o racismo pós-moderno da diferença cultural que está substituindo o racismo moderno da desigualdade racial. Os movimentos sociais devem organizar-se para dar resposta tanto às novas formas de legitimidade da democracia que passam por uma maior participação dos grupos sociais quanto oposição aos antimovimentos que tentam usurpar esse espaço de debate que agora se deve constituir (Flecha, no prelo; Touraine, 1997).

Por outro lado, a democratização estende-se a diferentes contextos nos quais se vêem modificadas as relações que havíamos estabelecido em nosso cotidiano com os agentes de socialização. A família nuclear e patriarcal, como modo de organizar as relações do casal na sociedade industrial, baseada na divisão sexual do trabalho em que a mulher é relegada ao âmbito privado, dá lugar a uma grande diversidade de formas familiares. Tais formas, por diversos motivos, entre eles a revolução sexual e a reivindicação dos movimentos feministas, estão baseadas no que Giddens (1995) denominou *a relação pura*, isto é, relações pessoais com uma obrigação mútua baseada na integridade, na comunicação e na igualdade, que geram uma infinidade de novas possibilidades de vida em comum.

Nesse contexto, devemos superar a educação que caracterizava a sociedade industrial e que se baseava em princípios como a vontade de libertar e ilustrar os meninos e meninas, socializando-os nos valores hegemônicos e nos conhecimentos apropriados do ponto de vista da cultura dominante. Tudo isso intimamente ligado à transmissão da hierarquia presente em outros espaços sociais, como o trabalho e a família. Insistir nessa concepção é caminhar para o fracasso e para a imposição de modelos obsoletos que só serão úteis para os grupos privilegiados e que condenarão os demais à exclusão.

A sociedade informacional requer uma educação intercultural quanto aos conhecimentos e aos valores, assim como a vontade de corrigir a desigualdade das situações e das oportunidades. A partir de agora, iremos aprofundar essas idéias.

## SUPERAR A CRISE: EDUCAÇÃO PARA A TRANSFORMAÇÃO NA MUDANÇA PERMANENTE

### Da cultura da queixa à cultura da transformação

Como afirmávamos no item precedente, as transformações sociais, culturais e econômicas que caracterizam a sociedade da informação fazem com que os tradicionais agentes de socialização sejam questionados. Isso leva a afirmar que a escola está em crise.

Embora seja certo que a educação é algo que não se pode remeter à formação recebida na escola, também o é que a crise da escola na sociedade da informação foi tomada socialmente como o instrumento de medida dos males que nos atingem. Apesar da perda de legitimidade que tal situação traz, continua sendo um dos principais agentes de socialização.

A sociedade industrial postulava a idéia do capital humano e dotava à escola o papel de educar nos valores hegemônicos e transmitir conhecimentos. Quando esse papel é transformado, "o equilíbrio do sistema escolar corre perigo". Os argumentos que sustentam a crise escolar são diversos:

- *A escola não forma para o trabalho:* existe um forte discurso social que considera que os objetivos da escola fracassaram, já que ela não forma para o acesso ao mercado de trabalho. Esse discurso em parte é falacioso, pois tanto quantitativa como qualitativamente está demonstrado que a posse de títulos e estudos são chaves para alguém não ser excluído do mercado de trabalho. Por outro lado, a escola, prospectivamente, não pode prever quais serão as ocupações que as pessoas realizarão, uma vez que continuamente estão sendo geradas novas profissões, além de já não termos uma única ocupação ao longo de nossa vida profissional.
- *O fracasso e o abandono escolares:* os índices do fracasso escolar aumentaram na última década. Este é um dos principais motivos que levaram à deslegitimação da escola, culpando os meninos e as meninas, as famílias, o meio, o sistema, etc. Embora esses discursos estejam profundamente arraigados, finalmente se está analisando que papel tais processos desempenham na escola e em que contribuem para o fracasso.
- *O fracasso das formas educativas:* o debate sobre a LOGSE (Lei de Ordenamento Geral do Sistema Educacional Espanhol) está sendo centrado em se foi baixado ou não o nível; ninguém, nem sequer os que planejaram a reforma, diz que o tenha aumentado e menos ainda que o tenha feito suficientemente para enfrentar os desafios da sociedade informacional. Quem dá essa desculpa deveria dizer-nos onde as orientações da reforma deram resultado e se contribuíram para superar o fracasso escolar, aumentando a aprendizagem dos setores mais desfavorecidos.

Para superar-mos a crise da escola, primeiramente devemos deixar de falar do óbvio, justificando assim não fazer opções ou, o que dá na mesma, atuar como Freire, passando da cultura da queixa para a cultura da transformação. Os primeiros que devem estar mais preparados cientificamente somos nós, autores e autoras, que fazemos propostas educativas. Devemos propor teorias e práticas educativas que obtiveram êxito em outros lugares e não as que fracassaram. Quando são novas, devemos participar diretamente no começo de sua execução e propor sua generalização apenas se tiverem um sucesso evidente.

Infelizmente, é bastante habitual em educação que imponham suas propostas quem nem sequer conhece as práticas educativas que estão obtendo melhores resultados em nível internacional e tampouco dominam os desenvolvimentos das ciências sociais das últimas décadas. É significativo que a reforma tenha sido feita tratando de adaptar o ensino à sociedade, sem nenhuma reflexão, nem teoria da sociedade da informação em que já estamos há décadas. E, também, que se tenha evitado os desenvolvimentos das ciências sociais das últimas décadas e que são de uma orientação comunicativa e dialógica que inclui e supera a orientação construtivista que predominou nas décadas de 60 e 70 (Habermas, 1987).

A sociologia da educação atual estudou amplamente o fato de que a escola é um fator para a transformação ou para a exclusão, mas não é nem uma instituição neutra, nem uma instituição reprodutora. Vir a ser uma coisa ou outra, ou algo diferente, é questão dos agentes envolvidos. A educação não é neutra. Portanto, devemos decidir se queremos uma educação para a igualdade ou uma educação para a exclusão. Se queremos ser agentes de transformação ou de transmissão.

Os agentes envolvidos não são exclusivamente as professoras e os professores, mas toda a comunidade. Cada vez mais, a educação e as aprendizagens dependem de uma realidade contextual mais ampla.

Outro elemento amplamente estudado é a forma como, nas instituições características da modernidade tradicional, impõe-se uma lógica de interação burocrática que coloniza outras possíveis formas de interação, e a transmissão de conhecimentos é concebida a partir da figura de um professor ou professora que sabe aquilo que convém aos alunos e alunas, concebidos, por sua vez, como receptores do conhecimento. Não só em relação aos conteúdos, mas também à gestão das escolas. Por outro lado, os interesses corporativos dos profissionais dedicados à educação confundem-se com esses discursos, impondo uma lógica tecnocrata que paralisa qualquer opção reflexiva. Evidentemente, isto não pretende ser nem uma generalização, nem um determinismo sociológico. A colonização sistêmica pode ser transformada, e nas próximas páginas proporemos maneiras de fazê-lo.

### Da aprendizagem significativa à aprendizagem dialógica

Habermas (1987) desenvolve uma teoria da competência comunicativa na qual demonstra que todas as pessoas são capazes de se comunicar e gerar ações. Todos nós possuímos habilidades comunicativas, entendidas como aquelas que permitem comunicarmo-nos e atuarmos em nosso meio. Além das habilidades acadêmicas e práticas, existem habilidades coletivas que buscam coordenar ações por meio do consenso.

Naquelas situações não-cerceadas pelo poder e pelo dinheiro, constantemente ocorrem ações comunicativas[1]. Por meio do diálogo, intercambiamos, modificamos e criamos significados estando de acordo com eles. Muitas pessoas, como nós, aprenderam a trabalhar com um computador sem freqüentar um curso acadêmico; algumas vezes, fizemos isso experimentando a ajuda de um manual. Todavia, esse processo, por ser uma habilidade nova, foi difícil e impediu-nos de prosseguir nessa aprendizagem prática. Em tais casos, recorremos a alguém que nos explicasse, por exemplo, onde salvar um arquivo; por meio do diálogo, fomos aprendendo comunicativamente. No entanto, diante de nossas reiteradas perguntas, nosso amigo propôs ficarmos um dia para nos explicar todas as dúvidas. Planejou a ordem em que nos explicaria os conceitos. Porém, esse planejamento não foi rígido, e, em função do diálogo, foram propostos novos modos de aprendizagem. Portanto, a aprendizagem comunicativa inclui, ao mesmo tempo, habilidades práticas e habilidades similares às acadêmicas (CREA, 1999).

Com o surgimento da escola e da ciência objetiva, surge a figura do professor ou da professora como sujeito a quem se atribui a capacidade de planejar os processos de aprendizagem dos alunos e das alunas considerados objetos. O sistema educativo, para transmitir os conhecimentos, baseou-se principalmente na racionalidade instrumental. São os especialistas que decidem o quê, como e quando se aprende. No exemplo do computador, a professora ou o professor decidirá os objetivos, os conteúdos, a metodologia e a avaliação que considerar mais adequados de acordo com as teorias que julgue válidas segundo sua postura de profissional da educação. Não explicará onde salvar um arquivo até o momento em que o tenha previsto, independentemente do interesse e da necessidade que alunas e alunos tenham desse conhecimento. Inclusive, às vezes, atribuirá às deficiências dos alunos o fato de que não tenham aprendido os conteúdos transmitidos.

Igualmente, as habilidades práticas sofrem um corte quando se baseiam na ação teleológica. Quando, em vez de explicar como se salva um arquivo, simplesmente perguntamos ou nos dizem que tecla temos de pressionar, a ação serve para alcançar um objetivo concreto.

Defrontamo-nos, pois, com habilidades comunicativas em sentido estrito, habilidades acadêmicas e habilidades práticas. As duas últimas podem estar baseadas na ação comunicativa (baseada na racionalidade comunicativa), ou, ao contrário, estar direcionadas para a ação teleológica (baseada na racionalidade instrumental).

A aprendizagem derivada da utilização e do desenvolvimento das habilidades comunicativas é a aprendizagem dialógica. Ocorre em contextos acadêmicos, práticos ou em outros contextos da vida cotidiana. No caso do computador, o grupo, do qual faz parte o coordenador ou a coordenadora, decidirá o que e de que forma deseja aprender. Todas as pessoas envolvidas trarão seus conhecimentos comunicativos, tanto práticos como teóricos. O coordenador ou a coordenadora tem de chegar a um consenso quanto a seus conhecimentos pedagógicos, sociológicos, psicológicos e epistemológicos com as demais pessoas, baseando-se em pretensões de validade[2].

É evidente que no contexto escolar e dentro do sistema educativo da sociedade industrial ocuparam um lugar privilegiado as habilidades que denominamos acadêmicas, por sua própria concepção. Essas habilidades foram muito mais potenciadas e facilitadas do que as habilidades práticas. De qualquer forma, devemos destacar que de modo algum é incompatível a utilização de habilidades acadêmicas com o emprego das comunicativas. De fato, as habilidades comunicativas englobam, tomando o conceito genericamente, tanto as habilidades práticas como as acadêmicas. O sistema educativo tradicionalmente utilizou as habilidades acadêmicas de maneira bastante distanciada da aprendizagem dialógica. Toda aprendizagem pode ser desenvolvida de maneira dialógica e comunicativa, tanto se baseada em habilidades acadêmicas como práticas.

A educação na sociedade da informação deve basear-se na utilização de habilidades comunicativas, de tal modo que nos permita participar mais ativamente e de forma mais crítica e reflexiva na sociedade. Se pretendemos superar a desigualdade que gera o reconhecimento de determinadas habilidades e a exclusão daquelas pessoas que não têm acesso ao processamento da informação, devemos pensar sobre que tipo de habilidades estão sendo potencializadas nos contextos formativos e se com isso é facilitada a interpretação da realidade a partir de uma perspectiva transformadora.

Centrar as expectativas educativas na formalidade das carreiras curriculares implica necessariamente impedir o acesso ao desenvolvimento social dos grupos sociais desfavorecidos. Aquelas pessoas que se sentem limitadas em sua bagagem acadêmica tendem a gerar uma autopercepção negativa de partida que as mantêm em uma situação de infravalorização e de impossibilidade de agir, como sujeitos pensantes e atuantes, nos diversos âmbitos da dinâmica social.

A aprendizagem dialógica baseia-se nos seguintes princípios:

1. O *diálogo igualitário*. As diferentes contribuições são consideradas em função da validade dos argumentos, e não a partir de critérios, como a imposição de um saber culturalmente hegemônico. Não se estabelece nenhuma relação autoritária ou hierárquica em que o professor ou a professora determinam o que é necessário aprender e estabelecem tanto os conteúdos como os ritmos da aprendizagem.
2. A *inteligência cultural*. Este é um conceito mais amplo de inteligência do que os habitualmente utilizados, já que não se reduz à dimensão cognoscitiva baseada na ação teleológica, mas observa a pluralidade de dimensões da interação humana. Engloba a inteligência acadêmica e prática e as demais capacidades de linguagem e

ação dos seres humanos que tornam possível chegar a acordos nos diferentes âmbitos sociais.
3. A *transformação*. A aprendizagem dialógica transforma as relações entre as pessoas e seu meio. É uma aprendizagem que se baseia na premissa de Freire (1997) de que, como pessoas, somos seres de transformação, e não de adaptação. A educação e a aprendizagem devem ser dirigidas para a mudança, para romper com o discurso da modernidade tradicional baseado em teorias conservadoras que negam a possibilidade de transformação com argumentos que só consideravam a forma como o sistema que se mantém por meio da reprodução, ou a partir do ponto de vista de que devemos ser objeto de uma conscientização por parte de algum líder carismático ou professor inquieto que nos iluminará com sua sabedoria, abrindo-nos os olhos para a realidade. A modernidade dialógica defende a possibilidade e a conveniência das transformações igualitárias que sejam resultado do diálogo.
4. A *dimensão instrumental*. Não é óbvia, nem se contrapõe à dialógica. A aprendizagem dialógica abrange todos os aspectos que se combine aprender. Assim, inclui a parte instrumental, que se vê intensificada e aprofundada pela crítica à colonização tecnológica da aprendizagem.
5. A *criação de sentido*. Para superar a colonização do mercado e a burocrática e, desse modo, evitar que se imponha uma lógica utilitarista que reafirme a si mesma sem considerar as identidades e as individualidades que todos possuímos, é preciso potencilizar uma aprendizagem que possibilite uma interação entre as pessoas dirigidas por elas mesmas, criando, assim, sentido para cada um de nós.
6. A *solidariedade*. Como expressão da democratização dos diferentes contextos sociais e da luta contra a exclusão derivada da dualização social, é a única base em que se pode fundamentar uma aprendizagem igualitária e dialógica.
7. A *igualdade de diferenças*. É contrária à adaptação à diversidade que relega a igualdade e que regeu algumas reformas educativas. A cultura da diferença que esquece a igualdade leva, em uma situação de desigualdade, a que se reforce como diverso o que é excludente, muitas vezes adaptando, não transformando e, em muitas ocasiões, criando maiores desigualdades.

## Das escolas às comunidades de aprendizagem

Nas últimas fases da sociedade industrial, as concepções do desenvolvimento educativo e, conseqüentemente, a maneira como se organizou e se pensou a escola, conforme vimos, estiveram hegemonizadas por teorias transferidas a partir do crescimento industrial, principalmente o taylorismo e a teoria do capital humano.

No caso do taylorismo, o êxito da fragmentação de tarefas na indústria estendeu seu uso à educação com a fragmentação do saber em habilidades objetiváveis e taxionomias de objetivos. Por outro lado, a teoria do capital humano partia da premissa de que a qualificação formativa da mão-de-obra supunha um capital que podia ser reinvestido no processo produtivo, com o que, por um lado, desenvolveu-se a formação profissional metódica e, por outro, incrementou-se o investimento na educação formal, geralmente confiando na capacidade desta para a preparação para o trabalho.

Com o surgimento da sociedade da informação, como vimos anteriormente, essas teorias sofrem um processo de deslegitimação. Ainda que o conhecimento e o processamento da informação tenham um papel-chave no âmbito econômico e nos outros âmbitos da vida social, a escola está em crise. A forma de organização do sistema educativo, herdada de transferências de modelos de produção e gestão econômica (anteriormente, compartimentos estanques por matérias; atualmente, planejamento curricular), juntamente com o discurso social sobre os estudos que já analisamos, conduzem a tal crença.

Entretanto – como apontávamos anteriormente em nossa reflexão –, existe um forte darwinismo cultural ligado à dualização social, em que o acesso à informação (cultura, educação e âmbitos de participação) transforma-se em fator de discriminação e é monopolizado pelos grupos privilegiados.

Diante dessa situação, as correntes teóricas estruturalistas predominantes na década de 70 recusaram idéias precedentes que atribuíam o fracasso escolar à inteligência dos meninos e das meninas e consideraram que a escola era um elemento de reprodução do sistema que se limitava a calcar as desigualdades, fazendo com que cada um ocupasse o lugar social que lhe correspondia e negando à escola qualquer possibilidade de mudança, embora se evidenciasse uma situação social desigual.

A escola, objeto de contínuas reformas, responde a todos esses fatores com a compensação, aceitando o fato de que algumas causas objetivas (menos inteligência, poucos recursos, ambiente familiar ou social desfavorável) levam a uma aprendizagem mais lenta, e com a diversidade, já que na tentativa de seguir o ritmo socioeconômico e cultural da sociedade da informação deixa-se de lado a idéia de que a educação é um instrumento útil para a igualdade de oportunidades e centra-se no diverso como positivo e no igual como homogêneo e negativo. Embora, em nível pedagógico, isto implique respeitar os diferentes ritmos de aprendizagem, reconhecer as diferentes formas de conhecimento e a diversidade cultural, em nível social a defesa da diversidade leva à desigualdade. Por exemplo, a possibilidade de elaborar projetos curriculares diversos nas diferentes escolas pode ocasionar a que, dentro do sistema educativo estatal, zonas de classe média priorizem a aprendizagem de novas tecnologias, e zonas de classe operária, saberes profissionais mais tradicionais.

Consideramos que ambos os postulados, tanto o da compensação como o da adaptação à diversidade sem igualdade, levam à potencialização do círculo fechado da desigualdade cultural e que, portanto, cabe pensar outras fórmulas que, de acordo com os desafios que as mudanças impõem à nova sociedade, partam da transformação e da igualdade. Transformação, porque compensar ou adaptar leva à exclusão de determinados setores sociais; igualdade, porque todas as pessoas querem uma educação que lhes sirva para viver com dignidade na sociedade atual e futura.

Portanto, e sintetizando o que foi exposto até agora, a transformação da escola em comunidade de aprendizagem é a resposta igualitária para a atual transformação social.

As comunidades de aprendizagem partem de um conceito de educação integrada, participativa e permanente. Integrada, porque se baseia na ação conjunta de todos os componentes da comunidade educativa, sem nenhum tipo de exclusão e com a intenção de oferecer respostas às necessidades educativas de todos os alunos. Participativa, porque depende cada vez menos do que ocorre na aula e cada vez mais da correlação entre o que ocorre na aula, em casa e na rua. Permanente, porque na atual sociedade recebemos constantemente, de todas as partes e em qualquer idade, muita informação, cuja seleção e processamento requerem uma formação contínua. O clima estimulante da aprendizagem está baseado nas expectativas positivas sobre a capacidade dos alunos.

Se, como afirmamos, os processos educativos têm um caráter contínuo e permanente e não se esgotam no âmbito escolar, temos de reconhecer que as aprendizagens que as pessoas realizam não se reduzem às oferecidas na escola. Portanto, o ambiente familiar e social das pessoas tem uma importância especial para facilitar e possibilitar a formação. A escola tradicional, baseada no repasse de conhecimentos acadêmicos e desvinculada da comunidade e do meio familiar, reproduz o sistema social vigente e não permite sua transformação. Nesse contexto, a pessoa não pode transformar a sua realidade, tampouco a realidade social em interação com os demais. Dessa forma, faz-se totalmente necessária a incorporação da comunidade e do meio familiar ao trabalho diário em toda a escola. Não se deve repassar conhecimentos "acadêmico-formais" de maneira exclusiva. Deve-se partir da combinação entre o prático, o acadêmico e o comunicativo, fazendo com que a comunidade e as famílias participem juntamente com os professores.

Para que a escola seja uma comunidade, é necessário que os agentes envolvidos decidam sê-lo — equipe diretiva, conselho escolar, assembléia de mães e pais, membros do sistema de ensino com competência no tema – para que seja possível assegurar um envolvimento e uma participação reais.

As comunidades de aprendizagem partem da premissa de que todas as meninas e meninos têm direito a uma educação que não os condene, em sua infância, a não completar o ensino fundamental e a não ter acesso a um emprego. Por isso, tanto a fase do sonho da nova escola como a seleção de prioridades chegam a um rápido consenso, porque todo mundo deseja a melhor escola para seus filhos e filhas e acredita que esta deve ser a escola para todos. A partir da ação conjunta dos diferentes agentes envolvidos é que podem ser realizados os desafios e objetivos definidos, a projeção das atividades e a avaliação dos resultados. A partir da organização democrática e participativa entre todas as pessoas, são decididos, em igualdade de condições, os conteúdos, a avaliação, a metodologia e os objetivos. Nesses processos, é obtido um importante incremento da aprendizagem instrumental e dialógica, da competência e da solidariedade. A partir das comunidades, é proporcionada a aprendizagem de instrumentos de análise, de valorização e de crítica das diferentes realidades socioculturais de nosso contexto, combatendo os prejuízos, os estereótipos e os tópicos culturais que possibilitam a diversidade a partir da igualdade.

As comunidades de aprendizagem não são as idéias de alguns teóricos. Muito pelo contrário, as comunidades de aprendizagem são resultado do esforço dialogante e igualitário de muitas pessoas: professores e professoras, assessores e assessoras, autoras e autores, familiares e voluntários. Não se justificam com o argumento de que quem deve levá-las à prática não as entende bem e, por isso, fracassa sua aplicação. Todas as pessoas oferecem suas capacidades e motivações para um projeto coletivo. Se fracassam, é o fracasso de todas, e se triunfam também. Até agora, as quatro comunidades de aprendizagem em escolas de educação infantil e de ensino fundamental de Euskadi estão fazendo um grande esforço com frutos importantes para seus meninos e meninas (AA.W., 1998). Os protagonistas de tais transformações (professores, familiares e comunidades em geral) estão tornando possível que enfrentemos a entrada no novo milênio não apenas com sensações de crise, incertezas e desânimos, mas também com práticas e teorias que realizam transformações educativas igualitárias na sociedade da informação.

## NOTAS

[1] Habermas distingue quatro tipos de ação diferentes e atribui a cada ação um tipo de racionalidade diferente: a ação comunicativa, baseada em um diálogo entre iguais que dá lugar a um consenso combinado instersubjetivamente; a ação teleológica, na qual o ator escolhe os meios mais adequados que lhe facilitem a consecução de seus fins; a ação regulada por normas, na qual o ator orienta sua ação de acordo com elas e, finalmente, a ação dramatúrgica, em que a ação social é concebida como um teatro onde o ator está atuando, e o restante são os espectadores.

[2] Habermas considera dois tipos diferentes de pretensões: as que correspondem a uma intencionalidade de poder e as que correspondem a uma intencionalidade de validade.

## REFERÊNCIAS BIBLIOGRÁFICAS

AA.W. (1998): "Dossier de comunidades de aprendizaje", in *Aula de Innovación Educativa*, n. 72, p. 49-59. Barcelona, Graó.
AYUSTE, A.; FLECHA, R.; LÓPEZ, F.; LLERAS, J. (1994): *Planteamientos de la pedagogía crítica. Comunicar y transformar.* Barcelona. Graó.
BECK, U. (1998a): *¿Qué es la globalización? Falacias del globalismo, respuestas a la globalización.* Barcelona. Paidós (publicação original em 1997).
BECK, U. (1998b): *El normal caos del amor.* Barcelona. Roure (publicação original em 1990).
CASTELLS, M. (1997-1998): *La era de la Información.* Vol. 1: *La sociedad red;* Vol. 2: *El poder de la identidad* e Vol. 3: *Fin de Milenio.* Madri. Alianza Editorial (publicação original em 1996).
CHOMSKY, N. (1988): *Language and Politics.* Nova York. Black Rose Books.
CREA (1999): *Habilidades comunicativas y desarrollo social.* Manuscrito apresentado para ser publicado. DGICYT.
FLECHA, R. (1997): *Compartiendo palabras. El aprendizaje de las personas adultas a través del diálogo.* Barcelona. Paidós.
FLECHA, R. (no prelo): "Modern and Post-modern Racism in Europe: Dialogic Approach and Anti-Racist Pedagogies". *Harvard Educational Review.*
FREIRE, P. (1997): *Ala sombra de este árbol.* Barcelona. El Roure (publicação original em 1996).
GARFINKEL, H. (1967): *Studies in Ethnomethodology.* Englewood-Cliffs (N.J.). Prentice-Hall.
GIDDENS, A. (1995): *Modernidad e identidad del yo.* Madri. Península (publicação original em 1993).
GIDDENS, A. (1996): *Más allá de la izquierda y la derecha.* Madri. Cátedra (publicação original em 1994).
GIROUX, H.A. (1997): *Cruzando limites. Trabajadores culturales y políticas educativas.* Barcelona. Paidós (publicação original em 1992).
HABERMAS, J. (1987): *Teoría de la acción comunicativa.* Vol. I e II. Madri. Taurus (publicação original em 1981).
MERTON, R.K. (1977): *La sociología de la ciencia.* Madri. Alianza Universidad (publicação original em 1973).
SCRIBNER, S. (1988): *Head and hand: An action approach to thinking.* Teachers College, Columbia University. National Center On Education and Employment. (ERIC Document Reproduction Service No. CE 049 897).
SEARLE, J.R. (1980): *Actos de habla.* Madri. Cátedra (publicação original em 1969).
TOURAINE, A. (1997): *¿Podremos vivir juntos? Iguales y diferentes.* Madri. PPC.

# 2

# A educação que temos, a educação que queremos

*José Gimeno Sacristán*
Universitat de Valencia

*Profetizar é extremamente difícil... sobretudo em relação ao futuro.*

(Provérbio chinês)

## A CONSTRUÇÃO DA IMAGEM DO "DESEJÁVEL": O FUTURO A PARTIR DO PRESENTE

Refletir sobre o presente é impossível sem se valer do passado, pois neste o tempo que vivemos encontrou seu nascimento. Refletir sobre o futuro também é impossível sem se referir ao passado e ao presente, já que a partir desses alicerces são construídas as linhas mestras do que está por vir, embora, em suas projeções, passado e presente não sejam sequer tempos estritamente reais, poderíamos dizer, mas imagens-sínteses através das quais representamos para nós o que hoje é e o que foi. É assim que o passado sobrevive no presente e este no futuro.

> *O que nos rege não é o passado literal, salvo, possivelmente, em um sentido biológico. O que nos rege são as imagens do passado, as quais, seguidamente, estão estruturadas em alto grau e são muito seletivas, como os mitos. Essas imagens e construções simbólicas do passado estão impressas em nossa sensibilidade quase da mesma maneira que a informação genética. Cada nova era histórica reflete-se no quadro e na mitologia ativa de um passado ou de um passado tomado de outras culturas. Cada era verifica seu sentido de identidade, de regressão ou de nova realização tendo como pano de fundo esse passado* (Steiner, 1998, p. 17-18).

É certo. O passado foi real e deixou suas pegadas; porém, quando tentamos entendê-lo como algo operativo que se projeta no presente, é ativo e temos imagens dele, que é o que fica gravado como memória. "Do que foi" fica-nos um olhar retrospectivo seletivo, porque essas imagens do presente e do passado são, de alguma maneira, escolhidas: resumem e fixam, selecionando uma realidade multiforme e contraditória. O que não está nessas imagens não existiu. Daí a verdade da afirmação de que quem conta a história são os que a fazem como narração. Se do que se trata é olhar o presente, então, as míticas imagens operativas do passado servem para valorizarmos o atual, referindo-o ao "de onde viemos" e prolongando, assim, a capacidade operativa do passado. Progresso e regresso, continuidade e descontinuidade são e não são em relação ao anterior.

Construir o futuro, no sentido de prevê-lo e de querer que seja um e não outro, só é possível a partir dos significados que as imagens do passado e do presente oferecem-nos. Não se trata de adivinhar o que nos espera (algo impossível, porque não existe e o construiremos, inevitavelmente, pois não acreditamos em nenhum tipo de destino, nem em nenhum itinerário de progresso previamente traçado, para além da inércia que dá tudo o que é instituído, que é modificável, e da atual orientação de nossas ações), mas de ver com que imagens do presente-passado enfrentaremos essa construção, que é o que canalizará o futuro, sua direção, seu conteúdo e seus limites. A realização do tempo que nos resta por viver está fundamentalmente amarrada às condições do presente, embora também aos desejos que guiam as ações com as quais concluiremos o tempo por vir. Desejos que não nascem do nada, mas que, mesmo voltados para o futuro, estão enraizados no passado e no presente. Este é um aspecto essencial das imagens sobre o passado e o presente: encontram-se impregnadas das avaliações acerca dos ideais cumpridos, dos parcialmente alcançados e dos desejos frustrados que não podemos realizar e que projetamos no tempo vital futuro de cada um, no de nossos filhos e no das próximas gerações. Um aspecto essencial da educação é o ser "projeto", e isso distingue a importância de um certo imaginário individual e coletivo que o configure e dê força de projeção futura. Não um projeto de sociedade ou de indivíduos perfeitos considerados como algo fixo, o que suprimiria qualquer pluralismo, mas um projeto como imagem tentativa e revisável à medida que é construída de maneira aberta. Embora a educação se nutra de cultura conquistada, e seja por isso reprodutora, ela encontra seu sentido mais moderno como projeto, enquanto tem capacidade de fazer aflorar homens e mulheres e sociedades melhores, melhor vida; isto é, encontra sua justificativa em transcender o presente e tudo o que vem dado. Sem utopia não há educação.

De acordo com essa perspectiva, auscultar o futuro da educação e anunciar os desafios que nos propõe não tem muito sentido. A rigor, não se pode falar de educação *para* o futuro, porque este não tem realidade e, portanto, carece de conteúdos e de orientação em que se apoiar. Essa expressão não é mais do que uma metáfora que quer detectar, no melhor dos casos, a insatisfação com o presente e com as mudanças que nele já estão sendo apontadas. Em troca, é importante, sim, analisar as continuidades das "imagens do passado", as do presente e as suas projeções no futuro. Meditar sobre o que ocorreu pode dar-nos perspectiva, impulsos e algumas inquietações mobilizadoras. Interessa-nos saber o que é que governa o presente para intervirmos nesse governo; além disso, nossa responsabilidade dilui-se. Importa-nos analisar o momento que vivemos, que se projetará no tempo imediato por vir e, sobretudo, importa-nos o que aconteceu com os projetos, qual é o estado dos nossos agora e o que fazer para esse futuro. Só podemos preencher o "porvir" a partir do presente com projetos, e estes estão enraizados nos ideais do passado e do presente. Resgatamos, pois, o presente real para que as imagens que elaboremos sirvam para nos vermos refletidos. Todavia, antes de mais nada, devemos resgatá-lo para que ninguém nos confunda sobre o caminho que se deve seguir. Isto é o aspecto importante do trabalho intelectual: pretender alcançar a capacidade reflexiva de ver onde estamos e para onde nos leva o que fazemos, para não cair no escapismo e distrair-se numa prospectiva que não é possível no mundo indeterminado. Não tem sentido preocupar-se com o que não existe, mas sim com o que que agora se está e estamos idealizando.

O que acontece é que se produz uma aceleração do presente, a qual o comprime e não permite fixarmo-nos nele, o que, por sua vez, subtrai o valor de referência ao passado e faz-nos viver mais depressa, como se não pudéssemos fazê-lo em um tempo tranqüilo, mas sempre à beira do abismo, debruçados no futuro. Como dizia Toffler (1971), a mudança de tantas coisas de modo simultâneo e tão rapidamente é uma força elementar e um traço de nosso tempo que nos dificulta a percepção da realidade. É assim que o futuro invade nossas vidas. Nesse corre-corre acelerado, quem ou o que governa os processos de mudança? Como e quem fia os fios com os quais se tece o presente? Temos tranqüilidade para obter alguma representação do futuro que queremos construir para melhorar o presente? Somente a partir da educação, que não é todo-poderosa, não se pode governar o mundo, obviamente. Esse olhar modesto é uma conquista deste século que termina. Ao mesmo tempo que aceitamos nosso papel limitado, queremos que a partir do mundo que não controlamos não se governem todos os submundos com um discurso único, o que só será possível se tivermos algum projeto próprio para defender e perseguir.

A modernidade, como afirma Heller (1998, p.162), caracteriza-se pela *insatisfação* que nos move a aperfeiçoar o existente, a criar, a perceber, a distribuir e a satisfazer necessidades. Se todos estamos satisfeitos, não há movimento. A utopia ativa é, como diz Villoro (1997), o desencadeante de rupturas que nos levam a construir, transcendendo a distância entre o que é real e o que consideramos ideal, superando o estado do que socialmente existe. Que projetos temos? É a mesma coisa que perguntar: que insatisfações inquietam nosso ânimo e atiçam nossas ações? Por que estamos insatisfeitos? Qual é nossa utopia para o tempo que está por vir?

## A CONSTRUÇÃO DE UM PROJETO PARA A EDUCAÇÃO QUE "DEVERIA TER SIDO FEITA"

Atribuída a responsabilidade de sua realização aos deuses, à ciência, à razão, aos dirigentes iluminados ou a toda a coletividade social, a geração de utopias que expandem o horizonte e propõem-se como guias para ação é uma das características da cultura ocidental, como apontou Berlin (1998). O século XX foi uma etapa histórica em que essa tendência continuou, dentro da qual a educação para todos se viu realizada, embora a formulação dessa utopia remonte a dois séculos atrás. E assim foi para os países desenvolvidos, nos quais foi cumprida a universalização da escolaridade básica, sendo um desafio para os que ainda estão no caminho para alcançar esse objetivo. Aparentemente, pode-se dizer que a utopia contida no projeto iluminista de pôr ao alcance de todos a educação foi cumprida: é obrigatória e gratuita para os níveis básicos, uma taxa muito alta da população freqüenta a pré-obrigatória e a população no ensino superior multiplicou-se enormemente nas últimas décadas.

Este é um fato de transcendência antropológica e de projeção histórica nas sociedades afetadas pela realização dessa utopia, ao tornar-se um traço essencial das culturas, com derivações em distintos planos. Projeção da qual, paradoxalmente, tomamos conhecimento, com freqüência, mais pelas críticas às funções negativas da escolarização e suas deficiências do que pela evidência dos sucessos alcançados. O que é uma sociedade, o que são seus membros, qual é o futuro de uma e de outros não são aspectos que possam ser pensados à margem do que foi e é o sistema educativo nessa sociedade.

Em primeiro lugar, a universalização da escolaridade formal foi motivo de uma experiência com projeções importantes na configuração das subjetividades individuais, na percepção de si mesmo e na identidade pessoal. Embora a educação formal seja um processo de socialização secundária, é tal a sua relevância, que causa fortes reproduções, tanto ou mais que algumas das produzidas pela socialização primária. As respostas que cada um de nós tem para as perguntas do que é, quem pensa que é e como se sente e percebe a si mesmo tem muito a ver com a educação recebida, porque esta é considerada um valor em si, que não é indiferente para o sujeito ter ou não, e porque a educação é, sem dúvida nenhuma, um enriquecimento da subjetividade que dá certo poder sobre a ação. De alguma maneira, "nos sabemos" de nós mesmos conforme tudo o que sabemos. Espera-se que o eu do homem e da mulher modernos escolarizados seja um eu reflexivo, que pondere sobre as ações, mantendo controle delas e estando desligado das submissões aos poderes que não sejam racionais, como apontou Giddens (1995). O sujeito escolarizado fica ungido pela experiência escolar, tanto por seus propósitos explícitos como pelos derivados da forma institucional em que ocorre essa experiência.

Em segundo lugar, a educação escolar recebida é um fator de primeira ordem nas relações interpessoais dos indivíduos por meio de diferentes vias. Assim, por exemplo, seguindo as indicações de Freud e de Elias, compreendemos as pautas que guiam o homem e a mulher educados, transformadas em esquemas para o controle que a cultura tem sobre as manifestações das pulsões do indivíduo em relação a poder desempenhar-se "corretamente" como ser social. Por outro lado, as informações que se adquirem sobre a educação do "outro" e a que se tem sobre si mesmo intervêm na ritualização da apresentação da pessoa na vida cotidiana, na criação do personagem que mostramos aos outros, nas palavras de Goffman (1993). Finalmente, o nível e o tipo de educação recebida oferecem conteúdos sobre os quais são produzidas aproximações e diferenciações entre as pessoas. A educação escolarizada assemelha-nos a alguns e distancia-nos socialmente de outros: é um critério de ordenação social.

Em terceiro lugar, a educação incide na estruturação das relações sociais em geral. A participação política, a estruturação das classes sociais, o desenvolvimento e a distribuição da riqueza não operam à margem dos níveis e tipos de educação dos cidadãos. Portanto, o que indivíduos e sociedades são, o que poderão ser, não pode ser explicado ou projetado, sem serem considerados os efeitos dos sistemas educativos. Esta é uma condição essencial deste século.

No entanto, foi o triunfo do sistema escolar (ali onde aconteceu), digamos assim, o triunfo do projeto iluminista que orientava seu crescimento e dava conteúdo a seus propósitos? Em outras palavras: o que aconteceu com o projeto de educação "que deveria ser feito"? O que resta desse projeto? Como avaliação global aproximada, partiremos da hipótese de que, no final deste século que termina, poderíamos assistir a cerimônias de celebração muito diferentes: a do triunfo do projeto iluminista, a da lamentação por seu fracasso e por sua desnaturalização, a do esclarecimento da pós-modernidade pessimista e crítica do projeto e a de suas realizações e, finalmente, a do ressurgimento da esperança renovada em um projeto matizado e revitalizado.

Consideramos, pois, que é importante resgatar para a memória do presente as posições e as aspirações de partida que deram sentido a uma fé na educação como ferramenta do progresso, que constituiu a fonte de energia para dedicar-lhe tanto esforço, de forma que, graças a seu conteúdo utópico ativo, seria possível passar das declarações assentidas às realizações práticas. O resgate tem três sentidos fundamentais: recordar de onde viemos, rever e matizar alguns de seus objetivos e revitalizar as esperanças na educação.

Escutemos "o passado" que fez nosso presente[1]:

> *A educação, a cultura e a ilustração são modificações da vida social; efeitos do trabalho e dos esforços dos homens e mulheres para melhorar sua situação social. [...] A educação decompõe-se em cultura e ilustração. Aquela parece que se refere ao prático: por um lado, ao bom, ao refinamento e à bele-*

za no artesanato, artes e costumes sociais (*cultura objetiva*); por outro lado, à aptidão, ao trabalho e à habilidade nas primeiras, e às tendências, aos instintos e aos hábitos nas últimas (*cultura subjetiva*)... A ilustração, ao contrário, parece referir-se mais ao teórico. Ao conhecimento racional (*objetivo*) e à habilidade (*subjetiva*) para refletir racionalmente sobre as questões da vida humana (Mendelssohn, 1989).

Mas para esta ilustração *[Refere-se à do povo]*, apenas se requer liberdade e, certamente, a menos prejudicial entre todas as que levam esse nome, a saber, a liberdade de fazer sempre e em todo lugar uso público da própria razão. [...] Entendo por uso público da própria razão aquele que alguém faz dela enquanto docto (*aquele que fala mediante escritos*) diante do grande público do mundo dos leitores (Kant, 1989).

Pela educação, o homem e a mulher serão:

a) Disciplinados. Disciplinar é tentar impedir que a animalidade estenda-se à humanidade, tanto no homem e na mulher como seres individuais ou sociais. Dessa forma, a disciplina é meramente a submissão da barbárie.

b) Cultivados. A cultura compreende a ilustração e o ensino. Proporciona a habilidade, que é a posse de uma faculdade pela qual todos os fins propostos são alcançados.

c) É preciso que o homem e a mulher também sejam prudentes, que se adaptem à sociedade humana para que sejam queridos e tenham influência. Aqui corresponde uma espécie de ensino que se chama civilidade.

d) É preciso dar atenção à moralização. O homem e a mulher não só devem ser hábeis para todos os fins, mas também devem ter um critério conforme o qual só escolham o que for bom (Kant, 1991, p. 38).

Esses pensamentos situam-nos em relação às raízes originárias do projeto iluminista de educação que, como no caso de Kant, definem um modelo de homem e de mulher, de cidadãos, e não apenas de mentes ilustradas, cujo peso essencial recai na assimilação racional da cultura e em seu uso público. Isto é ilustrar: transformar a cultura objetiva em cultura subjetiva, ou *saber pessoal*, cultivando a razão.

Nesse projeto herdado como algo desejável, a educação consistia em uma perfeição que se acrescentava (*paideia*) e em propiciar a liberação: arrancar da condição da plasticidade humana as melhores possibilidades, tornando-a ilustrada, livre e autônoma, dotando-a de razão e de racionalidade por meio do fomento da melhor tradição cultural acumulada, no sentido de melhorar a situação social do homem. A razão é ilustração e constrói-se pelo mesmo processo de ilustração[2] (Muguerza, 1990, p.26), isto é, educando-se. A utopia fundamental do renascimento, ligada à tradição clássica grega e principalmente desenvolvida a partir do século XVIII, considera que a racionalidade é a base do progresso humano e que uma e outro são alcançados "ilustrando-se". Para isso, é preciso nutri-la com a posse pessoal dos bens culturais (depósitos e substanciações do progresso espiritual) e estendê-la a toda a humanidade, porque todos os indivíduos têm condições de melhorar como pessoas e como membros de uma sociedade, sendo depositários do direito de fazê-lo. A grande esperança da modernidade está em que a posse da cultura *densa* aperfeiçoe as faculdades intelectuais e transforme-se em virtude ou guia da conduta, em modo de vida, porque da prática da racionalidade apenas o bem pode acontecer. Pretende, então, marcar o rumo das pessoas, suas faculdades e os conteúdos da personalidade, isto é, trata-se, em termos socioantropológicos, de uma reprodução ou de uma socialização forte e para todos.

A fé no progresso, que supõe considerar que a cultura e a racionalidade dotam o homem de uma segunda natureza – condensada em sua formação –, experimentou modulações em diferentes opções metodológicas e em diferentes explicações científicas sobre o desenvolvimento humano durante o século XX. O pensamento científico recolheu o objetivo ilustrador da cultura, considerando-a "construtora dos sujeitos". A educação, tal como hoje a entendemos, mesmo observando um amplo espectro de objetivos, continua sendo concebida como instrumento de liberdade e para a autonomia, como edificação da personalidade e de suas capacidades por meio da assimilação da cultura. O *desenvolvimento* dos indivíduos (termo que denota semelhança com o desdobrar de fenômenos biológicos e que também significa incrementar, acrescentar ou progredir) é construção cultural subjetivada graças à indeterminação da natureza humana.

Os materiais que servem à construção da mente não proporciona crescimento quando são reproduzidos como simples erudição superficial, como às vezes a escola faz com eles; tampouco são um campo de treinamento para que qualidades mentais, hipoteticamente preexistentes, sejam exercitadas e, dessa forma, aperfeiçoadas. Os materiais culturais aprendidos sob o exercício da racionalidade são transformados em competências mentais e espirituais; significados adquiridos que engrossam a experiência como dotação ativa dos sujeitos, tal como apontou Dewey (1995). Isto significa que se constituem em uma dotação acrescentada ao ser humano por meio da qual se capta o mundo, com uma significação moral, social e política acrescentada: são o fundamento da liberdade resguardada de poderes e subordinações irracionais. Ressalta-se, assim, uma condição psicológica da construção do sujeito pela cultura: a da *significação* da *densidade* do adquirido para quem aprende. Caso contrário, nem o aprendido adere ao aprendiz, nem este o faz à cultura, não estabelecendo uma *atitude* positiva para o aprender, que é outra condição da educação. *Densidade* do aprendido, *significação* e *atração* pelo saber serão os três pólos da pedagogia moderna para estabelecer programas, formar professores, desenvolver métodos, etc.

Para o senso comum, a educação tende a ser compreendida como preparação para a sociedade, para a vida adulta, para o trabalho ou para seguir adquirindo cultura, quando, antes de mais nada, como afirma Bruner (1997, p.31), é uma forma de *viver a cultura*. A educação prepara para participar do mundo na medida em que proporciona a cultura que compõe esse mundo e sua história, transformando-a em *cultura subjetiva*, o que dá a forma de nossa presença diante dos bens culturais, uma maneira de ser alguém diante da herança recebida (Lledó, 1998, p.39). A isso chamamos *saber*. A qualidade da experiência cultural de qualidade vivida é a preparação mais real que pode e deveria propiciar a educação.

O projeto moderno de educação é otimista sobre as possibilidades da natureza humana e também o é do ponto de vista histórico, porque contribui para a libertação exterior do homem e da mulher em relação aos poderes que os fazem "menores de idade", situando o indivíduo na sociedade e no mundo, dependendo do que ele faz e constrói. A educação ligou-se estreitamente à esperança da libertação social daqueles que obtivessem os frutos que a educação promete, configurando uma sociedade aberta e móvel, na qual a hierarquia estabelecida em relação ao binômio educação-profissão substitui as hierarquias devidas à origem social. A educação moderna traz consigo a promessa de libertar o homem das limitações de sua origem porque, nessa mentalidade, tanto a contingência inicial de ter nascido em uma circunstância quanto o contexto que o rodeia não são percebidos como imutáveis, mas como podendo ser redefinidos, segundo afirma Heller (1998, p. 165). Por isso, a conquista da liberdade dependerá do capital cultural (escolar), que na sociedade industrial passa a ser considerado capital social útil, graças à ligação entre o grau de educação alcançado e a localização socioprofissional. A libertação interior obtida graças à apropriação da cultura também é libertação material.

O que foi dito antes, para ser plenamente correto, necessita de outra certeza, também otimista: a de que os limites das capacidades psicológicas do indivíduo não são dadas em seu nascimento. Talvez nem todos possam vir a ser iguais, mas acredita-se sim que todos podem crescer. Para as posturas progressistas, que têm sua raiz na visão otimista acerca da bondade natural do homem rousseauniano, os limites têm origem cultural e social. Na visão moderna, a mente humana é construção, igual ao mundo exterior, ficando sua expansão submetida às experiências e à cultura que a nutre. O capital cultural é capital de origem social, que é apropriado subjetivamente (com toda a idiossincrasia que queiramos) como *capital mental* pelos seres humanos.

A orientação que provocou a mudança cognoscitiva de caráter culturalista para a psicologia, pela mão de Bruner ou de Vygotsky, por exemplo, vê a mente como algo que é materializado e construído na cultura humana, especialmente pela linguagem. O pensamento abstrato não é outra coisa que linguagem interiorizada. O capital cultural subjetivado ou a competência cultural adequadamente assimilada como saber pessoal é o capital mental que pode ser usado de diferentes maneiras e em circunstâncias muito diversas.

Na orientação moderna, o futuro idealmente valorizado consistiu em aspirar à democratização das condensações mais valorizadas da tradição cultural que fossem capazes de provocar essas experiências aperfeiçoadoras. Uma tradição que não fica representada por uma linha reta de progresso, em que se entretecem processos de acumulação, de reconstrução, de negação e de avanços constantes sobre o herdado. O passado nutre o presente, e a reconstrução daquele neste proporciona o apoio de outros possíveis presentes que constituirão o futuro, que serão, por sua vez, do mesmo modo, reconstruídos. Como se enlaça o passado com o presente, o desvelamento dos avanços, dos problemas e até dos retrocessos, transcendendo o reino do aparente, é a missão da escola como instituição iluminista, pois outros agentes teriam mais dificuldades em alcançar esse fim. A educação iluminista supõe alguns conteúdos tidos como valiosos e a capacitação para mantê-los em constante revisão, graças à capacidade reflexiva reconstrutora da racionalidade humana que pensa a si mesma como provisória. Hoje, não podemos aceitar a ilustração se a sua racionalidade não serve para ilustrá-la.

O projeto moderno de educação parte da valorização da acumulação do saber que nos dá a imagem do mundo (a tradição), embora sem pensar esse saber e essa imagem como definitivos, mas como elaborações que são construídas em liberdade e, graças a isso, podem ser mais representativas de uma cultura universal e ser mais justas. Valorizamos os textos herdados (narrações que nos aproximam do que foi pensado e sentido), sabemos que são plurais, considerá-los suscetíveis de múltiplas leituras e de ser escritos de novo. Tal fato significa que a educação iluminista também trata da possibilidade de negar a tradição e de reivindicar esquecimentos. Daí que o pensamento moderno ilustrado, como conteúdo e como método, continue tendo vigência para alimentar nosso projeto educativo, porque, longe de se consumir, graças a esse espírito de reconstrução constante, mantém sua vigência e continua constituindo-se autonomamente sem dogmatismos, porque é autoconstrução (Maestre, 1989). A educação será a encarregada de unir indissociavelmente tanto a tradição valorizada em cada momento como as disponibilidades e as capacidades para mantê-la em constante processo de reconstrução. O passado cultural é a fonte do presente e o material substancial do futuro ao ser refeito no presente. Não há futuro sem raízes previamente assentadas sobre as quais se erguer.

A *cultura* (equivalente, neste contexto, à tradição valorizada) e sua autocrítica são as duas condições da *densidade* e da vigência em cada momento da atualidade da educação (Gimeno, 1998a), cuja missão é a de nos situar em um determinado momento, em uma perspectiva nutrida pelo passado avaliado, criticando o presente e, portanto, aberta ao futuro. Essa é a linha de progresso à qual serve.

É essa concepção ilustrada constitutiva dos sujeitos plenos que explica o reconhecimento da educação no século XX como um direito universal do homem e da mulher e, particularmente, da criança[3]; um componente da cidadania plena. É um direito fundamental, porque está unido à dignificação humana, como uma de suas causas, ao entender que pelo exercício de tal direito é possibilitado a todos o enriquecimento da própria vida, dotando-a de dignidade. Por isso, é um valor em si que, além disso, entrelaça-se com outros direitos civis, políticos e econômicos, possibilitando-os e potencializando-os (Marshall e Bottomore, 1998). Como afirmava Kant em um dos textos já citados, a ilustração (e a educação, diríamos agora) é a saída do homem de sua autoculpada menoridade ou da falta de autonomia e independência, significando com essas crenças a incapacidade de se servir de seu próprio entendimento sem a orientação de outro. Sem o cumprimento satisfatório do direito à educação, não só a vida de cada um empobrece e limita seu horizonte, mas também, dificilmente, podem ser realizados outros direitos, como a livre expressão, a participação política ou o direito ao trabalho nas sociedades avançadas. Aceitar tais idéias supõe valorizar a educação por si mesma (ao menos uma parte dela) e, como direito do homem, abstraí-la dos bens que são mercantilizados, vendidos e comprados conforme as possibilidades adquiridas de cada indivíduo ou grupo social.

## OS EIXOS DE UM PROJETO AINDA VÁLIDO PARA O FUTURO

A partir dessas formulações, são deduzidas algumas características essenciais do que pode e deve ser o programa geral para a educação de hoje e de amanhã, as quais destacam diretamente as condições que devem ser propiciadas através da política educativa, da organização das instituições e das práticas pedagógicas. Não são propostas novas, mas que requerem ser revitalizadas e relidas. Vejamos sucintamente.

### A leitura e a escrita, construtoras do sujeito e reconstrutoras da cultura

A linguagem e a educação são inseparáveis. A escolaridade tem que se rechear, antes de mais nada, com fala e escuta, com leitura e escrita. Cultivar essas duas últimas habilidades é função essencial da educação moderna, pois são instrumentos para penetrar na cultura e ser penetrados por ela, como via de acesso ao passado codificado e ao presente que não consegue ver nossa experiência direta. Também são os instrumentos para abstrair, penetrando nos traços não-evidentes de experiência e de todo nosso tempo. A alfabetização eficaz supõe colocar os indivíduos às portas do poder, o que implica a posse do conhecimento pelo domínio da linguagem. A alfabetização ilustradora (que hoje chamaríamos crítica, como Freire) é, antes de mais nada, a capacidade para participar na reconstrução cultural e social.

A leitura, além de desempenhar esses papéis na incorporação do indivíduo aos processos de recriação do cultural, de fazer com que o leitor possa sentir-se no presente possuidor do passado e capacitar para a participação na esfera do público, tem um valor decisivo na construção do espaço da subjetividade, da individualidade, do pensamento abstrato, crítico e reflexivo e da autonomia do homem e da mulher modernos. Ler é desenvolver a racionalidade, que é dinâmica e é exercida no fato de raciocinar, enquanto se dialoga com o lido.

*O pensamento não é temporal porque está atado às condições de possibilidade de um sujeito que é, essencialmente, tempo, mas porque depende de um sistema de conhecimentos que, necessariamente, tem que dialogar com sua própria história* (Lledó, 1992, p.27).

Por meio da leitura gera-se um espaço de significados dialogados que constituirão a mente do leitor e da leitora (pensar é dialogar consigo mesmo, desde Platão), fonte de liberdade e de intimidade para os indivíduos que vêem seu horizonte de referências revelado, que lhes amplia sua consciência e faz do exercício da razão uma espécie de espaço público interiorizado. Se escrever é estabelecer a reflexão interior, ler é desdobrar em si mesmo a reflexão de outro que significa o escrito, seguindo um processo em que se entrelaçam os argumentos próprios com os de outros, criando a trama mental ao relacionar os significados, isto é, as leituras. O *hipertexto* como modelo de saber em forma de *rede* não é uma metáfora nova. Resumindo, a leitura constitui a subjetividade com materiais de outras subjetividades (Chartier, 1996; Lledó, 1992; Wittmann, 1997). Eu sou eu, minhas circunstâncias e também minhas leituras, poderíamos dizer. Ou, como afirma Lledó (1989, p.138), o mundo será tal para o homem sobretudo como linguagem, e abrir-se para o mundo é sentir a finitude e a infinitude da linguagem.

O ato de ler praticado pela população extensamente (talvez nem tanto intensamente), graças à escolarização, é uma das elaborações culturais mais decisivas que a escola pode propiciar para transcender a si mesma, ao tempo passado nela e a seus conteúdos, porque condiciona e regulamenta institucionalmente as possíveis formas de ler, de criar sentido e de construir as subjetividades, contendo os valores potenciais dos materiais lidos em determinadas práticas.

A escola nunca foi o único agente da alfabetização inicial ou do aprofundamento desta, nem antes da invenção da imprensa, nem depois dela e muito menos o será na era das novas tecnologias da informação. Contudo, se não ocorre durante a escolarização, em outros âmbitos e tempos, é menos provável que a alfabetização se universalize e que tal objetivo seja alcançado pondo-o a serviço de leituras reflexivas e críticas do lido, ou seja, o exercício da leitura como estudo refletido do mundo e da cultura. A leitura, como foi descrita de maneira magnífica por Manguel (1998), pode servir a múltiplas experiências (prazer, elevação mística, doutrinamento, relaxamento, desenvolvimento da fantasia, evasão do real, informação, transmissão de ordens a outros, etc.). Hoje, em contextos públicos, apenas em instituições como a escola ela se realiza para intercâmbios recíprocos por meio de contatos pessoais diretos, com o objetivo de estruturar um pensamento povoado de argumentos contrastados. Com isso, naturalmente, não queremos dizer que este seja o único tipo de experiência de leitura que é preciso provocar nas instituições escolares, mas sim que essencialmente a caracteriza. Infelizmente, nesse espaço institucional promissor, a leitura também serve ao tédio, como castigo e para provocar desprezo àquilo que por meio de sua prática pode-se adquirir.

O que foi dito sobre a leitura é, certamente, mais certo para a escrita, cuja prática fica muito mais restrita e especializada, quanto a seus usos, fora das instituições escolares. A alfabetização funcional sobrevém depois que o sujeito tenha sido alfabetizado, porque na vida cotidiana de muitas pessoas é pouco comum o uso da escrita. A sua prática fica mais restrita aos usos escolares do que a da leitura.

As novas tecnologias da informação não substituem essas práticas culturais ilustradas, mas partem e necessitam delas; criam possibilidades aos leitores-escritores; poderão modificá-las, mas não anulá-las, muito pelo contrário. Os computadores, as redes pelas quais a informação flui, não servem de nada aos analfabetos, pois estão povoados de letras mais do que quaisquer outras coisas. Apenas os bons leitores podem extrair-lhes suas melhores possibilidades; apenas sabendo escrever, pode-se *participar* deles. Essas tecnologias modificam, isso sim, a experiência de leitura e de escrita (por exemplo, o correio eletrônico reavivou a prática de escrever cartas, que o telefone quase acabara), ou produzem outras experiências de leitura que não têm que anular as já existentes. Mudam os suportes e, com isso, tudo o que é relacionado com a produção e a distribuição dos textos, mas, de qualquer forma, reafirmam as competências dadas pela alfabetização; inclusive, exigem línguas diferentes da própria. Assim como a existência do livro e dos processos que o tornaram possível estimularam a ler e a escrever livros (Debray, 1998), as novas tecnologias provocarão outras necessidades novas de ler e de escrever que não substituirão outras anteriores, a não ser na medida em que nos encurtam o tempo disponível para ler e escrever. O perigo social de essas tecnologias dividirem o mundo, como diz Ramonet (1997), em "infopobres" e "inforricos" será cumprido, pensamos, porque se fixará em outra divisão prévia: a que separa os "analfabeto-pobres" dos "analfabeto-ricos". A mensagem da modernidade continua vigente, amplia suas possibilidades e denuncia os mesmos riscos de marginalização e de falta de liberdade.

Ler muito, fazê-lo reflexivamente, entrelaçar leituras, entrar irrestritamente no mundo escrito e ter prazer com tudo isso são e continuarão sendo um desafio para a educação formal e o alicerce da educação permanente. Os meios estão aí, o acesso a eles depende das políticas educativas e culturais, da formação dos professores e dos métodos pedagógicos.

## A educação precisa do acervo cultural acumulado

Só se pode pensar a partir do que foi pensado por outros. Só temos o que outros conquistaram, valorizações do que foi feito, mais os desejos de continuar de uma determinada maneira o processo de seguir conquistando. Chamamos isso de "tradição": a acumulação do que se conseguiu com uma determinada perspectiva e com uma certa hierarquização de conteúdos, que proporciona uma ordem de prioridades para selecionar os nutrientes do currículo de que as instituições educativas tratarão. Sem a memória não há profundidade na existência, como afirma Arendt (1996, p.104). A educação alimenta-se disso e não pode ser de outra maneira: dar notícia dos avanços significativos da tradição (graças às variadas obras que constituam o cânone extenso aceito como valioso e provisório), procurando fazer leituras atualizadas delas. Este é o significado que a educação tem de *conduzir* pelo curso de toda a corrente do que foi acumulado, vendo-a em seu fluir. Somente dessa forma pode-se educar como *preparação para:* educando *a partir de.* Essa tradição pode ser valorizada de diferentes maneiras: pode-se hierarquizar seus componentes, podem-se tirar dela "resumos" mais ou menos representativos do acervo cultural virtual, pode-se diminuir mais ou menos, mas é o material a partir do qual a educação ganha sentido. Não confundamos tais premissas com o fato real de que essa tradição foi dada nas escolas de maneira tradicional e, às vezes, fundamentalista (Gimeno, 1998a). A tradição é um conteúdo, o tradicionalismo e a educação tradicional são maneiras inadequadas de se deparar com ela.

"O herdado" compreende os âmbitos mais diversos da experiência constituída em saber codificado: a ciência, a tecnologia, o conhecimento social, as artes, a literatura, etc. Em todos eles, refletem-se as lutas da humanidade para dominar o mundo, para melhorá-lo, para vivê-lo de maneiras diferentes. Nesses saberes, também se encontram os instrumentos e as imagens que denunciam os erros cometidos, as injustiças e as necessidades insatisfeitas. Uma seleção adequada de tudo isso preenche-nos o programa de uma ilustração ponderada para continuar reflexivamente e refazer o progresso, que deve ser material e espiritual, instrumental e moral. As especializações são possíveis e, chegado o momento, necessárias, mas o "ser educado" deve ser completo até certo ponto.

O legado cultural, a memória potencial foi distorcida nas escolas, manipulada e sacralizada. Serviu para estimular uma idéia de progresso muitas vezes mutilador do meio ambiente, das pessoas e dos grupos sociais desfavorecidos. Entretanto, tudo isso não pode conduzir-nos a um neoprimitivismo ou a um multiculturalismo absoluto em seu relativismo. A mensagem iluminista deve ser refeita a partir das bases mais plurais, com uma geografia mais descentralizada, nas palavras de Steiner (1998), mas fora dela não temos nada do que partir. O desafio mais importante do fututro é unir os valores universalizadores do iluminismo com a pluralidade de modos de desenvolvê-los a serviço de uma idéia de progresso mais multilateral do homem e plenamente democrática. Outra vez, o iluminismo ilustrando a si mesmo. Como afirma Berlin (1998, p.29-30):

> *[O pluralismo consiste em defender] a idéia de que há muitos fins distintos que o homem pode perseguir e mesmo assim ser plenamente racionais, homens completos, capazes de se entender entre si e de simpatizar e extrair luz uns dos outros. Porque, se não tivéssemos nenhum valor em comum com essas personalidades remotas, cada civilização estaria encerrada em sua própria bolha impenetrável e não poderíamos entendê-la em absoluto. A intercomunicação das culturas no tempo e no espaço só é possível porque o que torna os homens humanos é comum a elas e age como ponte entre elas.*

## A educação deve situar-nos no presente e diante do que nos rodeia

A ilustração dos seres humanos precisa ser feita a partir dos problemas do presente. Proporcionar as chaves para a compreensão do presente, do imediato que nos atinge e que mergulha suas raízes no passado mais ou menos próximo e em âmbitos hoje distanciados do mundo circundante será também missão da educação. O espírito da modernidade não poderia ficar à margem do mundo que deseja conhecer e transformar; não pode contornar o cotidiano, embora seja para auscultá-lo. Para libertar os indivíduos e fazê-los autônomos, é preciso situá-los como seres conscientes das coordenadas concretas nas quais vivem. Uma compreensão que deve aproximar-se não apenas da realidade natural e social, mas também dos significados que povoam as crenças do presente para depurar os esquemas espontâneos criados, de compreender o mundo e ir obtendo cotas de racionalidade contrastadas com os demais. Não se trata de reviver o que outros viveram e pensaram, mas de ler com eles o tempo e o mundo atuais.

As instituições educativas, é claro, não estão sozinhas nessa missão de situar os sujeitos no mundo do imediato, próximo e cotidiano, pois, espontaneamente, também outros agentes com quem mantêm relações de coexistência, de complementaridade, de apoio ou de confronto cumprem essa missão, como é o caso da família ou dos meios de comunicação. O importante é que a escola provoque sua imagem ilustradora, como projeto dirigido que é, e que não permaneça impassível às influências de outros agentes, ou abrace sem mais nem menos os conteúdos que eles oferecem. O projeto educativo moderno caracteriza-se por ser um *plano de reprodução consciente*, como o denomina Gutmann (1987, p.14), que se diferencia de outros tipos de socialização e, por isso, não pode ficar preso ao espontaneismo. Segundo afirmava Dewey (1995, p.31), a escola não é um ambiente qualquer que vem estabelecido, mas outro selecionado que deve agir em uma determinada direção com a missão de:

> [...] simplificar e ordenar os fatores e as disposições que se deseja desenvolver; purificar e idealizar os costumes sociais existentes; criar um ambiente mais amplo e mais equilibrado do que aquele pelo qual o jovem seria provavelmente influenciado se abandonado a si mesmo.

Portanto, a escola deve assomar-se à vida, à sociedade, ao que a rodeia, não para substituir com os "materiais" que o meio proporciona sua própria missão, mas sim para projetá-la sobre todos esses materiais.

## Uma educação que possibilite emendar o recebido e enriquecê-lo

Na mensagem da modernidade que podemos manter hoje, nada é definitivo, porque nada é absoluto. A racionalidade não se funda no princípio da subjetividade, no eu, mas no diálogo, no nós, pois é intersubjetiva e, nas palavras de Habermas, *dialógica*. O contraste de pareceres e de razões é a base e o instrumento da racionalidade após a mudança hermenêutica. Dessa perspectiva, está claro que a racionalidade não pode ser excludente, e que todos os que têm alguma coisa para dizer estão chamados a participar. Portanto, ficamos longe de qualquer fundamentalismo quando apelamos para a racionalidade ou para a tradição como o critério de referência básico para guiar na seleção e no desenvolvimento dos conteúdos da educação e das práticas de ensino-aprendizagem. Dissemos que educar *para* e *com* a cultura é fazer viver de uma determinada forma, sempre algo pessoal, essa cultura. Essa perspectiva destaca a necessidade da significância do aprendido pelos sujeitos. O pensamento moderno em educação supõe, então, um equilíbrio difícil e estimulante para a busca entre o valor do conteúdo, que deve ser potencialmente denso e relevante, e a busca de sua apropriação significativa como *saber*.

Desse ponto de partida, podemos tirar algumas conseqüências. A primeira, a de manter e estimular, a partir das primeiras experiências de aprendizagem de materiais herdados, a liberdade, a independência pessoal, o valor da expressão de cada um e da autonomia dos sujeitos como sementes das quais poderá nascer uma atitude crítica para a reconstrução da tradição em etapas avançadas da escolarização. Uma liberdade que não nega nem se opõe ao esforço, mas que dele necessita.

A segunda, a de propiciar um meio no qual as relações entre as subjetividades ocorram em um clima de abertura e de intercâmbios livres e irrestritos. (Este é um dos significados da educação na democracia [Gimeno, 1998b].) O cultivo da razão como "habilidade" é produzido por meio do diálogo e do confronto de argumentos sem restrições. A autoridade em educação e as hierarquias admissíveis apóiam-se apenas no desigual domínio das razões. Esse diálogo vale como proposta para interagir com o dito e realizado por outros ausentes: para entender a aprendizagem como participação.

Tais premissas exigem uma concepção não-dogmática das idéias ou das realizações culturais, porque estas não são objetos sagrados, mas possibilidades das quais participar. A mudança hermenêutica no pensamento social, na psicologia construtivista, presente na história da educação desde Sócrates, é esta: o leitor e a leitora dão sentido ao lido no diálogo com o outro presente e com quem está atrás do escrito. Como afirma Chartier (1996, p.111):

> *[...] Devemos lembrar que não há texto fora do apoio que lhe dá a leitura (ou o ato de escutar) e que não há compreensão de um escrito, seja qual for, que não dependa das formas pelas quais chega a seu leitor.*

Essas quatro características essenciais da educação moderna (duas delas relacionadas aos conteúdos culturais; as outras duas relativas a habilidades e procedimentos para se iniciar na cultura) podem ser ponderadas desigualmente ao longo das etapas da escolaridade, é claro, em função do grau de maturidade dos educandos e conforme o estilo ou o método de educação. No entanto, de alguma forma e em alguma medida, todas devem estar simultaneamente presentes em todo momento, porque são caracteres essenciais do projeto libertador que é a educação. É necessária uma síntese ponderada de cada uma delas em qualquer etapa educativa, em qualquer estilo de educação e em qualquer método. As quatro formam os nutrientes de um núcleo forte de socialização do ser humano, da personalidade formada.

## A escola não pode ser substituída

O programas que, sucintamente, resumimos não podem ser desenvolvidos a não ser pelas instituições e pelo agentes capacitados para fazê-lo (escolas e professores), porque as funções que devem desempenhar não são alcançadas por meio de contatos espontâneos e informais ou por socialização primária (como é o caso da educação familiar). A escola e o professor podem ser substituídos em seu trabalho de informadores, mas não nos encargos que acabamos de relacionar, constitutivos de uma estrutura de socialização singular com projeções na subjetividade, nas relações humanas e na sociedade, tal como se comentou anteriormente. É essa "especialização" que fundamenta a autoridade e a legitimidade de escolas e professores, que se assenta na distância da posse de um mais alto grau de domínio da racionalidade e da cultura; uma autoridade e uma legitimidade que são e devem ser visíveis. Se não são dadas as condições para sustentar essa legitimidade, instituições e agentes educativos ficam desnaturalizados e desautorizados como tais.

O projeto moderno de educação é inevitavelmente hierárquico nesse sentido, porque, através do "texto da reprodução", pretende-se oferecer, por parte dos que a têm, uma tradição e uma maneira de apropriação aos que não dispõem dela. (O que foi dito no tópico "Uma educação que possibilite emendar o recebido e enriquecê-lo" dá-nos o pretexto de argumentar, prevenindo qualquer interpretação maliciosa que equipare a vigência desse sentido da autoridade e da tradição cultural com o autoritarismo.) A educação moderna é um processo reflexivo, enquanto for conscientemente dirigido, tal como se comentou, e no sentido de que também requer uma reflexibilidade especializada e de alto nível. O que não significa que minoria alguma, corporativamente organizada, aproprie-se do projeto que a dirige. A participação democrática em educação tem significados mais profundos que o de igualar a todos na tomada de decisões e votar "tudo democraticamente".

Se a educação formal através das instituições educativas é hoje questionada, é porque esse tipo de socialização específica não se cumpre, ou porque alguém não a deseja pois ela não lhe agrada. As escolas podem perder outras capacidades de infundir modos de vida, e isso pode supor uma perda de seu sentido histórico, mas o que não podem perder é sua função iluminista, apesar de precisarem contar com outras possibilidades e novas tecnologias da informação. A imprensa não anulou a educação formal, mas proporcionou sim uma ferramenta básica; não lhe tirou o sentido, deu-o. Essas novas tecnologias são possibilidades que somam, em vez de subtrair.

## A educação como direito universal

Trata-se de um projeto para todos (reconhecido como um direito), apoiado, como dissemos, no valor universal do bem que supõe. Na prática, essa universalidade significa ter que dispor de instituições em quantidade suficiente e de qualidade aceitável para viabilizar o exercício de tal direito em condições de igualdade. Historicamente, está demonstrado que essa exigência só pode ser realizada ali onde o Estado assumiu o desafio de prover instituições públicas guiadas pelo interesse público, e não pela rentabilidade na venda do serviço educativo. Também, em prol do princípio de igualdade, existiu um acordo substancial relativo à necessidade de uma educação semelhante, de conteúdos similares e em instituições idênticas para todos durante a etapa obrigatória, o que não tem que ser incompatível com o desenvolvimento da diversidade pedagógica.

Talvez seja este aspecto no qual mais diretamente se centre a crise mais visível do pensamento moderno em educação: a perda da sensibilidade para com a igualdade e a solidariedade, que é em si o modelo da educação pública. Um economismo sem barreiras nem freios arrastou qualquer outra forma de pensamento neste final de século. É o chamado pensamento único. Para essa nova teologia laica, a educação é um serviço que se compra e que se pode vender em um mercado que necessita, como premissa, da concorrência de ofertas desiguais para que os consumidores liberados de travas possam escolher. A escola comum e igual para todos não tem lugar nesse novo dogma. A escola pública fundada e sustentada pelo Estado é vista pelo fundamentalismo economicista mais como ineficaz do que como solidária.

Antes de finalizar esta parte, faremos uma matização que consideramos importante. Nem tudo na educação atual é "ilustração cultural". O espírito iluminista era em si mesmo um projeto de homem novo, de pessoa e de cidadão. Ao longo da história, a educação institucionalizada encampou e foi acrescentando finalidades ao projeto iluminista que transformaram as funções das instituições e dos professores, que matizaram, corrigiram e ampliaram aquele primeiro projeto para o qual impregnar os jovens na cultura era a essência da educação. As mudanças sociais que implica a acumulação da população nas grandes cidades, as transformações da família, a incorporação da mulher ao mundo do trabalho, a perda de relevância de outras instituições sociais, a ligação estreita do sistema educativo com as atividades laborais e a evolução do pensamento sobre a educação e sobre o desenvolvimento do aluno fizeram dela um projeto multifuncional. A ampliação dos limites de idade dos indivíduos para a escolarização é, em si mesma, um motivo pelo qual a educação vê-se obrigada a atender finalidades diversas relacionadas a diferentes dimensões do desenvolvimento humano. Nessa multifuncionalidade, mescla-se o cuidado físico e psicológico do aluno, a preparação do cidadão, a formação para o trabalho, etc. Pode-se afirmar que o projeto moderno ampliou-se e tornou-se mais indistinto, embora sempre tenha um eixo orientado para sua função iluminista.

Escolhemos centrar a exposição nessa faceta porque consideramos que é uma das razões de ser da escolaridade que precisa ser reconsiderada: a *razão cultural* da educação formal. Esta é uma das quatro narrativas essenciais do debate sobre a educação moderna da qual extrair justificações para suas finalidades essenciais, em relações de interdependência com as três restantes: a *razão democrática*, a *razão do sujeito* e a *razão de incorporação no mundo*.

## EDUCAR PARA O FUTURO SEM PROJETO PARA A EDUCAÇÃO: DE VOLTA À MODERNIDADE

Na pós-modernidade, como condição dos tempos que estamos vivendo, não há lugar para utopias fechadas que profetizam um tipo humano novo e uma sociedade ideal. As utopias universais são tidas hoje como estáticas, aniquiladoras das individualidades, homogeneizadoras e até perigosas por serem tirânicas. As grandes narrativas (em torno de valores universais, como a verdade ou a moral, o homem universal irmanado com todos os seus semelhantes, um mundo regido pela racionalidade da ciência, a sociedade industrializada que distribui bem-estar com pleno emprego, a revolução libertadora e igualitária, os Estados como organização vertebradora de povos e culturas, a educação como recurso de mobilidade social, etc.) mostraram seu rosto oculto e sua inoperância no alcance aos bens prometidos. Assim, chegamos a este final de século um tanto cansados, desorientados e desarmados de idéias-força e de ideais impulsionadores. Carecemos de referenciais grandiosos que atuem como guia para o futuro e para o progresso. Os últimos 30 anos são testemunha de uma notável contradição: por um lado, a evidente diminuição das esperanças sobre as possibilidades libertadoras da educação e, por outro, o reforço da urgência do conhecimento nas sociedades. O desencanto é apenas no plano dos discursos, sem repercussões na prática, que continua incólume? Não acreditamos nisso. A urgência da necessidade da educação tem seu fundamento nas premissas da modernidade? Consideramos que não só, nem de maneira importante.

Nota-se o "cansaço" e a falta de fé nos sistemas educativos formais em sua crescente irrelevância nas preocupações políticas nacionais e internacionais, ou na nula presença que seus problemas têm nos meios de formação de opinião pública. Nota-se o desvirtuamento de sua relevância e a de homem ou mulher de cultura em seu desaparecimento como figuras sociais prestigiadas, enquanto prolifera a presença pública da inconsistência e do fátuo.

Desde que se é consciente da transcendência dos sistemas educativos, vem-se falando de crise neles. Tanto mais quanto maior for a relação existente entre o sistema educativo e o produtivo, isto é, quando a educação passa a ser *capital humano*. Nosso presente segue essa pauta. Ao menos desde a década de 60 vem-se falando de crise[4] e repetem-se argumentos e reclamações. No começo, as dúvidas e as críticas eram provocadas pelas crenças que deixavam a descoberto a forte expansão dos sistemas, a precariedade das condições para uma educação de qualidade (situação dos docentes, pobreza de meios didáticos, fracasso escolar). As insatisfações tinham a ver com a necessidade de ajustar a educação às demandas do trabalho, com as conseqüências de passar de alguns sistemas minoritários e seletivos para outros de massas, mais democratizados, e com as inércias dos sistemas para responder a novas demandas cada vez mais diversificadas do conhecimento em expansão, da indústria, da tecnologia e da sociedade. Admitindo a realidade dessas inércias, o certo é que boa parte do significado da crise é o não-cumprimento das demandas externas que sacodem o sistema escolar, no qual parece que não se pode responder às necessidades de formação ajustada ao mutante mundo do trabalho, nem concluir as necessidades da educação permanente ao longo da vida.

Na década de 70, acrescentam-se também outras críticas mais sutis aos sistemas educativos dos países mais desenvolvidos, que deslegitimam seus fundamentos, ao serem denunciados como estruturas obsoletas para satisfazer as necessidades dos jovens, como defensores de um modelo hierárquico e autoritário de comunicação, assim como por sua obsolescência para manter um contato estreito com as necessidades de crescimento e evolução dos conhecimentos. Em plena onda de seu desenvolvimento, chega-se a formular a antiutopia da *desescolarização* da sociedade como uma alternativa progressista[5].

Por outro lado, as promessas de mobilidade social e de igualdade por meio da expansão da educação escolarizada viram-se esfriadas sensivelmente pelas teorias da *reprodução*[6], que colocam em seu lugar as teorias do capital humano. A escola universalizada expandia a educação, mas não encurtava as diferenças entre os grupos sociais. Tirava as pessoas da hierarquização tradicional, introduzindo-as em outra nova, não-desligada da estrutura de classes sociais do capitalismo. Pode haver mobilidade, porque há expansão econômica, mas é a de todos para cima. A educação pode servir como um instrumento para aumentar o rendimento, dá acesso a "uma fatia maior do bolo econômico, desde que ninguém vá à escola com ele", nas palavras de Carnoy (1982). A ligação entre educação formal e produtividade foi posta em dúvida, ao manifestar que não é a mesma coisa habilidade profissional e aquilo que é ensinado nas escolas. E essas habilidades podem ser adquiridas a custo mais baixo no posto de trabalho. A educação formal era, de qualquer forma, uma base para os trabalhadores, mas não uma redenção em si mesma.

Se a educação perdia força no caminho para alcançar a utopia da libertação social, as críticas ao antiautoritarismo de suas práticas, as análises das funções de seu currículo *oculto* e de sua capacidade de controle disfarçado de toda a personalidade do aluno por uma instituição total que se comporta vorazmente desmitificaram bastante seu pretenso poder de libertação pessoal. As utopias reformistas da educação, como a "pedagogia crítica", tratando de propor discursos libertadores, ficam, em muitos casos, sem chegar às conseqüências práticas que ofereçam alternativas reais (Gore, 1996). Além disso, a formulação de qualquer visão geral de emancipação cai sob a suspeita de criar regimes de verdade incontroláveis nas mãos dos reformadores. Quem controla o emancipador? Quem é o crítico da pedagogia crítica? Autores como Popkewitz (1994), expressando uma suspeita cética sobre os especialistas em educação, chegam a afirmar que qualquer manifestação em relação ao poder superior que podem ter determinados conhecimentos sobre a mudança na educação, e o que conferem a seus possuidores constituídos em vanguarda, implica perigosas conseqüências éticas, morais e políticas.

Para continuar com o mostruário de desconfianças, o modelo de escola e de escolarização também foi visto como um instrumento de colonização exterior e interior, pois esta não só é exercida pelos países desenvolvidos sobre os não-desenvolvidos, de acordo com os interesses econômicos e de domínio cultural dos primeiros (ver Carnoy, 1982), mas também é aplicada dentro de alguns deles com importante mistura de raças. É a acusação de monoculturalismo frente à multiculturalidade real.

Os debates em torno dos novos procedimentos de controle e de poder das sociedades, ligados ao domínio do conhecimento e às tecnologias do disciplinamento moderno (teorizados por Foucault, Habermas ou Marcuse, por exemplo), viram na educação o sistema de distribuição do conhecimento que interessa aos poderes estabelecidos, do que se deduzia a correspondente responsabilidade das escolas. Para certas simplificações das teorias marxistas, o sistema escolar é um meio de controle das classes dominantes que governam a sociedade por sua influência no Estado. A denúncia da opressão e da desigualdade nesta última etapa do século estendeu-se às relações de gênero e às de qualquer outra coletividade que se considere oprimida, ficando evidenciado que a educação construída sob o guarda-chuva da modernidade está longe de ser libertadora, ou que, na melhor das hipóteses, é mais para uns do que para outros.

Para terminar essa sucinta relação de acusações dirigidas à educação formal, presenciamos hoje a virulência com que se denuncia o Estado interventor na educação formal, que, a partir das perspectivas radicais liberais e neoconservadoras, é acusado de esbanjador, ineficiente e obstaculizador das liberdades dos pais sobre a educação de seus filhos.

Não é o otimismo sobre o valor da educação para o progresso o que pode se recolher neste final de século para passar como testemunho para a próxima geração. Ao menos não o parece, atendo-nos, principalmente, aos discursos críticos. A luz de um cenário otimista, definido pelas boas idéias e pelos bons propósitos, fica obscurecida pela neblina da insatisfação com o fato de que aquelas luzes não são suficientes para mudar a realidade, pela evidência de que esses ideais podem ser corrompidos e que, de qualquer forma, a escola não é um instrumento todo-poderoso para a mudança social; menos ainda a escola que temos. Os efeitos das reformas educativas ficam condicionados por outras reformas de caráter socioeconômico. A crise da educação acumula hoje as denúncias de diagnósticos velhos e novos. Afeta as políticas educativas, as instituições escolares, a formação de professores, os currículos, os sistemas de gestão, a estruturação das escolas com as famílias, os métodos educativos, etc. Pondo em questão tantas coisas ao mesmo tempo, é natural que o diagnóstico pareça cada vez mais grave e a situação, menos auspiciosa.

Agora o rei está nu. Não podemos ver sua condição, deslumbrados pela esteira que deixava a velocidade de sua corrida e porque todos corríamos com ele. Em sua marcha triunfal, fez-nos acreditar que todas as suas promessas seriam cumpridas. E não foi assim. Hoje, a nudez deixa-se ver quando o projeto moderno recebe o ataque mais contundente em seu próprio coração: o sistema educativo e o laboral não só continuam sem acoplar-se qualitativamente, mas também a educação formal está começando a perder seu valor de hierarquização social para entrar no mercado de trabalho. O emprego precário e instável, assim como o desemprego, afetam a todos os escolarizados, seja qual for o nível que tenham alcançado (Beck, 1998). A década de 80 supôs um ataque aos paraísos do trabalho especializado de alto nível de qualificação acadêmica e profissional, especialmente no setor público, como na de 70 tinham experimentado os níveis de especialização mais baixos. Não só se rompe a esperança de mobilidade geral para todos, mas também se trunca a essência da promessa de escalar na sociedade hierarquizada que implica a hierarquização do sistema escolar. Atualmente, há saturação da oferta de seres educados por caríssimos sistemas escolares em todos os níveis de titulação, apesar do freio demográfico, o que supõe um desalojamento mais aparente para a terra de ninguém dos que estão em situações mais precárias.

A educação transforma-se em uma espécie de "estação fantasma", como afirma Beck. Desse modo, o sentido da formação para inserir-se na atividade produtiva fica destruído. A identidade moderna assentada no lugar que se acreditava poder ocupar e que dava sentido à instituição formadora e à vida enquanto durava a preparação, fica apagada e muito deteriorada para a maioria dos jovens. Agora, longos períodos de desemprego devem integrar-se nas biografias das pessoas nas sociedades pós-industriais, quando não é possível aventurar quais setores do emprego permanecerão e quais desaparecerão. A educação não é somente a estação fantasma, mas também se reduz à "sala de espera", sem destinos anunciados, nem trens à vista nos quais embarcar.

Fica posta em questão a lógica fundamental de expansão dos sistemas formais de educação à sombra de cuja esteira cumpriam-se outras funções menos pragmáticas que a de preparar para o trabalho. O topo do sistema é suficientemente amplo para atender as necessidades da ponta de lança do desenvolvimento (precisa-se de sua melhora e sua reorientação). Nos níveis intermediários e baixos, também há demasiados "passageiros". Para ir onde é possível ir não se precisa de muita cultura e especialização. O sistema produtivo contrai a competência necessária aos níveis mais especializados. As políticas educativas já não precisam ser expansivas ou que sejam tanto. De fato, ao lado das demandas de mudanças "radicais", está a evidência da falta de relevância de tais políticas. Após ter sido insuflado de pragmatismo para responder a um mercado de trabalho em expansão, hoje essa pulsão é menos forte no sistema escolar, é cada vez mais um refúgio temporal. Para mantê-lo e apoiá-lo por outras razões, necessita-se estar muito convencido de suas funções não-pragmáticas, e estas são ricos, porém débeis motivos, para as narrativas economicistas e para a falta de solidariedade deste final de século. Nesse enfraquecimento, surge a oportunidade.

Será desafio do futuro conseguir que o lugar criado na vida de todos os sujeitos pela educação institucionalizada seja preenchido com fins com sentido próprio. A sociedade que irá trabalhar menos (Gorz, 1995; Rifkin, 1996) precisará mais da educação para utilizar o tempo livre como meio de melhorar a qualidade de vida. Em outro momento, argumentamos sobre o fato de que a última das grandes funções adquiridas pelos sistemas escolares poderia ser a primeira a começar a desaparecer (Gimeno, 1998a).

O problema de encontrar uma nova narrativa ou regenerar a que temos ainda não será tão simples assim, porque, na hora de dar-lhe sentido, a filosofia da educação fundamental (que é a iluminista) é afetada por crises e pelo esvaziamento de seus conteúdos. Desse modo, a crise atual instala-se mais diretamente no coração das idéias e das esperanças que dotarem de sentido o próprio projeto sobre o que significa a educação. É a *crise do que acreditávamos que deveria ter sido feito*, como conseqüência de um profundo processo de transformação social e cultural, o que põe em questão a própria escola como sede da educação[7].

Atualmente, parece não haver lugar para as "ideologias". A condição pós-moderna é a de se mover entre a decepção, a busca ou, pelo menos, a perplexidade. Esta é indecisão e também desorientação, embora, como aponta Muguerza (1990, p.45), possa ser o incentivo para novas reflexões, se for interpretada como *tensão*. Podemos ficar imóveis diante das inseguranças, ou podemos buscar novos guias e propor novas metas diante das novas situações. As frustrações que supõem abandono conduzem ao encerramento no cotidiano, no gozo do presente (*carpe diem!*), na exaltação do local e no canto à diferença, na libertação do sujeito, na busca de sua identidade perdida e a de cada povo, etc. Enquanto isso, o mundo parece tomar um rumo incontrolável para os indivíduos, para os povos e para os Estados, regido pelas novas narrativas redentoras: a globalização da economia e das comunicações apoiadas na informação. A liberdade de mercado, o controle de eficácia dos investimentos, a competitividade, a privatização do público, que são forças que estão longe de ser espontâneas e de carecer de projeto de homem e de sociedade, são os pretensamente novos referenciais. Os modelos de sociedade antiutópicos das duas últimas décadas do século XX, embora profundamente ideológicos, minaram bastante os pressupostos do projeto moderno de educação.

Enquanto isso, o mundo continua sendo dirigido por idéias e valores, bem como pelo poder que dá tê-las ou não. A educação que não provenha de uma orientação clara e de pulso firme não terá sentido nas novas condições sociais e culturais. O projeto moderno ainda tem sentido? Ele foi esvaziado de conteúdo? Já se realizou e agora é preciso procurar em outra direção? Em qual? Há espaço para pedir algum projeto nas condições da pós-modernidade? Nosso ponto de vista é que, de frente para o futuro, necessitamos de algo a que nos agarrar; pensamos que aquele projeto continua tendo força, embora se tenha deformado e tenha sido mal-interpretado. O que precisamos é reconstruir o legado moderno, considerando as condições novas, e seguir reivindicando-o porque, de certo modo, foi desnaturalizado e está sem concluir. Não há dúvida de que o mundo da educação necessita de mudanças para responder adequada e justamente à própria filosofia que serviu de referência para sua montagem até hoje. E sobre o que menos dúvidas temos é de que a reinvenção e a revitalização desse legado necessite de uma séria revisão do que se fez na escola dominante com a cultura, com o saber, com sua necessária densidade, significação e com a motivação para ele, mas este é outro discurso. Mantenhamos a esperança nos clássicos princípios enquanto não seja uma realidade um sistema educativo orientado principalmente por eles.

Parecerá uma simplificação, mas não encontramos outros referenciais essenciais, com todas as precisões, emendas e acréscimos que se pense necessário fazer, que trabalhar pela educação como *paideia* para todos, como construção do ser humano, pela obtenção da verdade, pelo exercício da racionalidade, pela autonomia e liberdade das pessoas, pela justiça e pela solidariedade, pelo bem e pelo gozo da beleza. Tudo isso implica auscultar o mundo que temos e inserir os indivíduos nele como seres conscientes, construídos pela cultura subjetivada. Entendemos que esse "regresso" não é a resposta típica que, como mecanismo de defesa, é dada frente à perplexidade e a insegurança dos tempos, mas é uma base segura para ensaiar mudanças e recuperar luzes para o caminho. Parecerá um programa demasiado pouco concreto; não é este, porém, o lugar para debulhar suas conseqüências práticas concretas.

É certo, como considera Tedesco (1995), que as instituições escolares não criam o conteúdo da socialização e que substancialmente foram fundadas para difundir o criado em outras instâncias e em outro tempo. Como as condições externas mudaram, exige-se uma adaptação da educação. Não acreditamos que deva ficar fora do mundo, mas que, dentro dele, deva oferecer algo próprio para construí-lo um pouco, pelo menos. Nas instituições, pode-se optar por processos e conteúdos de socialização, a partir do acervo cultural, que tenham força no presente como impulso criador da cultura e da sociedade e que possam incidir no curso dos acontecimentos. O problema das instituições escolares é que não cumpriram adequadamente o programa da modernidade. Por isso, nessa etapa de desencanto, e quando o acoplamento ao sistema laboral faz água, evidencia-se sua falta de relevância. Embora, precisamente em um sistema laboral instável, a melhor e às vezes a única contribuição que a educação pode oferecer é uma formação básica de qualidade que capacite para seguir aprendendo, que proporcione iniciativa, que se adapte a situações cambiantes e variadas e que dê uma forma proveitosa de ocupar o tempo livre e de "espera".

É possível uma presença social do projeto cultural moderno de educação? Acreditamos que sim. Existem políticas para desenvolver esse programa? Consideramos que sim, como possíveis, embora pouco presentes atualmente.

São adequadas as atuais instituições e os professores de que dispomos? Pensamos que são potencialmente capazes de melhorar, mas que por si sós são insuficientes. A escola racional e iluminista necessita que, em outros âmbitos e por outros meios, sejam difundidos seus próprios valores. Ainda mais hoje, quando o contato com os saberes, uma de suas atribuições iluministas, pode ser complementado, ajudado ou neutralizado por outros meios. Há vontade de mudança? Pode-se criar. O que hoje não podemos fazer, a partir da experiência vivida, é pedir ao sistema educativo o que ele não pode fazer.

Embora no começo tenhamo-nos negado a capacidade de adivinhar o futuro, pode-se prever algo grave a partir do presente: ou a educação formal rearma-se, ou esse núcleo básico de socialização e identidade pessoal que proporciona pode ir progressivamente se desvalorizando e acabar apenas para minorias (como já o esteve), ainda que se viva em uma sociedade plenamente escolarizada. O sistema escolar pode servir enquanto não mudarem outras condições que o fazem necessário; porém, sem sua substância iluminista, sobreviverá como outra coisa.

## NOTAS

[1] Os dois primeiros textos estão corrigidos em uma recompilação feita por Maestre (1989).
[2] As palavras *ilustração e ilustrar-se* perduraram como sinônimos de *educar-se*, de "dar luz à razão".
[3] Um direito reconhecido pelo artigo 26 da *Declaração universal dos direitos humanos*, de 1948, assim como pelo sétimo princípio da *Declaração dos direitos da criança*, de 1959.
[4] Pode-se recordar o relatório feito por Ph. Coombs (1971) para a Conferência Internacional sobre a Crise Mundial da Educação, celebrada em 1967, ou o relatório Faure (1973).
[5] Ver as obras de I. Illich (1974) e de E. Reimer (1973).
[6] Essa denúncia foi realizada por P. Bourdieu, por S. Bowles e H. Gintis e por C. Lerena na Espanha.
[7] Podem-se ver análises a respeito em Delors, 1996; Gimeno, 1998a; Pérez Gómez, 1998; Tedesco, 1995, entre outros.

## REFERÊNCIAS BIBLIOGRÁFICAS

ARENDT. H. (1996): *Entre el pasado y el futuro*. Barcelona. Península.
BECK, U. (1998): *La sociedad del riesgo*. Barcelona. Paidós.
BERLIN, I. (1998): *El fuste torcido de la humanidad. Capítulos de historia de las ideas*. Barcelona. Península.
BOURDIEU, P. (1977): *La reproducción*. Barcelona. Laia.
BOWLES, S.; GINTIS, H. (1981): *La instrucción escolar in la América capitalista*. México. Siglo XXI.

BRUNER, J. (1997): *La educación, puerta de la cultura*. Madri. Visor.
CARNOY, M. (1982): *La educación como imperialismo cultural*. México. Siglo XXI.
CHARTIER, R. (1996): *El mundo como representación*. Barcelona. Gedisa.
COOMBS, Ph. (1971): *La crisis mundial de la educación*. Barcelona. Península.
DEBRAY, R. (1998): "El libro como objeto simbólico", in NUNBERG, G. (org.): *El futuro del libro*. Barcelona. Paidós, p. 143-155.
DELORS, J. (1996): *La educación encierra un tesoro. Informe a la UNESCO de la Comisión Internacional sobre la educación para el siglo XXI*. Madri. Santillana.
DEWEY, J. (1995): *Democracia y educación*. Madri. Morata.
FAURE, E. (1973): *Aprender a ser*. Madri. Alianza.
GIDDENS, A. (1995): *Modernidad e identidad del yo*. Barcelona. Península.
GIMENO, J. (1997): "¿La educación sin proyecto?", in *Viento Sur*, n. 32, p. 72-79.
―――. (1998a): *Poderes inestables in educación*. Madri. Morata.
―――. (1998b): "¿Qué es una escuela para la democracia?", in *Cuadernos de Pedagogía*, n. 275, p. 19-26.
GOFFMAN, E. (1993): *La presentación de la persona in la vida cotidiana*. Buenos Aires. Amorrortu.
GORE, J. (1996): *Controversias entre las pedagogías*. Madri. Morata.
GORZ, A. (1995): *Metamorfosis del trabajo*. Madri. Sistema.
GUTMANN, A. (1987): *Democratic education*. Princeton (NJ). Princeton University Press.
HELLER, A.; FEHÉR, F. (1998): *Políticas de la postmodernidad. Ensayos de crítica cultural*. Barcelona. Península.
ILLICH, I. (1974): *La sociedad desescolarizada*. Barcelona. Seix Barral.
KANT, E. (1989): "Respuesta a la pregunta ¿Qué es la Ilustración", in MAESTRE, A. (org.): *¿Qué es Ilustración?* Madri. Tecnos.
KANT, E. (1991): *Pedagogía*. Madri. Akal.
LERENA. C. (1976): *Escuela, ideología y clases sociales in España*. Madri. Ariel.
LLEDÓ, E. (1989): *La memoria del logos*. Madri. Taurus.
―――. (1992): *El silencio de la escritura*. Madri. Centro de Estudios Constitucionales. (Editado em Austral, 1998).
―――. (1998): *Imágenes y palabras*. Madri. Taurus.
MAESTRE, A. (org.) (1989): *¨Qué es Ilustración?* Madri. Tecnos.
MANGUEL, A. (1998): *Una historia de la lectura*. Madri. Alianza-Fundación Sánchez Ruipérez.
MARSHALL, T.; BOTTOMORE, T. (1998): *Ciudadanía y clase social*. Madri. Alianza.
MENDELSSOHN, CH. (1989): "Acerca de la pregunta ¿A qué se llama ilustrar"?, in MAESTRE, A. (org.): *¿Qué es Ilustración?* Madri. Tecnos.
MUGUERZA, J. (1990): *Desde la perplejidad*. Madri. Fondo de Cultura Económica.
PÉREZ GÓMEZ, A.I. (1998): *La cultura escolar in la sociedad neoliberal*. Madri. Morata.
POPKENWITZ, T. (1994): *Sociología política de las reformas educativas*. Madri. Morata.
RAMONET, I. (1997): *Un mundo sin rumbo. Crisis de fin de siglo*. Madri. Temas de Debate.
REIMER, E. (1973): *La escuela ha muerto*. Barcelona. Seix Barral.
RIFKIN, J. (1996): *Fin del trabajo. Nuevas tecnologías contra puestos de trabajo: el nacimiento de una nueva era*. Barcelona. Paidós.

STEINER, G. (1998): *in el castillo de Barba Azul. Aproximaciones a un nuevo concepto de cultura*. Barcelona. Gedisa.
TEDESCO, J.C. (1995): *El nuevo pacto educativo*. Madri. Anaya.
TOFFLER, A. (1971): *El 'shock' del futuro*. Barcelona. Plaza y Janés.
VILLORO, L. (1997): *El poder y el valor*. México. Fondo de Cultura Económica.
WITTMANN, R. (1997): "¿Hubo una revolución in la lectura a finales del siglo XVIII?", in CAVALLO, G.; CHARTIER, R.: *Historia de la lectura in el mundo occidental*. Madri. Taurus, p. 435-472.

# 3 Pedagogia crítica como projeto de profecia exemplar: cultura e política no novo milênio

*Henry Giroux*
State University of Pennsilvania

Estes são tempos difíceis para educadores e educadoras e defensores e defensoras da educação democrática nos Estados Unidos. Pressionados pelas crescentes forças do profissionalismo e pelas guerras culturais, os futuros professores e professoras encontram-se em uma encruzilhada ideológica quanto às responsabilidades cívicas e políticas que assumem ao se considerarem não só professores críticos comprometidos, mas também teóricos culturais. Quanto mais é pedido a eles que se definam, por meio de uma linguagem corporativa ou de um discurso que tire a política do domínio da cultura ou da esfera do social, mais e mais estão sendo pressionados para que se tornem ou escravos de um poder corporativo, ou especialistas não-comprometidos irmanados com a essência de um profissionalismo acadêmico renascente e degradante. Essas duas posturas requerem maior explicação.

Conforme a defesa direitista das associações de escolas profissionais, estas deveriam ser entendidas como um bem privado mais do que como um bem público; estarem unidas aos ditames do mercado e serem dirigidas como qualquer outro negócio. Para muitas pessoas partidárias de tal opinião, as escolas deveriam ser entregues a corporações com capacidade de gerar benefícios (exercendo controle absoluto sobre sua organização, seu currículo e suas práticas escolares), ou organizar-se por meio de estratégias que favorecessem a escolha escolar, as provas e as escolas privadas.

A linguagem da privatização e as reformas do mercado dão muita importância às normas, à avaliação de resultados e à responsabilidade dos professores e dos estudantes. A privatização é muito sugestiva para os que legislam e não querem gastar dinheiro em escolas, bem como para os cidadãos e as cidadãs norte-americanos que não querem apoiar a educação pública por meio de um aumento de impostos. Tais atrativos são reducionistas na natureza e vazios na substância. Não só evitam questões de eqüidade, de igualdade do discurso de normas, mas também se apropriam da retórica democrática da escolha e da liberdade sem enunciar temas de poder e de desigualdade. Nesses discursos, é dada pouca importância aos que têm acesso aos recursos, à riqueza e ao poder, que fazem com que a gama de possibilidades seja mais viável para algumas coletividades e não para outras. As idéias e as imagens que esse modelo corporativo de educação difunde empestam a retórica com a insinceridade e com a política de indiferença. Despojada de uma linguagem de responsabilidade social, a defesa da privatização recusa a suposição de que o fracasso escolar seria melhor entendido dentro das dinâmicas políticas, sociais e econômicas de pobreza, carência de trabalho, sexismo, racismo e discriminação de classes (classismo) e fundos desiguais, ou sobre a base de uma diminuição dos impostos. Atribui-se o fracasso escolar, especialmente o fracasso de estudantes de coletividades minoritárias, à falta de uma inteligência codificada geneticamente, uma cultura de privação ou, simplesmente, a uma patologia.

A segunda ameaça à escolaridade democrática e ao papel que educadores e educadoras podem desempenhar como intelectuais comprometidos criticamente pode ser vista nas recentes intervenções de um número crescente de gente progressista e conservadora que tenta reduzir a pedagogia ao formalismo técnico e à tarefa hermética, simplesmente, de ensinar o conteúdo (avaliação, método, etc.), ou ter uma política e uma pedagogia estreitamente definidas dentro de uma dicotomia que põe os supostos temas materiais "reais" de classe e trabalho contra uma política marginalizadora e fragmentadora de identidade, por um lado, e contra uma gama de diferentes batalhas ineficazes sobre a cultura, por outro. O último modelo politizado é característico de uma economia que ressurge arraigada a um conceito totalizador de classes, em que se argumenta que "podemos fazer classe ou cultura, mas não podemos fazer as duas coisas" (Willis, 1998, p.19). Lamentavelmente, esse modelo não só não consegue reconhecer como estão entrelaçados os assuntos de raça, gênero, idade, orientação sexual e classe, mas também se nega a reconhecer a função pedagógica da cultura como lugar em que as identidades são construídas, os desejos são mobilizados e os valores morais são formados. Ellis Willis (1998, p.19), opondo-se a essa postura, argumenta corretamente que, se as pessoas

> [...] *não estão preparadas para defender seu direito à liberdade e à igualdade, em suas relações pessoais, tampouco estarão para lutar com consistência a favor de seus interesses econômicos.*

Em resumo, esse modelo totalizador de classes funciona principalmente para apagar a maneira como a cultura, como campo de luta, dá forma a nosso senso de indivíduo político e medeia as relações entre protestos e estruturas de poder baseadas materialmente e os contextos das lutas cotidianas. Essa posição é evidente nos trabalhos de Jim Sleep, Todd Gitlin e Michael Lind, e em outros que argumentam que as lutas culturais, especialmente as que tratam com movimentos sociais atuais que estão organizados em torno da sexualidade, do gênero, da raça, da política da representatividade e do multiculuralismo, não são nada mais do que um frágil substituto das políticas "reais", sobretudo as que se centram em classe, trabalho e desigualdade. Conforme essa posição, os movimentos que não conseguem organizar-se em torno dos assuntos econômicos, criam à má reputação para a política. Evita-se por completo a idéia pela qual se entende que as lutas pela cultura são o coração das lutas pelo significado, pela diligência e pela resistência e representam um lugar diferente, mas não menos importante do que aquele onde ocorrem as lutas políticas. Além disso, se as políticas da identidade representam uma ameaça tão transcendente para a categoria universal que o classismo parece representar para alguns críticos, como argumenta o historiador Robin Kelly (1998), pode ser que isso ocorra porque tais críticos ou não conseguem entender como se vive a classe por meio da raça, da orientação sexual e do gênero, ou porque o retorno a uma forma de guerra de classes contra a corporação represente, simplesmente, outra forma política de identidade; isto é, uma espécie de homem branco que não pode imaginar nenhum movimento dirigido por norte-americanos negros, mulheres latinas ou homossexuais e lésbicas que falem por todos ou apontem o tema do humanismo radical.

Outra versão do ataque contra a cultura como luta pedagógica, política e de resistência reflete-se no trabalho de tradicionalistas, como Harold Bloom, e de progressistas, como Richard Rorty; ambos lamentam a morte do romantismo, da inspiração e da esperança, por serem vítimas do discurso do poder, da política e do multiculturalismo. Para Bloom, a crítica literária foi substituída no mundo acadêmico pela crítica cultural, e o resultado é (nada mais, nada menos) a morte da crítica. Bloom (1998, p.27) não pode suportar o que ele chama "clubes de identidade" e argumenta que:

> *O multiculturalismo é uma mentira, uma máscara para a mediocridade da polícia acadêmica que controla as mentes. A Gestapo de nossos campus.*

Bloom quer levar a cultura para a esfera da transcendência estética, sem ser mimada, nem corrompida pela política de representação, nem pela luta contra a memória pública, nem pelo imperativo democrático para uma constante autocrítica e uma crítica social. Embora Richard Rorty não descarte a política como uma categoria significativa da vida pública, ele a abstrai da cultura e, ao fazê-lo, legitima uma leitura conservadora da pedagogia e da estética. Segundo Rorty (1996, p.13), não se pode:

> *[...] encontrar valor inspirador em um texto, ao mesmo tempo que se entende como mecanismo de produção cultural.*

Essa separação da esperança, da política e da paixão não se manteve inalterada. Educadores e educadoras críticos recusaram firmemente uma divisão tão rígida entre compreensão e esperança, mente e coração, pensamento e ação. Para eles, a esperança representa uma prática de demonstração, um ato de imaginação moral que permite aos professores e a outros trabalhadores e trabalhadoras culturais pensar e agir da mesma maneira. A esperança exige estar presente nas práticas transformadoras, e uma das tarefas da educação progressista é descobrir oportunidades para que a esperança faça parte de um projeto pedagógico e político mais amplo. Destacar esse modo de política cultural da esperança é um ponto de vista da pedagogia radical que se encontra entre as linhas divisórias nas quais as relações entre dominação, opressão, poder e impotência continuam sendo produzidas e reproduzidas. Como elemento definidor da política e da pedagogia, a esperança para muitos trabalhadores e trabalhadoras culturais sempre significou escutar, e trabalhar com, os pobres e outras coletividades excluídas para que pudessem ter voz e voto e mudar as relações opressivas do poder. No entanto, a relegitimação profissional em tempos difíceis parece ser a ordem do dia, já que um número crescente de acadêmicos nega-se a reconhecer a universalidade ou a escola pública como esferas críticas e oferecem pouca ou nenhuma resistência ante a profissionalização escolar, a duplicação contínua da força laboral intelectual e os ataques atuais contra pobres, idosos, meninos e meninas, pessoas negras e classe operária neste país[1].

É diante do ataque atual à escola pública e à cultura democrática que educadores e educadoras críticos, e outros trabalhadores e trabalhadoras culturais, devem criar uma nova linguagem para entender a relação entre a escolaridade e a política da cultura e ver tal relação no marco global da crise da democracia e da própria vida pública.

Nesse projeto de mudança política e educativa, surge uma grande quantidade de perguntas sobre a natureza e as estratégias para desenvolver uma linguagem e certas práticas de resistência. Tais perguntas incluiriam, por exemplo: como a educação pública e superior deveria aplicar uma nova forma de educação para os jovens, dadas as novas formas de pedagogia cultural que surgiram fora do âmbito da escolaridade convencional? À luz dessas mudanças, como respondem os educadores e as educadoras às perguntas baseadas nos valores em relação à variedade de propósitos que têm as escolas públicas e a educação superior? Que conhecimentos valem mais e o que significa reclamar a autoridade em um mundo onde as fronteiras estão mudando constantemente? De que maneira se poderia entender a pedagogia como uma prática política e moral, e/ou simplesmente como uma estratégia técnica? E que relação deveria ter o educador, entendido como intelectual público, com os jovens à medida que desenvolvem o senso do indivíduo, especialmente com relação às obrigações da cidadania crítica e da vida pública em uma paisagem global e cultural radicalmente transformada?

A base para o projeto é a suposição de que a pedagogia é o resultado de diversas lutas, e não, simplesmente, um discurso *a priori* que primeiro tem de ser descoberto para depois ser dominado como se fosse apenaas um conjunto de receitas para executar. A pedagogia crítica que se vê como um conjunto de suposições teóricas e práticas e como um corpo de conhecimento engenhoso, contextual e em marcha situa-se no meio da interação entre as representações simbólicas, a vida cotidiana e as relações materialistas do poder. Como forma de política cultural, a pedagogia crítica toma a cultura não como uma categoria transcendental, ou como uma esfera social despolitizada, mas como um lugar crucial para "a produção e a luta contra o poder" (Grossberg, 1994).

Nesse discurso, a pedagogia chega a ser uma forma de prática social que surge a partir de certas condições históricas, contextos sociais e relações culturais. Arraigada a uma visão ética e política que procura levar os estudantes além do mundo que já conhecem, a pedagogia crítica preocupa-se com a produção de conhecimentos, valores e relações sociais que os ajudem a adotar as tarefas necessárias para conseguir uma cidadania crítica e a ser capazes de negociar e participar das estruturas mais amplas de poder que conformam a vida pública. No entanto, isto sugere algo mais que um argumento convincente para ver a pedagogia crítica como uma forma de política cultural, unida ao projeto de cidadania ativa e democrática; também aborda outro discurso social baseado em lutas públicas mais gerais que descobrem como a pedagogia trabalha dentro da cultura popular para produzir conhecimento, identidades seguras e legitimar determinadas formas de poder. Para qualquer projeto que trata da crise da escolaridade, da cultura e da democracia, é básica a necessidade não somente de desmitificar as suposições de senso comum e as práticas sociais que existem nos modelos dominantes de política cultural, escolaridade e formação do professor, mas também a necessidade de proporcionar o que Max Weber (citado em Bordieu e Haacke, 1995, p. 83) uma vez chamou de os modelos de "profecia exemplar".

Os modelos da profecia exemplar, mais do que narrar a dinâmica da crítica, narram as estratégias do compromisso e da transformação. Em tais modelos, a esperança aparece não para que haja uma narrativa clara, precisões tecnológicas fáceis ou objetivas, mas para que haja um instrumento imprescindível que permita (aos professores, aos estudantes e às demais pessoas) intervir e agir estrategicamente para mudar os contextos que ajudam em suas capacidades de serem agentes críticos ou as restringem, para manter viva a promessa da pedagogia como um ato de cidadania crítica e justiça social. Nesse discurso, a teoria equivale a um modo de alfabetização crítica que deve permanecer aberta, parcial e desconstrutiva, para poder questionar a autoridade, desfazer as relações de dominação e prover opções para que as pessoas possam entender as condições que dão forma a suas vidas e nelas intervir. Contudo, a teoria, a alfabetização e a pedagogia, em seu contexto, também devem ser autocríticas, abertas à especulação e nunca dispostas a acabar a discussão.

Os educadores e as educadoras progressistas em todo o mundo devem enfrentar o desafio de unir cultura e política, para fazer com que o pedagógico seja mais político unindo a aprendizagem, em seu sentido mais amplo, à própria natureza da mudança social. Isto sugere que se refaçam as relações entre cultura, pedagogia e política. O que falta para tornar qualquer noção viável de pedagogia em profecia exemplar é o reconhecimento de que a cultura está composta de indivíduos e política, porque esta proporciona recursos por meio dos quais as pessoas aprendem a pensar sobre si mesmas e a relacionar-se com as demais e com o mundo que as rodeia.

A cultura nem flutua por qualquer lugar, nem tampouco está estancada; no entanto, tal conhecimento sugere mais do que um reconhecimento da cultura como terreno de luta; sugere também que os trabalhadores e as trabalhadoras culturais aprofundem-se no significado do político por meio da produção de práticas pedagógicas que impliquem e desafiem essas estratégias representativas, maquinarias materiais e tecnológicas de poder, que condicionam e estão condicionadas pelo jogo indeterminado do poder, conflito e da opressão dentro da sociedade. A cultura é o campo social no qual o poder muda repetidamente, as identidades estão constantemente em trânsito e o indivíduo, freqüentemente, se situa onde menos se lhe reconhece. O indivíduo, nesse discurso, costuma nem sempre estar prefigurado em seu lugar, mas submetido a negociações e luta e aberto para criar novas possibilidades democráticas, configurações e transformações. E continua sendo imprescindível, ao tratarmos do lugar da "política cultural", para qualquer noção viável de política em relação a como os indivíduos situam-se nas relações históricas, sociais, econômicas e culturais (Hall, 1997).

A força educativa da cultura está atenta às representações e aos discursos éticos como condição necessária para a aprendizagem, a diligência e o funcionamento das práticas sociais e políticas em si. Como força pedagógica, a cultura está saturada com a política e oferece (em seu sentido mais amplo) o contexto e o conteúdo para a negociação do conhecimento e das habilidades que facilitam uma leitura crítica do mundo a partir de uma postura de sujeito e possibilidade no marco de relações desiguais de poder.

A natureza mutante das representações, o espaço e as instituições culturais nos tempos modernos são imprescindíveis para entender sua função pedagógica. Por um lado, a cultura é substantiva, já que, como complexo de instituições, novas tecnologias, práticas e produtos, estendeu "o alcance, volume e variedade de significados, mensagens e imagens que podem ser transmitidas" através do tempo e do espaço (Hall e cols., 1997, p.23). Por outro lado, a explosão da informação produzida dentro do domínio cultural registra a mudança na maneira de pensar sobre o conhecimento como forma primária de produção, que se torna a força produtiva-chave. A cultura, nesses termos, é mais do que "um texto ou uma comodidade, é o lugar da produção e da luta contra o poder" (Grossberg, 1997, p. 248). A primazia da cultura, como força substantiva e epistemológica, ressalta a natureza educacional da cultura como um lugar no qual as identidades estão continuamente se transformando e o poder está sendo decretado. Nesse contexto, a aprendizagem em si chega a ser o meio não somente para a aquisição do sujeito, mas também para o imaginário da própria mudança social.

A força educativa da cultura volta a definir a política do poder, a natureza política da representação e a centralidade da pedagogia como um princípio que define a mudança social; também desdobra nosso entendimento do alcance público da pedagogia como uma prática educativa que "opera dentro e fora da academia" (Hall, 1992, p.11), estendendo seu alcance através de múltiplos lugares e esferas. Como prática ativa, a pedagogia está em todos esses espaços públicos nos quais a cultura opera para assegurar as identidades, é mediadora para negociar a relação entre o conhecimento, o prazer e os valores e tem autoridade crucial e problemática ao legitimar práticas sociais determinadas, comunidades e formas de poder. Se o sujeito está negociado, feito, feito de novo dentro das relações simbólicas e materiais do poder e decretado nos contextos históricos e relacionais, diversos e mutantes, não pode ser esquivado das possibilidades auto-reflexivas da pedagogia nem da dinâmica da política cultural.

Como mencionei no começo do capítulo, conservadores, liberais e radicais, na última década, rejeitaram a relação entre cultura e política e a suposição relacionada de que a pedagogia é uma prática política cultural e operativa.

Contrário a tal ponto de vista, é necessário que os educadores e as educadoras dêem ênfase ao fato de que a pedagogia representa uma prática moral e política, e não meramente um procedimento técnico. Por isso, sempre deve ser entendida dentro do projeto que a informa, juntamente com as formações históricas e sociais a partir das quais surgiu tal projeto. Aqui não somente se arrisca unir a pedagogia crítica a práticas que são interdisciplinares, transgressoras e opostas, mas também se arrisca conectar tais práticas com projetos mais extensos, planejados para melhorar a democracia racial, econômica e política[2]. Se vamos unir a pedagogia como prática operativa e crítica para a expansão de identidades democráticas, relações e práticas, tal projeto deve ser dirigido para os problemas sociais mais urgentes de nossos tempos, especialmente para os assuntos de desigualdade econômica e injustiça racial. Para esse projeto, é básica a necessidade de começar desde as intersecções nas quais as pessoas realmente vivem suas vidas. Neste contexto, a alfabetização crítica torna-se parte da pedagogia pública concebida para entender o contexto social da vida cotidiana como relações de poder vividas. Entretanto, a alfabetização também representa uma pedagogia que rompe, que foi feita para persuadir os professores e os estudantes de que se fixem, testemunhando-os, nos dilemas éticos e políticos que dão vida às particularidades de suas vidas e conexões com uma realidade social maior. Implícita a essa noção do projeto, está uma afirmação da natureza pública da educação como forma de política cultural e está, também, a importância da cultura como luta pelo significado e pela identidade, uma luta que é necessária para a formação da memória pública, das ideologias de resistência e da democracia multicultural. A pedagogia, nesse discurso, não é meramente uma prática crítica, mas parte de uma intervenção pedagógica mais ampla da política cultural e de uma escolaridade que se une aos problemas mais importantes e significativos de uma sociedade e a algumas considerações globais mais amplas.

A pedagogia crítica abre um espaço para discutir as fronteiras acadêmicas convencionais e as questões que vão surgindo:

> *[...] além das fronteiras institucionais da organização disciplinar de perguntas e respostas* (Grossberg, 1996, p.145).

Tal pedagogia não separa os assuntos culturais das relações sistemáticas do poder, tampouco passa por cima do risco que pode haver quando professores, professoras e estudantes desafiam as crenças, as idéias e os valores existentes, especialmente quando, com freqüência, marcam escolas de educação relativamente conservadoras. Temos demasiada informação de primeira mão sobre como opera o terrorismo pedagógico nos programas de educação nos Estados Unidos (ver Leistyna, 1999). Não nos surpreende que o trabalho de uma geração de teóricos e teóricas críticos, educadores e educadoras radicais, tenha estado sempre à margem dos discursos educacionais estabelecidos. Costumam rir e criticam estudantes que escolhem esse trabalho, diminuindo-lhe a importância ao dizer que é demasiado político ou não-científico. No entanto, em vez de se fixar em tais experiências através de lentes de desespero e cinismo, é necessário desenvolver um discurso oposto que permita mudar essas práticas e desenvolver as contradições e as possibilidades no trabalho, para que os professores e os estudantes possam desenvolver formas de resistência sob as pressões institucionais mais reacionárias. Ao mesmo tempo, a idéia dos professores como intelectualidade pública sugere que os educadores e as educadoras ressaltem e problematizem os interesses políticos e ideológicos que estruturam seus trabalhos. Nem o conhecimento que os professores ensinam, nem as maneiras empregadas para ensinar são inocentes; ambos estão informados por valores que precisam ser reconhecidos e usados criticamente por suas implicações e efeitos. Dito de outra maneira: os educadores e as educadoras têm que manifestar seu próprio envolvimento subjetivo em relação ao conhecimento e às práticas que usam na sala de aula. Discussões explícitas do que, de como e por que ensinamos e aprendemos são necessárias para transformar nossos próprios investimentos políticos, culturais e ideológicos em recursos que façam com que a autoridade seja o objetivo da autocrítica, assim como uma aplicação da crítica social.

O desafio com o qual se defrontam educadores, educadoras e estudantes representa parte de um desafio para desenvolver e sustentar as culturas públicas democráticas, para conseguir que educadores e educadoras explicitem as metas morais e políticas que funcionam em suas práticas e desenvolvam pedagogias que se encarreguem de demonstrar criticamente como o conhecimento está relacionado com o poder da autodefinição e da transformação social. Esse desafio também reforça o argumento para formar professores, professoras e estudantes que se movam para e através das fronteiras disciplinares, políticas e culturais a fim de que se possam propor novas perguntas, produzir contextos diversos dentro dos quais se possam organizar as energias de uma visão moral e recorrer aos recursos intelectuais necessários para entender e transformar aquelas instituições e forças que continuam

> [...] fazendo com que a vida que vivemos e a sociedade em que vivemos sejam profundamente anti-humanas (Hall, 1992, p.18).

A educação pública e superior deve adotar situações de deliberação e resistência dentro e fora da escolaridade institucional, para que não se contemple a democracia como algo que sobra, mas como algo imprescindível para o próprio processo de aprendizagem. Sob esse projeto está o reconhecimento de que a crise da educação e da democracia somente pode ser entendida e desafiada se professores e estudantes aprenderem a estar criticamente atentos quanto à relação entre os processos pedagógicos e históricos, o conhecimento e a produção de identidades competitivas e à relação entre "as tradições acadêmicas" e o processo de mitificação. A pedagogia, nesse contexto, nem é neutra, nem é apolítica, mas é uma forma de produção cultural e política cultural interdisciplinar que está implicada continuamente na derrubada das fronteiras; é transgressora em seu desafio à autoridade e poder e intertextual em sua tentativa de unir o específico ao nacional e transnacional. O projeto que destaca tal pedagogia pode tomar muitas formas, mas está impulsionado a partir de temas como a compaixão e a responsabilidade social, tendo como meta aprofundar e estender as possibilidades para a felicidade humana, o sujeito crítico, a justiça racial e a democracia econômica e política.

Educadores, educadoras, trabalhadores e trabalhadoras culturais necessitam estabelecer a prioridade da ética e da justiça social acima da lógica do mercado e da linguagem do individualismo excessivo. À medida que a idéia do público desaba sob o ataque das ideologias reacionárias, que buscam a redução dos orçamentos, parece ser ainda mais urgente que os trabalhadores e as trabalhadoras culturais, na diversidade educativa e nas esferas públicas, centrem seu trabalho na crise escolar como parte de uma preocupação mais ampla com a formação de cidadãos e cidadãs mais críticos e críticas e com a própria democracia. Em parte, isto exige que os professores levem a sério sua própria política e entrem na esfera pública para envolver-se nos assuntos sociais urgentes; é igualmente necessário e importante que se dirijam para a aprendizagem e a persuasão como elementos pedagógicos imprescindíveis que abrem espaços nos quais se possa questionar a autoridade, nos quais a juventude possa falar e ser escutada pelos que têm poder; além disso, criar práticas pedagógicas em uma diversidade de culturas públicas que ofereçam facilidades à juventude, para que ela aprenda como ser sujeito da história, em vez de ser reduzida a uma peça de seu mecanismo.

Devido ao ataque atual à educação pública em todo o mundo, os educadores e as educadoras precisam desenvolver novas alianças, relações e projetos transnacionais para voltar a pensar o que significa aceitar um desafio; como diz o filósofo e presidente tchecoslovaco Vaclac Havel (1998, p.45), para criar sociedades

> [...] que tenham espaços para a mais rica autodestruição possível e a mais rica participação possível na vida pública.

## NOTAS

[1] O conceito "legitimação profissional" provém da correspondência pessoal com o professor Jeff Williams, da East Carolina University.

[2] Minha noção de interdisciplinaridade provém de ZAVARZADEH, M.; MORTON, D. (orgs.) (1992, p.10). Aqui, o tema não está ignorando os limites da disciplina baseada no conhecimento, nem fundindo diferentes disciplinas, mas criando paradigmas teóricos, perguntas e conhecimentos que não podem ser assumidos a partir de nenhum dos limites das disciplinas atuais.

## REFERÊNCIAS BIBLIOGRÁFICAS

BLOOM, H. (1998): "They Have the Numbers; We have the Heights", in *Boston Review*. Abril/Maio.

BOURDIEU, P.; HAACKE, H. (1995): *Free Exchange*. Standford. Standford University Press.

GROSSBERG, L. (1994): "Bringing it All Back Home: Pedagogy and Cultural Studies", in GIROUX, H.; MCLAREN, P. (orgs.): *Between Borders: Pedagogy and the Politics of Cultural Studies*. Nova York. Routledge.

GROSSBERG, L. (1996): "Toward a Genealogy of the State of Cultural Studies", in NELSON, C.; PARAMESHWAR GAONKAR, D. (orgs.): *Disciplinarity and Dissent in Cultural Studies*. Nova York. Routledge.

GROSSBERG, L. (1997): "Cultural Studies: What's in a Name?". *Bringing It All Back Home: Essays on Cultural Studies*. Durham. Duke University Press.

HALL, S. (1992): "Race, Culture and Communications: Looking Backward and Forward at Cultural Studies", in *Rethinking Marxism*, n. 5, p. 1.

HALL, S. (1997): "Subjects in History: Making Diasporic identities", in DE LUBIANO, W.: *The House That Race Built*. Nova York. Pantheon, p. 289.

HALL, S.; GAY, P. DU; JANES, L.; MACKAY, H.; NEGUS, K. (1997): *Doing Cultural Studies: The Story of The Sony Walkman*. Thousand Oaks. Sage.
HAVEL, V. (1998): "The State of the Republic", in *The New York Review of Books*.
KELLEY, R.D.G. (1998): *Yo'Mama's Disfunktional! Fighting the Culture Wars in America*. Boston. Beacon Press.
LEISTYNA, P. (1999): *Presence of Mind*. Boulder. Westview Press.
RORTY, R. (1996): "The Inspirational Value of Great Works of Literature", in *Raritan*, n. 16, p. 1.
WILLIS, E. (1998): "We need a Radical Left", in *The Nation* (junho).
ZAVARZADEH, M.; MORTON, D. (orgs.) (1992): "Theory, Pedagogy, Politics: The Crisis of the 'Subject' in the Humanities", in *Theory Pedagogy Politics: Texts for Change*. Urbana. University of Illinois Press.

# 4
# Amplitude e profundidade do olhar: a educação ontem, hoje e amanhã

*Francisco Imbernón*
Universitat de Barcelona

*Ser utópico não é apenas ser idealista ou pouco prático, mas também efetuar a denúncia e a anunciação. Por isso, o caráter utópico de nossa teoria e prática educativa é tão permanente como a educação em si, que, para nós, é uma ação cultural. Sua tendência para a denúncia e a anunciação não pode se esgotar quando a realidade, hoje denunciada, amanhã cede seu lugar à realidade previamente anunciada na denúncia. Quando a educação já não é utópica, isto é, quando já não possui a unidade dramática da denúncia e da anunciação, ou o futuro já não significa nada para os homens, ou estes têm medo de se arriscar a viver o futuro como superação criativa do presente, que já envelheceu.*

*No entanto, conforme uma visão autenticamente utópica, a esperança não quer dizer cruzar os braços e esperar. A espera só é possível quando, cheios de esperança, procuramos alcançar o futuro anunciado que nasce no marco da denúncia por meio da ação reflexiva... a esperança utópica é um compromisso cheio de risco.*

(Paulo Freire, 1997)

Sobre o campo educativo, é importante ter, pelo menos, dois tipos de olhares. Há um primeiro olhar imediato, próximo, de curto alcance, um olhar que nos ajuda a resolver esses problemas cotidianos que chegam a nos obcecar e não nos permitem levantar os olhos. Neste texto, tento ultrapassar esse olhar de curto alcance e estimular o hábito do segundo olhar, ou seja, mais amplo e profundo. Realizar esse exercício de amplitude e profundidade, mesmo assumindo o risco do engano, do fatalismo ou da fantasia, pode ajudar-nos a avaliar o que obtivemos do passado, o que soubemos construir no presente, o que podemos projetar para o futuro, o que desejamos conseguir a curto e médio prazos e, principalmente, que mecanismos colocaremos em funcionamento para realizar esses desejos. Como dizia Debray (1969) em outros tempos:

> *Nunca somos totalmente contemporâneos de nosso presente. A história avança mascarada: entra em cena com a máscara da cena precedente e já não reconhecemos nada da obra.*

## UM ONTEM MUITO PRÓXIMO E UM HOJE JÁ MUITO DISTANTE

Não podemos tentar adiantar o que acontecerá nos tempos que virão sem fazer uma referência ao passado. No final deste século XX fomos abandonando a idéia de que era possível fazer uma análise do funcionamento da sociedade liberal-capitalista e de seus mecanismos reprodutores, entre os quais se encontra o sistema educativo como um mecanismo a mais, nem sequer já o mais transcendente. Foi um tipo de análise que esteve na moda faz alguns anos, mas que pecava, talvez, por ser reducionista e, sobretudo, determinista; permitia-nos captar as enormes contradições do sistema e tínhamos a ilusão de poder oferecer-lhe resistência, de aproveitar suas brechas para adaptá-lo ao nosso meio. No entanto, seguidamente, após essa análise não havia mais nada, nada perdurável, mas funcionava como um mecanismo de acomodação ao sistema (como irremediavelmente aconteceu em tantos e tantos casos). Dessa forma, pensar que a educação é apenas reprodutora e que, portanto, tem uma função alienante leva-nos a considerar normal esse pequeno caos que constitui a bagagem intelectual dos profissionais dos diversos âmbitos educativos, desde a escola básica à universidade, o que, na realidade, paralisa as novas alternativas educativas que tentam enfrentar essa situação e criar mecanismos para contrapor-se, tão necessários na sociedade atual. Também se aprofundou esse abismo e, por que não dizer, esse distanciamento e desencanto em face da busca de alternativas e que, por fragilidade, facilitou a consolidação do conformismo educativo, certas pretensas pedagogias progressistas (lembremos, por exemplo, tudo o que se refere à morte da escola e à desescolarização), que foram difundidas amplamente (mais pelos escritos do que pelas práticas) durante o século XX, ao entenderem que suas proposições em relação à sociedade democrática, ao compromisso e ao conteúdo da mudança educativa eram muito etéreos e vacilantes. Porque traziam idéias que não provocavam sua articulação em mudanças reais, que, como conseqüência, levaram-nos à desilusão e ao desencanto, provocando o efeito contrário ao desejado.

Também foram questionados certos teóricos (que tiveram numerosos acólitos e, inclusive, seguidores fanáticos que ainda persistem, embora sem a força de antigamente) de um elitismo academicista que os leva a considerar a tradição cultural ocidental como superior e única, desprezando outras identidades e contribuições culturais. E, se detivermos nosso olhar em nosso meio educativo, poderemos perceber que foi sendo construído um discurso, mais simbólico do que real, que se opõe frontalmente a qualquer manifestação explícita ou oculta da racionalidade tecnocrática, seja na organização dos conteúdos curriculares, seja nas formas de gestão e controle técnico-burocrático baseados mais na reprodução do que na inovação educativa. Porém, trata-se de um discurso apenas formal, já que a realidade dos últimos anos propiciou justamente o contrário: um aumento do tecnicismo, agora mascarado com argumentos pós-modernos; uma falta de compromisso político com a luta democrática e uma maior racionalidade burocrática nas instituições educativas. E é óbvio que essa gestão e esse controle burocrático da educação ficaram claramente evidenciados (e, ao mesmo tempo, é conseqüência) nas últimas reformas educativas do final do século em muitos países. A favor de uma maior racionalidade ou "qualidade educativa", a gestão burocrática do âmbito educativo entrou com força nas novas propostas reformistas, jogando fora algumas conquistas educativas dos últimos 30 anos. Trata-se, uma vez mais, da perversão: apropriar-se da palavra, da idéia, mas sem que se traduza em ação.

Enfim, é importante destacar que muitos dos postulados vanguardistas avançaram mais no terreno das idéias do que no das práticas alternativas. Inclusive o pensamento alternativo mostra, no final do século, alguns sinais de bloqueio, de fragilidade e de repetição. Apple (1989), com Giroux e McLaren, adiantam uma explicação a respeito:

> *Nossos debates sobre o papel da educação na distribuição e na produção do poder econômico, político e cultural desenvolveram-se demasiadamente em em um nível muito abstrato, em vez de pegar os instrumentos e aplicá-los à história e à realidade concretas das políticas e das práticas envolvidas na organização do ensino e do currículo.*

Ainda que o próprio Apple (1989) tenha dedicado um amplo estudo crítico aos livros-texto; que Popkewitz (1994) tenha realizado trabalhos documentados e precisos sobre os instrumentos de controle técnico e avaliação, bem como sua incidência na desqualificação dos professores; ou que o próprio Giroux (1990) e seus colegas tenham impulsionado projetos escolares alternativos, assim como outros autores de diversas nacionalidades, também podemos afirmar que muitas de suas contribuições tiveram uma escassa implantação prática. É verdade que, quando elaboramos uma teoria, exercemos uma ação de prática política, mas necessitamos, além disso, aplicá-la no terreno da práxis educativa em instituições concretas, que se convertam em experiências comunicáveis e/ou transferíveis. É um tema pendente.

Na base da mudança que devemos impulsionar no futuro imediato destacam-se, segundo meu ponto de vista, ao menos quatro idéias-força que é preciso continuar desenvolvendo e aprofundando durante os próximos anos:

- A primeira idéia é a recuperação, por parte dos professores e de qualquer agente educativo, do controle sobre seu processo de trabalho, desvalorizado em conseqüência da fragmentação organizativa e curricular, do isolamento, da autonomia fictícia e da rotinização e mecanização laboral. O objetivo consiste em fortalecer os professores e as professoras para aumentar sua (auto)consideração. E esse objetivo é alcançado mediante a colaboração e a participação de todos. Não há democracia sem participação.
- A segunda idéia questiona a legitimação do conhecimento ou do discurso pedagógico oficial (Bernstein, 1986) que se comunica nas instituições educativas, que julgamos, sob todos os aspectos, estreito e insuficiente para o próximo século e, não esqueçamos, que é parte do conhecimento que trata de pôr os estudantes em contato com os diversos campos e vias do saber, da experiência e da realidade. Nesse sentido, devemos ser particularmente sensíveis às tradições e aos valores das minorias étnicas e culturais, analisar o fracasso e a exclusão educativa e social dessas minorias.
- A terceira idéia é o importante papel da comunidade como verdadeira integrante do processo educativo. Além da participação orgânica de pais e mães ou da participação ortodoxa do meio educativo, é preciso incentivar a criação de verdadeiras estruturas democráticas de participação ativa (formal e também informal mediante redes de suporte mútuo, de intercâmbio, de aproveitamento de recursos, etc.) da comunidade que envolve as instituições educativas. No século XXI, a educação não pode ser exercida apenas pelos professores. Se a educação, como afirma Bernstein (1998), é um processo sustentado, no qual alguém ou alguns adquirem novas formas ou desenvolvem formas existentes de conduta, conhecimento prático e critério de alguém ou algo, os professores vêem-se incapazes para fazer entender e interpretar essas novas formas com toda a sua complexidade em uma sociedade do conhecimento dirigida para uma sociedade de risco na qual a complexidade, a dinâmica multirrelacional e a diversidade de interesses podem provocar dilemas difíceis de serem resolvidos. A instituição educativa já não possui um saber instituído inquestionável, mas este se expande no tecido social, e para fazê-lo seu a instituição educativa necessita da inter-relação e da participação de toda a comunidade se não se quer excluir ninguém do direito à educação, à liberdade e à felicidade.
- A quarta idéia é a escola universal (a dos dogmas infalíveis e das grandes verdades), que tão bons serviços prestou à revolução industrial na época moderna (segurança, higiene, controle, centralismo, exclusão, disciplina, cultura básica), que foi estendendo-se a todas as classes sociais e que, agora, está imersa em uma profunda crise de legitimidade. Caiu um dos mais importantes mitos da socie-

dade moderna, o da igualdade de oportunidades: a idéia de que todos os homens e mulheres têm as mesmas possibilidades de realizar suas ambições de acordo com suas capacidades. Para os poderes sociais predominantes, o sistema educativo perdeu importância, embora não a educação, mas esta se desenvolve fundamentalmente fora da escola (as escolas distintas, as descontinuidades radiais que Baudelot e Establet analisam no texto *La escuela capitalista en Francia*, 1975). O desafio para o futuro consiste em encontrar novos componentes que voltem a legitimar um sistema educativo democrático.

Giroux, seguindo os passos de Freire (um pedagogo que não podemos esquecer nas vicissitudes sociais e educativas do século XXI), afirma que é preciso desenvolver novas formas de linguagem crítica que nos permitam, por um lado, desvelar o currículo oculto e, por outro, descobrir outras maneiras de ver o mundo e a educação. Nesse mesmo sentido, precisamos analisar o progresso de uma maneira não-linear, nem monolítica, mas integrando outras identidades sociais, outras manifestações culturais da vida cotidiana e outras vozes secularmente marginalizadas.

Entre o final de um século e o princípio de outro, vivemos uma época fronteiriça (utilizando uma idéia de Giroux) em que parece que a informação começa a ser o capital mais cotado do novo século (Castells, 1988, 1998). E, como é lógico, estando na fronteira, é difícil, às vezes, avaliar o que é o melhor do passado, sobretudo porque é um passado que está baseado na modernidade há dois séculos, uma época nascida como emancipadora do sujeito na luta contra o obscurantismo, a ignorância e a superstição, assim como o desenvolvimento da capacidade do sujeito de tomar decisões autonomamente ("a subjetividade como desdobramento do princípio de individualidade em todas as suas dimensões: o sentimento, a razão, a liberdade", Catañeira, em Wolny, 1998), e também é difícil avaliar o que é o melhor do futuro, a pós-modernidade (com sua atitude de desconfiança diante das grandes promessas da sociedade moderna: liberdade, justiça, igualdade; a atitude de desengano diante das "grandes palavras", propostas morais e éticas e o ceticismo que produz o refúgio no privatismo, na moda, no "suba como puder" [Mardones, 1990]. Aparecem, então, elementos que nos confundem. Por exemplo, no controvertido tema da escolarização e do currículo para as minorias étnicas, deparamo-nos com uma torrente de propostas e ofertas que vão desde as sugestões assimilacionistas e reprodutoras até as posições liberais, pluralistas e igualitárias. E também desde projetos experimentais classicamente compensatórios, mais atentos às fraquezas dos alunos, até outros que tratam prioritariamente de suas potencialidades. É simplesmente, uma amostra do desconcerto em que estamos mergulhados.

O que significa, então, o direito de ser diferente? A unidade na diversidade? A resignação frente a outro que possui mais? Ser diferente só pode consistir em viver em condições de poder construir conjuntamente processos democráticos nos quais o intercâmbio se faça de igual para igual, promovendo a dignidade e a solidariedade humana. Isso é verdade ou uma mera fantasia?

Do meu ponto de vista, a educação do próximo século no âmbito das instituições educativas deverá analisar e propor-se de novo, entre outros, os seguintes desafios:
- O direito à diferença e a recusa a uma educação excludente.
- A educação ambiental como mecanismo fundamental de preservação e melhoramento da natureza.
- A educação política dos cidadãos como uma educação para a democracia.
- Uma reformulação da função dos professores.
- As alternativas à escola como espaço físico educativo.

Analisaremos neste texto somente o primeiro e o terceiro aspectos, porque, por um lado, trata-se de situações novas nas quais é preciso aprofundar-se e que têm uma grande projeção no futuro, e, por outro, de situações recuperadas que consideramos válidas para procurar edificar um futuro melhor.

## SOMOS REALMENTE DIFERENTES, OU É UMA ILUSÃO QUE NOS PADRONIZA DE OUTRA MANEIRA?

A educação favorecerá a igualdade de oportunidades e a eqüidade, ou, pelo contrário, será um fator de seleção marginalização-exclusão? Este é o primeiro desafio do próximo século. Trata-se de responder à pergunta: seremos capazes de respeitar a diversidade?

É imprescindível considerar, em primeiro lugar, que cada um de nós é uma pessoa única, isto é, todos somos diferentes, diversos em nosso próprio meio, seja este qual for. Provavelmente, o que marca, em última instância, a idiossincrasia da diferença é o modo como as pessoas estabelecem relações com seu contexto próximo, vivido de uma maneira global. Portanto, assumir a diversidade supõe reconhecer o direito à diferença como um enriquecimento educativo e social.

O termo "normalidade" reflete a qualidade de uma situação em "que se segue a norma", e talvez se devesse buscar tal diversidade nas diferentes "normas" que cada um realiza conforme sua própria idiossincrasia; portanto, a diversidade também é sinônimo de pluralismo compartilhado.

Todavia, é evidente que a "norma" escolar não foi pensada e desenvolvida para acolher a diversidade de indivíduos, mas para a integração passiva, para a padronização. Sendo assim, refletir sobre a educação para o futuro pode supor a proposição de modificações significativas da instituição educativa e das relações que nela se produzem. Enfim, dever-se-á abordar com seriedade a reestruturação do processo educativo institucionalizado.

Uma possível armadilha para a diversidade é que seja introduzida apenas pela transmissão dos conteúdos nas aulas das instituições educativas como um simples reforço informativo, integrado na metodologia didática, mas como um saber oco, não-integrado nem aplicado. É preciso ir muito mais longe; é necessário introduzir a diversidade nas estruturas da organização e revisar a fundo a organização interna das instituições educativas. Nestas, a diversidade não pode ser entendida como uma simples ação que facilita a aprendizagem dos alunos com ritmos diferentes de maturidade; não é unicamente a apresentação de estratégias didáticas alternativas para estimular os alunos desmotivados; não é apenas a incorporação das ferramentas educativas adequadas para cada realidade acadêmica individual; a atenção à diversidade deve ser entendida como a aceitação de realidades plurais, como uma ideologia, como uma forma de ver a realidade social defendendo ideais democráticos e de justiça social.

Para o futuro imediato, devemos reconceitualizar, ou colocar em dúvida, o que permaneceu inamovível, com pequenas mudanças formais, há mais de um século: referimo-nos, por exemplo, à organização da instituição em aulas como celas; aos horários rígidos; aos agrupamentos de alunos por idades; à organização espacial da aula e ao sistema de tutorias; aos canais de comunicação; à adequação à realidade laboral e familiar; ao mobiliário; à distribuição de tempos e espaços, etc. Integrar a diversidade é favorecer a convivência de realidades plurais, de necessidades diferentes, que enriqueçam a dinâmica da aula e da instituição.

## SE SOMOS DIFERENTES, ACABOU-SE A HOMOGENEIZAÇÃO?

O ensino, como sistema institucional, tem sua própria história e deixa sua marca em uma "tradição" e em uma "cultura de fazer as coisas" que é difícil de mudar mesmo que suas conseqüências possam ser, obviamente, negativas. Em épocas passadas, vivemos outros enfoques "terapêuticos" da "diversidade", como os que separavam os alunos conforme suas características em espaços e formas de organização educativos diferentes; ou o paradoxo de estabelecer "compensações" a alunos e alunas que o sistema educativo "descompensou" previamente; e isso para não nos referirmos à transmissão reacionária e seletiva de atitudes e conteúdos próprios de alguns regimes políticos. Ter em sala de aula alunos ou alunas com características diferentes, em qualquer situação, tampouco deveria ser chamado de integração se lhes é dado um tratamento uniforme.

O desenvolvimento pedagógico da diversidade não nasce do nada, nem de um dia para outro, nem por decreto, mas suas origens e suas pegadas podem ser seguidas por meio de documentos e ações dos movimentos, das associações de professores, das revistas educativas e das propostas alternativas de coletividades dos últimos 30 anos. O debate sobre a homogeneização e os circuitos segregadores que estabelecia a educação já é um clássico no campo educativo. É certo que, nessa época, ainda não se falava de diversidade e que a diferença era aplicada em termos mais restritos. A diversidade é um termo novo e pós-moderno que provém de outros campos sociais. Nesse momento, fala-se de individualizar, de compensar, de fracasso do sistema, de dificuldades para atender um grupo heterogêneo, de igualdade de oportunidades, etc.

A escolarização foi criada, ao contrário, sob a premissa da não-diversidade; tratava-se, então, de uma linha prioritária dos Estados para a generalização do ensino para toda a população de uma determinada idade. Nesse sentido, tratava-se de uma oferta-padrão e homogênea. Já faz algum tempo que Reimer (1973), em seu conhecido texto *La escuela ha muerto*, questionou a escola, porque, em sua opinião, a freqüência obrigatória e as paredes da sala de aula asseguram as dimensões de tempo e espaço que implicam que o conhecimento pode ser o resultado de uma fabricação e que as crianças têm um tempo e um lugar fixados. Diante dessa marcada homogeneização, tradicionalmente foram dadas diversas soluções:

- As *escolas* diferentes para crianças diferentes.
- Em outro âmbito, as *aulas* diferentes para crianças diferentes.
- E, em outro momento, os *horários* diferentes para crianças diferentes.

Estas eram as "soluções" habituais que permitiam enfrentar a existência da diferença.

Cada pessoa é diferente pela interação entre o que é (nível intelectual, motivação, interesse, existência acumulada, conhecimentos, etc.), de onde vem e onde está (situação social, fatores atuais, ambiente e meio, etc.). No entanto, as respostas para poder solucionar o problema da segregação das pessoas em todos os seus graus e para conscientizar os alunos no respeito a essa diferença ainda estão pendentes neste momento, na porta de entrada do século XXI.

Apesar de tudo, não estamos diante de um novo problema; em outras épocas, já se tentou instrumentar algumas repostas aos desafios que isso impõe. Para enfrentar a diversidade, podemos recuperar toda a tradição de um conceito já trabalhado desde princípios do século pelo ativismo, naturalmente, produto de uma ideologia e de uma visão da época moderna da educação: a individualização e seu equilíbrio com o trabalho cooperativo contra a classe igual para todos. No entanto, a realidade supera o âmbito da instituição escolar, e as conseqüências sociais da não-diversidade são: racismo, xenofobia, intolerância. A não-diversidade já não reflete apenas aquela "anedota" de pequenos confrontos na rua ou nos pátios das escolas, entre culturas diversas, mas assume características de verdadeira tragédia e de vergonha, seja porque se trata de um racismo induzido pela pobreza e pela marginalização, seja pela ideologia. Devemos evitar a todo custo o furacão dos ódios, a vertigem dos fracionamentos. Como diz Rossanda (1993):

*E pensar que o século havia começado com as idéias tão generosas e de tão grandes figuras: Freud, Kafka, Gide, Sartre, Camus..., a força da cultura européia, até a metade deste século, estava na mistura, na mestiçagem; nascia-se em Budapeste, residia-se em Viena, escrevia-se em alemão, falava-se em húngaro, etc.*

No futuro, não poderemos educar na diversidade sem mudar a educação. Contudo, essa mudança tem duas frentes fundamentais:

- Conseguir que, pela educação institucionalizada, sejamos capazes de ajudar os alunos a crescerem e a se desenvolverem como pessoas, facilitando-lhes a aquisição de habilidades básicas tanto de tipo cognoscitivo como de autoconhecimento, de autonomia pessoal e de socialização.
- Facilitar que, nas instituições educativas, tenham lugar e reconhecimento todas as diferentes capacidades, ritmos de trabalho, expectativas, estilos cognoscitivos e de aprendizagem, motivações, etnias, valores culturais de todos os meninos, meninas e adolescentes.

Adaptar o ensino à diversidade dos sujeitos que convivem nas instituições educativas não é tarefa simples, e o êxito nos resultados dependerá em grande medida da capacidade de agir autonomamente, tanto por parte dos professores como da comunidade e dos alunos e alunas sujeitos desse processo.

Devemos refletir, compartilhar e superar velhos discursos. A heterogeneidade, a individualização e o trabalho cooperativo com participação da comunidade educativa são os três ângulos do mesmo triângulo. A participação da comunidade é imprescindível para tornar possível o trabalho no campo da diversidade, já que este só pode acontecer em um ambiente de comunicação aberto e flexível, adaptado ao contexto e que permita a livre expressão dos professores, dos alunos e dos membros da comunidade. Nesse futuro imediato, é imprescindível rachar a absurda desconfiança mútua entre professores e pais. A escola deve abrir suas portas e derrubar suas paredes não apenas para que possa entrar o que se passa além de seus muros, mas também para misturar-se com a comunidade da qual faz parte. Trata-se, "simplesmente", de romper o monopólio do saber, a posição hegemônica da função socializadora, por parte dos professores, e constituir uma comunidade de aprendizagem no próprio contexto.

Paralelamente, deveria ser realizado um exame prévio individual do trabalho na aula (linguagem, atitudes, livros, comentários, etc.) e também coletivo (agremiação, trabalho em grupo, atividades conjuntas, comunicação, projetos, criação de grupos para temas de diversidade, etc.); e a mesma coisa sobre o contexto (participação, grupos, famílias, relações sociais, tribos, publicidade, meios de comunicação, etc). Aceitar a diversidade possui muitas e complexas implicações:

- Facilitar a flexibilidade curricular.
- Mudar a cultura da instituição e das estruturas educativas.

- Superar a cultura do individualismo, tão historicamente arraigada nas instituições educativas, por uma cultura do trabalho compartilhado.
- Estabelecer e favorecer relações pessoais entre os professores, a comunidade e os alunos, criando espaços adequados de convivência, oferecendo uma ação tutorial compartilhada e potencializando vitais experiências de ensino-aprendizagem.
- Analisar esse cruzamento de culturas que vivemos na educação cotidiana de alunos e alunas: umas a favor de alguns indicadores de vida construídos na diversidade, e outras com uma grande pressão externa, marcadas por indicadores como a competitividade e a intolerância.
- Considerar a educação como a possibilidade de que todas as pessoas trabalhem segundo suas necessidades e suas potencialidades, desenvolvendo atividades abertas que gerem auto-estima.
- E, por último, considerar a diversidade não como uma técnica pedagógica ou uma questão meramente metodológica, mas como uma opção social, cultural, ética e política que as equipes de professores e professoras e todas as pessoas que se dedicam à educação devem assumir, que irão decidir e definir que aspectos da diversidade é preciso atender, como agir diante dela, com que recursos, quando e até quando devem fazê-lo, etc., opções que se verão refletidas através de sua ação educativa cotidiana.

Enfim, não basta mudar as pessoas para transformar a educação e suas conseqüências. Temos, sim, que mudar as pessoas e os contextos (as pessoas em seus contextos) educativos e sociais. Dessa forma, começaremos a mudar muitas coisas, entre elas a valorizar e a fazer com que se valorize a humanidade realmente como ela é: um conglomerado de diferenças, de culturas, de etnias, de religiões, de conhecimentos, de capacidades, de experiências, de ritmos de aprendizagem, etc., que é precisamente uma das características que nos define como seres humanos.

Ao final do século XX, algumas perspectivas e alguns discursos já desapareceram ou estão desaparecendo gradualmente (por exemplo, a eliminação da educação compensatória, as cotas de integração ou de dispersão dos alunos problemáticos, etc.), mas não nos enganemos: ainda temos muito caminho a percorrer.

## A DIVERSIDADE COMO PROJETO CULTURAL E EDUCATIVO

A diversidade que a educação pretende atender não pode ser estabelecida em termos abstratos, mas, ao contrário, deve estar vinculada a uma análise da realidade social atual (seus valores predominantes, a relação indicadores de rendimento/indicadores educativos, seus traços específicos, as relações de poder, as contradições, etc.) e deve abranger tanto o âmbito macrossocial quanto o microssocial. Este último âmbito é também muito importante, já que é preciso considerar a diversidade como um projeto socioeducativo e cultural enquadrado em um determinado contexto, e entre as características desse projeto necessariamente devem figurar a participação e a autonomia. A autonomia não pode ser apenas uma reivindicação profissional para a tomada de decisões de gestão, mas também deve ter uma incidência inequívoca no processo educativo: sem autonomia, não pode surgir a possibilidade de elaborar critérios próprios de ação; e não esqueçamos que tudo o que a pessoa constrói fora da autonomia, em um âmbito de dependência, pode ser bloqueado e anulado rapidamente pela estrutura de poder real.

Assim, a análise específica da realidade educativa e social deve permitir compartilhar a experiência humana, possibilitando o aprendizado dos demais, e, respeitando os alunos, levar em conta suas características específicas e compensar as diferenças que são discriminatórias, buscando fórmulas educativas diversas que não prejudiquem a auto-estima dos alunos e que não causem segregação, nem hierarquização.

Na balança da diversidade, também há dois pratos que devem estar equilibrados: por um lado, os princípios compartilhados, o trabalho conjunto, os grandes objetivos e, por outro, essa análise específica sem a qual dificilmente poderemos iniciar e transformar a educação em nosso meio. Assumir a diversidade é um processo complexo, cujo caráter não é apenas técnico, mas também ideológico, o que deveria ajudar-nos a questionar constantemente o quê, por que e como se fazem as coisas em função da vontade de mudança e transformação.

A fim de que tais propósitos tornem-se uma realidade e de que sejam cada vez mais numerosos os educadores que compartilham esse espírito, a instituição educativa necessita gerar uma atitude de autocontrole, de intercâmbio de idéias, de experiências, de propostas, de projetos, de materiais e de abertura à comunidade. A atitude contrária significaria fechar-se em si mesma; depender de pessoas e instituições alheias à teoria e à prática educativa; voltar a cair, ou continuar, na pedagogia do subsídio e da dependência e recair nas "boas" teorias com uma prática ineficiente. Para evitar esse perigo, é necessário criar mecanismos de participação coletiva em que a interação se constitua no objetivo principal. Sem a discussão, o trabalho em comum, a divulgação entre companheiros, a abertura ao exterior e o compartilhamento dos projetos da instituição, as experiências de diversidade podem parecer ilhas em meio a um oceano de indiferença ou, o que é pior, de hipocrisia.

Enfim, a diversidade, termo inclusive já usual nos processos administrativos, não se pode alinhar com a burocracia e nem com a padronização que costuma agradar tanto às administrações que regulam a educação, mas encontra seu verdadeiro caminho na diferenciação; no reconhecimento do outro (Touraine, 1994); na adequação ao meio; na verdadeira autonomia como conquista social, mas não para que os poderes públicos abandonem suas responsabilidades econômicas e políticas; na participação e na co-responsabilização de uma gestão democrática de todos os membros da comunidade.

A diversidade, aprofundando-se nos princípios de agremiação, de democracia e de participação, deve encontrar um importante lugar nas instituições educativas. A participação dos professores e da comunidade é imprescindível para desenvolver esses processos de adequação necessários e para ir assumindo uma atitude e uma função de não-dependência. É que o desenvolvimento da diversidade não deve ser um resultado acabado, mas um processo de construção de conhecimento compartilhado entre professores, alunos e comunidade, para construir um projeto educativo voltado para o futuro; deve ser uma ferramenta para a revisão da teoria e para a transformação da prática educativa. A análise crítica da realidade é um primeiro passo para entrever as contradições entre a realidade social e os valores de uma educação na medida da pessoa. A diversidade deve apostar na introdução da análise e na denúncia dessas contradições e estabelecer os caminhos para um trabalho transformador, para evitar cair em práticas "pós-modernizadoras", que costumam ser igualmente reprodutoras. Isto também implica não reduzir a diversidade à mera intervenção educativa, mas ultrapassar o âmbito da aula e da instituição para colaborar ou assumir um papel principal em outras atividades sociais. Uma educação na diversidade deve poder gerar e facilitar o intercâmbio, já que só ele garante o enriquecimento e o crescimento pessoal mútuo.

## A IMPORTÂNCIA NO FUTURO DA EDUCAÇÃO COMO DESENVOLVIMENTO DA PARTICIPAÇÃO E DO ENVOLVIMENTO POLÍTICO DOS CIDADÃOS

- Como desenvolver uma escola verdadeiramente democrática?
- Como participar da educação do cidadão democrático?
- Como envolver ideologicamente a comunidade no processo educativo?

Estes são outros dos importantes desafios que a educação propõe-se para o próximo século.

Nesta década de 90, os relatórios de pessoas e instituições influentes fazem com que voltemos o olhar para trás. Aparecem de novo expressões como "o saber, o saber fazer, o saber ser, o saber conviver" (Delors, 1996), embora de um modo distinto, em uma denominada, talvez abusivamente, sociedade da informação, ou também interativa ou reticular, na qual podemos detectar uma falta de dialética entre educação, aprendizagem e sociedade.

Segundo Negroponte (1995), a tecnologia digital provoca uma desmaterialização do espaço, uma "deslocalização" e, em troca, favorece a globalização (cultural, social e sobretudo dos mercados); supõe também, segundo ele, uma diferente compreensão do tempo, originando novos dogmas, novos oficiantes e uma nova forma de convivência humana e de formas de pensar; significa também o surgimento de algumas imensas fontes de informação que nos ultrapassam intelectualmente e, paralelamente, uma enorme capacidade de acúmulo e de transmissão de dados devido à multiplicidade da oferta. Agora, é possível que essa informação não esteja ao alcance de todos, mas somente de minorias cada vez mais seletas. Nesta nova época que se aproxima, o poder da comunicação não estará nas mãos das companhias que se encarregam da transmissão, mas nas das que disponham dos conteúdos, ou sejam capazes de gerá-los. Segundo Castells (1988), o desenvolvimento tecnológico afetará mais os processos de produção e de gestão do que os produtos. A democracia cederá, a favor de uma pós-modernidade baseada nos processos, à lei do mais forte individual, econômica e socialmente, para legitimar um conceito de eficácia e de pensamento único? Qual será o papel dos grandes meios de comunicação? No que se refere ao nosso humilde setor educativo, tudo isso servirá para tornar mais patente, se é possível, que a educação ultrapasse amplamente as fronteiras (as competências, as atribuições, o âmbito de influência, etc.) das instituições que até agora se (pre)ocuparam com isso. A manipulação do processo educativo em um sentido padronizador por minorias transnacionais pode ser um fato cada vez mais irreversível. Em outro âmbito, não se deve esquecer que, paradoxalmente, esse processo globalizador favorecido pelas novas tecnologias pode deixar fora do jogo (excluir) países e talvez continentes (África) inteiros.

Daí a importância de recuperar uma pedagogia da pergunta e não só da resposta, favorecedora de uma aprendizagem baseada mais no diálogo do que no monólogo. Falamos de imaginação, de capacidades, de estímulo, etc., algo que aprendemos com a escola nova do início do século XX. Voltamos às origens para recuperar utopias talvez porque não sabemos para onde encaminhar os passos?

Analisemos por um momento os imperativos; alguns provenientes da condição pós-moderna, e outros da modernidade, nessa grande mistura atual, com os quais se defronta hoje a educação:

- Um meio social baseado na informação e nas comunicações.
- A tendência a que tudo seja planejado.
- Uma situação de crise em relação ao que se deve ensinar ou aprender e em um mundo que se deleita na incerteza e no discurso da mudança vertiginosa.
- O novo papel dos professores, e de toda pessoa que se dedique a qualquer atividade educativa, enfocado nem tanto como fornecedor de saber, mas como gestor e mediador de aprendizagem.

- Novas estruturas que aparecem e desaparecem constantemente.
- Maiores diferenças contextuais.
- A globalização ou a corporação global.
- A noção de pensamento único, que é a tradução em termos ideológicos, e com pretensão universal, dos interesses de um conjunto de forças econômicas, em particular as do capital internacional. O pensamento único desenvolve a idéia de que não há alternativa possível para a realidade atual. Dessa forma, a existência na sociedade capitalista neoliberal, no âmbito mundial, de um único espírito e uma única organização econômico-social, provoca um darwinismo que afeta povos e grupos sociais completos. Como diria o criador do conceito: só o pensamento está autorizado por uma invisível e onipresente polícia da opinião (Ramonet, 1996).

Esses imperativos externos comportam novas exigências que questionam a educação e referem-se predominantemente a novas demandas, às vezes excessivas, aos professores, à instituição escolar e a uma nova concepção do trabalho educativo:

- A análise da obsolescência dos processos, dos materiais e das ferramentas de aprendizagem existentes.
- O diagnóstico de novas necessidades dos alunos.
- A busca de novas motivações dos alunos para a aprendizagem.
- A grande influência do meio social na aprendizagem.
- A busca de novos métodos.
- A gestão coletiva da aprendizagem para levar em conta os problemas e as soluções para a organização do processo.
- A utilização de meios tecnológicos, além da primazia da técnica.
- O conhecimento das especificidades e das adaptações culturais e lingüísticas.
- A formação permanente como parte intrínseca da profissão de educar e como compromisso na aprendizagem durante toda a vida.
- O respeito e a atenção às culturas específicas.
- A importância do sistema relacional e da colaboração nas relações educativas.
- A importância das necessidades das pessoas (além da escolaridade e da própria formação permanente).

Tudo isso requer e demanda que a educação seja dotada de novas estruturas (novos agentes, novas formas de administrar) e, principalmente, que facilite e favoreça a participação da comunidade como condição indispensável para uma inovação educativa sustentada. E tudo isso necessita que de novo se repense a escola e seu papel na educação dos cidadãos. Devemos usar a imaginação na busca de alternativas.

Para chegarmos a vislumbrar essas novas alternativas para a educação no próximo século, deveríamos agir a partir do princípio que Gramsci denominava ético-político e que, embora seja um termo muito genérico, pode permitir-nos avançar para novas metas educativas, considerando as noções de liberdade, de igualdade, de dignidade humana, de democracia, de universalidade moral, de responsabilidade social e de respeito da natureza.

Porém, em que contexto sócio-político e educativo terá lugar todo esse processo? Vejamos alguns dados:

- O cidadão médio de países desenvolvidos ocupará, no ano 2005, 10% de seu tempo de trabalho, 10% de seu tempo livre e 10% de sua receita em formação contínua.
- Os alunos adultos terão uma média de idade superior à atual, em razão do âmbito demográfico e da extensão do período de vida ativa. Isso significa ter uma maior experiência vital com um nível mais alto de formação básica e maiores antecedentes na organização de seus próprios processos de aprendizagem.
- As identidades regionais e os perfis das necessidades específicas de aprendizagem serão incrementadas.
- O rápido desenvolvimento e a produção maciça de microtecnologias suporá uma progressiva descentralização de estruturas em todos os níveis.
- A especialização das destrezas e os requisitos de trabalho, serão incrementados, assim como a individualização dos interesses.
- O desenvolvimento tecnológico afetará quase todas as áreas da vida e todos os membros da comunidade. A formação irá apoiar-se fundamentalmente na tecnologia.
- A mobilidade continuará aumentando, mas aumentará mais a mobilidade eletrônica do que a física.
- O único elemento realmente constante do futuro será a mudança, não os estados imutáveis. O incremento contínuo do conhecimento (já se fala de uma economia baseada no conhecimento e, inclusive, de infra-estruturas inteligentes) e a qualificação serão as ferramentas-chave dos cidadãos do futuro para evitar uma democracia vigiada pelos grandes poderes mediadores.

Entretanto, essa nova forma de ver a educação enquadra-se (e, às vezes, é conseqüência) em uma determinada época na qual os princípios da modernidade, nos quais fomos socializados, já estão em crise há muito. Temos de analisar quais recuperamos e somos capazes de reconstituir e quais abandonamos por obsoletos para a educação do futuro. Esses princípios apreciados eram:

- A abstração como modelo de pensamento.
- O futuro como estrutura temporal.
- A individualização como condição humana.
- A liberação como ideal.

- A utopia da razão instrumental.
- A secularização do sistema social (Berger, 1992).

E a pós-modernidade foi entrando com força há anos, inclusive incrementou seus postulados por causa da era cibernética. Fala-se de "teoria do valor do conhecimento" aplicado às pessoas e às organizações que tentam medir o conhecimento e consideram-no o melhor ativo do homem (Glazer, 1998).

Tudo isso em uma realidade na qual a Europa será um único espaço político. O que não conseguiram as guerras, as culturas afins, as línguas (nem a ilusão de uma língua comum), as comunicações, etc., a economia conseguirá. O euro unificará a economia e as decisões políticas inerentes, encurtando as distâncias físicas, mas, principalmente, econômicas, entre os diferentes povos europeus (não os forasteiros, já que a economia está "organizada" de tal maneira que, embora haja um excedente dos alimentos mundiais, a cada dia morrem de fome milhares de pessoas em outros continentes). Quer dizer, pouco a pouco, iremos assimilando a necessidade de que as linhas políticas (e as legislações) tenham um âmbito europeu. Então, que linhas políticas, como serão decididas, mediante que sistema de escolha e de participação?

Que a educação recupere os princípios de convivência baseados na liberdade, no diálogo e na responsabilidade é um fator básico para lutar no futuro contra o conformismo, o medo e o silêncio das pessoas. A educação deve estimular essa dignidade humana baseada na solidariedade coletiva, na consciência social e ecológica. Seremos capazes de lutar e de ajudar a criar uma humanidade consciente da importância de desenvolver uma economia orientada para a satisfação das necessidades, e não para a acumulação de riqueza privada? Ou a educação também ficará colonizada pela relação custo-benefício? É possível que essa orientação configure uma utopia, mas uma utopia é uma mensagem para os que virão depois de nós, para tentar impulsioná-los a realizar o que naquele momento parecia impensável ou impossível, mas que talvez esteja a seu alcance em outro momento histórico. É o que Giddens chama de a criação de realismo utópico.

No futuro (embora realmente já seja assim agora), haverá grandes conglomerados de agentes econômicos multinacionais que concentrarão um poder econômico de âmbito mundial. A concentração da riqueza (ou da gestão da mesma) em poucas mãos questionará as democracias construídas no século XX. Esse poder terá a seu serviço potentes meios de informação com que influir nas opiniões das populações (e de cada pessoa).

Diante desse panorama, a instituição educativa necessitará do apoio de uma comunidade que tenha consenso ideológico (não apenas dos pais, mas também das empresas, das ONGs, dos movimentos sociais, dos voluntários, das associações, dos aposentados, etc.; é o que começa a se chamar o quarto poder econômico), porque os professores irão sentir-se impotentes para educar os meninos e as meninas nos valores (solidariedade, honestidade, sinceridade, senso crítico, etc.) que estarão em franca desvantagem frente aos que imperam na sociedade (individualismo, competitividade, violência, conformismo, desinformação, etc.). As instituições educativas, nesse futuro incerto, deverão ensinar a administrar o conflito para que reverta no crescimento e na maturidade dos envolvidos e para que a informação e a transmissão do conhecimento estimulem a socialização do poder.

Será preciso resistir à privatização e à desregulação, exigindo uma maior regulação para que as políticas educativas sejam políticas do espaço do público (tarefa do governo dos Estados) necessárias para:
- Preservar a competitividade econômica quando está ameaçada por monopólios.
- Controlar os monopólios naturais. Algumas indústrias só podem trabalhar eficientemente como monopólios.
- Criar e manter a base institucional dos mercados. Todos os mercados dependem de uma rica acumulação de capital não-econômico para seu bom funcionamento.
- Afastar bens públicos, políticos ou culturais da indesejável intrusão do mercado. Compromisso profissional, serviço altruísta, sentimento comunitário e obrigação moral frente aos bens não-econômicos que necessitam ser protegidos.
- Propor objetivos a médio e longo prazos.
- Proteger as condições físicas e contratuais dos trabalhadores, já que não são um produto a mais, e a sociedade não deve permitir que sejam tratados assim.
- Reagir e responder às catástrofes, incluindo os efeitos das catástrofes produzidas pelos mercados (Giddens, 1998).

A educação deverá introduzir outras linguagens no processo educativo, além da leitura e da escrita. O conhecimento também circula por meio de outros códigos, e não só pelo informático e pelo audiovisual. Há uma série de habilidades importantes (habilidades básicas, Unesco 1990), como a melhora da fala, o discurso narrativo, a consciência crítica, o debate, o trabalho conjunto e, principalmente, o diálogo (códigos simbólicos de uma sociedade científica e tecnológica, Deluiz, 1995), que permitirão a construção de um pensamento capaz de selecionar informações relevantes; de conhecer e preservar-se da influência dos meios de comunicação e de outras fontes de poder; de analisar as desigualdades entre os que produzem informação e os que a consomem; de tomar decisões; de fazer relação, estruturar e ordenar, etc. Trata-se, enfim, de propiciar, sobretudo, uma aprendizagem dialógica em que se entende a relação educativa como um processo de comunicação intersubjetiva.

Nós, educadores, temos um grande desafio no futuro. Não podemos ser apenas espectadores passivos desse futuro, mas reservar-nos um papel de sujeitos-atores. Diante de uma realidade que nos mostrará, simultaneamente, os grandes avanços tecnológicos e as desigualdades, a pobreza, a exclusão, o desencanto, a violência e as opressões sociais e econômicas de alguns povos por outros, devemos perguntar-nos: podemos encontrar, a partir da educação, soluções ou alternativas ao atual sistema de relações de poder? Ou como se pergunta Juan Goytisolo (1998): "o que o ser humano pode fazer para defender-se dessa catástrofe programada?".

De frente para os tempos que se aproximam, temos de realizar uma análise sobre as diversas formas de desigualdade e de opressão, tanto na escola como na sociedade, e é preciso recolocar a histórica militância pedagógica para a inovação e a ação solidária, para desenvolver uma nova cultura democrática educativa alternativa. Mas não bastará; também é preciso envolver-se na busca de uma nova prática social que ajude o ser humano a inserir-se na sociedade de maneira ativa e como elemento de transformação. Recuperemos, nesse sentido, o trabalho de Freire (1994) para analisar a falácia da neutralidade escolar e para construir nesse futuro uma educação mais politizada, capaz de distribuir o conhecimento, e para desenvolver uma pedagogia da resistência, da esperança, para continuar acreditando nas possibilidades da educação no século XXI.

Recuperemos também o espírito de renovação de nossos livre-pensadores do começo do século XX, como a voz tão representativa desse singular "educador" e poeta que foi Antonio Machado:

> Que importa um dia! O ontem está alerta
> ao amanhã, o amanhã ao infinito;
> homens da Espanha (do mundo), nem o passado morreu,
> nem o amanhã, nem o ontem, está escrito.

## REFERÊNCIAS BIBLIOGRÁFICAS

AA.W. (1993): *La larga noche neoliberal. Políticas económicas de los 80.* Barcelona. Icaria.
APPLE, M. (1989): *Maestros y textos. Una economía política de las relaciones de clase y de sexo in educación.* Barcelona. Paidós/MEC.
BAUDELOT, CH.; ESTABLET, R. (1975): *La escuela capitalista in Francia.* México. Siglo XXI.
BERGER, P. (1992): *A far glory. The quest for faith in an age of incredulity.* Nova York. The Free Press.
BERNSTEIN, B. (1986): "On pedagogic discourse", in RICHARDSON, J.G. (org.): *Handboock of Theory and Research for the Sociology of Education.* Nova York. Greenwood.
BERNSTEIN, B. (1998): *Pedagogía, control simbólico e identidad.* Madri. Morata.
CASTELLS, M. (1988): *El desafío tecnológico. España y las nuevas tecnologías.* Madri. Alianza.
CASTELLS, M. (1988): *La era de la información. Economía, sociedad y cultura.* v. 1: *La sociedad red.* v. 2: *El poder de la identidad.* v. 3: *Fin de milenio.* Madri. Alianza.

DEBRAY, R. (1969): *Révolution dans la révolution?* Paris. Maspéro.
DELORS, J. (1996): *La educación encierra un tesoro.* Madri. Santillana/Unesco.
DELUIZ, N. (1995): *Formação do trabalhador: produtividade e cidadania.* Rio de Janeiro. Shape.
FREIRE, P. (1994): "Educación y comunitaria", in CASTELLS, M.; FLECHA, R.; FREIRE, P.; GIROUX, H.; MACEDO, D.; WILLIS, P.: *Nuevas perspectivas críticas in educación.* Barcelona. Paidós.
FREIRE, P. (1997): *A la sombra de este árbol.* Barcelona. El Roure.
FUNDACIÓN SANTILLANA (1996): *Aprender para el futuro. Desafíos y oportunidades.* Madri. Santillana.
GIDDENS, A. (1998): "La tercera vía", in *Les notícies de llengua i treball,* n. 5, p. 19-21.
GIROUX, H. (1990): *Los profesores como intelectuales.* Barcelona. Paidós.
GLAZER, R. (1998): "Measuring the Knower: Towards a theory of Knowledge Equity", in *California Management Review,* v. 40, n. 3, p. 175.
GOYTISOLO, J.; GRASS, G. (1998): "Frente a la catástrofe programada. Conversación entre Günter Grass y Juan Goytisolo, dos escritores que ensucian su proprio nido", in AA.W.: *pensamiento crítico vs. Pensamiento único.* Madri. Debate.
MARDONES, J.M. (1990): "El neo-conservadurismo de los postmodernos", in *En torno a la postmodernidad.* Barcelona. Anthropos.
NEGROPONTE, N. (1995): *El mundo digital.* Barcelona. Ediciones B.
POPKEWITZ, T. (1994): *Sociología política de las reformas educativas.* Madri. Morata.
RAMONET, I. (1996): "El pensamiento único", in *Le Monde Diplomatique.* Versão espanhola, n. 7, maio.
REIMER, E. (1973): *La escuela ha muerto.* Barcelona. Seix Barral.
ROSSANDA, R. (1993): *El País,* 25 de julho.
TOURAINE, A. (1994): *¿Qué es la democracia?* Madri. Temas de hoy.
UNESCO (1990): *Declaración sobre la educación para todos. Plan de acción para satisfacer las necesidades básicas del aprendizaje.* Jontien.
VATTIMO, G. (1990): "Postmodernidad: ¿una sociedad transparente?", in *En torno a la Postmodernidad.* Barcelona. Anthropos.
WOLNY, W. P. (1998): "El mundo postmoderno y la religiosidad", in *Escuela Abierta,* I. P. p. 47-79.

# 5                O racismo na era da globalização

*Donaldo Macedo e Lilia Bartolome*
Massachusetts University

O fenômeno da globalização, que está acompanhando-nos até o século XXI, trouxe consigo realidades muito complexas e intrigantes que ainda não foram bem-entendidas, mas que oferecem enormes possibilidades para se conseguir um mundo mais humanizado. A globalização não só criou grandes dificuldades econômicas, ao ampliar a separação entre os chamados Primeiro e Terceiro Mundo, mas também o abismo resultante entre os países ricos e pobres manifestou-se em imprevisíveis modelos de imigração. Por exemplo, no ano passado, pela primeira vez na história da humanidade, mais de 100 milhões de pessoas imigraram de alguma parte do globo para outra. Além disso, esse incremento exponencial na imigração deu lugar ao surgimento de um dramático incremento do racismo e da xenofobia. Na França, o ultradireitista Partido da Frente Nacional, liderado por Jean Marie Le Pen, impulsionou um incessante ataque contra os imigrantes, especialmente contra os muçulmanos procedentes das antigas colônias francesas. Na Alemanha, produziu-se um significativo aumento no número dos grupos neonazistas, que foram responsáveis por numerosos ataques com bombas contra as casas de turcos e de gregos.

Na Áustria, na Rússia e em alguns países escandinavos, o nível de anti-semitismo também está crescendo. Também se detectaram níveis similares de xenofobia na Espanha, em especial contra imigrantes norte-africanos e contra os ciganos.

Para fazer frente a um panorama em que predominam um racismo e uma xenofobia crescentes e globais, neste capítulo, quero analisar como funcionam as forças que constroem, definem e mantêm a cruel realidade do racismo no Primeiro Mundo nos Estados Unidos. Estou certo de que terão muitas semelhanças em relação aos contextos de outras partes do mundo, embora as manifestações do racismo atual possam diferir em seus aspectos superficiais em cada uma das diferentes sociedades.

À medida que nos aproximamos do final do século, um dos desafios mais urgentes que os educadores nos Estados Unidos têm de enfrentar é o problema da "guerra cultural", que, sob nosso ponto de vista, é a palavra-chave que provoca a aprovação do racismo em nossa sociedade. Para essa guerra cultural, é primordial a criação e a existência de uma linguagem ideologicamente codificada que realiza, pelo menos, duas funções fundamentais: por um lado, encobre o racismo cru que caracteriza nossa sociedade e, por outro, perpetua insidiosamente a ruptura e a desvalorização das identidades étnicas e raciais.

Neste capítulo, quero analisar que, embora a atual guerra cultural esteja caracterizada por uma forma de racismo ao nível da linguagem, é importante diferenciar entre a linguagem como racismo e a experiência real do racismo. Mesmo que o primeiro não seja menos perigoso, encobre o racismo institucional relacionado com as experiências reais vividas por aqueles que sofrem os preconceitos do racismo institucionalizado.

A linguagem como racismo constitui o que Bordier define como *hegemonia da violência simbólica* (citado em Giroux, 1992, p. 230). Da mesma forma que os educadores, nós precisamos entender perfeitamente a inter-relação entre a violência simbólica produzida através da linguagem e a essência do racismo que se experimenta em pessoa.

> *Embora esses dois aspectos não se excluam mutuamente, a linguagem sempre constrói e reconcilia as múltiplas experiências de identidade, tanto se é representada como um fato histórico quanto se é revelada sua parcialidade e suas carências. Seus limites estão compreendidos na natureza material da experiência, já que marca a pessoa por meio caráter específico do lugar, do espaço e da história* (Giroux).

Isto está em grande sintonia com a idéia de John Fiske (1994, p.13):

> *Há uma experiência material do fato de não ter lar que é de ordem distinta ao do significado cultural de não ter lar (embora não se possa traçar exatamente os limites entre ambos).*
>
> *As condições materiais estão inevitavelmente repletas de cultura e, ao mesmo tempo, as condições culturais são experimentadas inevitavelmente como algo material.*

Ao analisarmos minuciosamente as condições culturais que facilitam o surgimento de 20 milhões de cabeças iguais às de Linbaugh, podemos começar a entender esses fatores ideológicos que, aparentemente, permitem educar os indivíduos para que se identifiquem cegamente com os discursos sexistas e racistas de Rush Linbaugh, cujos objetivos eram desumanizar outras identidades culturais e transformá-las em um perigo demoníaco, como se pode comprovar a seguir (Randall, Nauteckus e Cohen, 1995):

1. *Agora tenho para vocês algo que é absolutamente certo. Em 1992, na Universidade de Tufts, Boston. Aconteceu há 22 ou 24 anos. Um estudo de três anos sobre 5.000 alunas do ensino misto mostrou que utilizavam em média sutiã de manequim 44. Elas avançam nisto! É certo. Mas quanto maior o manequim do sutiã, menor é o quociente intelectual.*
2. *O feminismo foi feito para que as mulheres sem atração pudessem ter acesso com mais facilidade aos principais postos da comunidade.*
3. *Hoje em dia, há mais índios americanos vivos do que havia quando Colombo chegou ou que tenha havido em qualquer época da história. Isto parece uma prova de genocídio?*
4. *Os cidadãos que pagam seus impostos não têm a possibilidade de usar esses serviços de assistência social e para a saúde que desejam e merecem. Porém, se você for um imigrante ilegal e cruzar a fronteira, terá tudo o que desejar.*

Além de analisarmos as condições culturais que fomentam os discursos sexistas e racistas de Linbaugh, também precisamos entender esses elementos ideológicos que influem em nossos políticos e naqueles indivíduos que aparecem na opinião pública apoiando e elogiando as análises nada apologéticas de Linbaugh sobre outras questões culturais. Por exemplo, Ted Koppel considera-o "muito inteligente. Está bem preparado. Tem conhecimentos amplos". George Will considera-o "quarto braço do governo", e o secretário de Educação anterior, William Bennett, o homem virtuoso, descreve Linbaugh como "possivelmente nosso mais importante americano vivo" (Randall, Naureckus e Cohen, 1995, p.10). O que resulta incompreensível é por que indivíduos de tão elevada formação, como Ted Koppel, George Will e Willam Bennett, não podem entrever as intenções das óbvias distorções da história e as alterações da realidade que Linbaugh realiza. Quero destacar que a incapacidade para perceber as distorções e as alterações da realidade, em parte, mas não totalmente, deve-se às forças hegemônicas que promovem uma educação nada crítica por meio da fragmentação dos conjuntos de conhecimento. Isto faz com que, para os estudantes, seja muito difícil relacionar os diferentes acontecimentos históricos, assim como alcançar uma compreensão mais crítica da realidade.

Para enfrentarmos as cruéis e racistas condições culturais, podemos começar por tentar compreender que não é uma coincidência que Patrick Buchanan reiterasse no programa eleitoral de sua primeira campanha presidencial que seus *companheiros americanos* deveriam "empreender nos anos 90 uma revolução cultural tão radical quanto a revolução política dos anos 80" (citado em Giroux, 1992, p.230). Durante o lançamento de sua candidatura presidencial de 1996, Buchanan, sem a mínima alteração, identificou um dos pilares de sua guerra cultural quando defendeu o fim da imigração ilegal "ainda que isto signifique colocar a Guarda Nacional ao longo de toda a fronteira sul do país" (Rezendes, 1995, p.1). Na realidade, essa revolução cultural está avançando de forma eficaz e a uma velocidade muito grande, desde o violento ataque à diversidade cultural e à educação multicultural até o chamamento de Patrick Buchanan, apelando para nosso sentimento nacional e patriótico, para a construção de uma grande muralha que mantenha os "ilegais" no México.

É o mesmo sentimento nacional e patriótico que permitiu ao presidente Clinton (1995, p. 303) não ser superado pela extrema direita ao anunciar em seu discurso ao Estado da União que:

> *Todos os americanos, não só nos Estados mais gravemente afetados, mas em qualquer lugar deste país, estão incomodados, e com razão, com o grande número de estrangeiros ilegais que entram em nosso país. Em outras circunstâncias, os trabalhos que eles desempenham poderiam ser realizados por cidadãos ou imigrantes legais. Os serviços públicos que utilizam representam uma carga para os cidadãos que pagam seus impostos. Esta é a razão pela qual nossa administração, para assegurar nossas fronteiras, agiu agressivamente, contratando um número sem precedentes de novos policiais fronteiriços, deportando (como nunca havia sido feito) o dobro de estrangeiros criminosos, tomando medidas enérgicas contra o emprego ilegal e impedindo que a assistência social beneficie os estrangeiros ilegais.*
>
> *Mediante o orçamento que irei apresentar-lhes, tentaremos fazer mais para acelerar a deportação dos estrangeiros ilegais que estão presos por crimes e para identificar melhor os estrangeiros ilegais que ocupam postos de trabalho, como recomendou a comissão liderada pela ex-congressista Bárbara Jordan.*

Uma análise do conservador ataque republicano contra os grupos culturais e de imigrantes e dos comentários de nosso liberal e democrático presidente durante seu discurso ao Estado da União confirma o que durante décadas foi o segredo mais bem guardado dos Estados Unidos: que não há nenhuma diferença crítica e ideológica entre o Partido Republicano e o Democrata. Falando em termos ideológicos, nos Estados Unidos, temos um sistema de governo de partidos representado por dois braços que só têm diferenças no aspecto exterior. Algumas diferenças que estão escondidas sob o guarda-chuva de republicanos e de democratas.

Se se quisesse interpretar o imoral ataque de Patrick Buchanan contra os imigrantes em termos distintos aos do racismo, como poderíamos explicar seu infeliz testamento?

> *Eu acho que Deus fez a todas as pessoas iguais, mas se temos que acolher um milhão de imigrantes — dirá Zulus o próximo ano ou ingleses [por que não inglesas?] — e acomodá-los na Virgínia, que grupo será mais fácil de assimilar e causará menos problemas ao povo da Virgínia?* (Pertman, 1991, p. 13).

Penso que este é o mesmo sentimento racista que permitiu ao presidente Clinton recusar a nomeação de Lani Guinier como chefe da Seção de Direitos Civis do Departamento de Justiça. Apenas porque ela, em seus escritos, demonstrou com precisão que a classe trabalhadora pobre, os afro-americanos e os membros de outros grupos culturais minoritários não têm representação no atual sistema bipartidário, no qual dominam os homens brancos e a ideologia capitalista age com agressividade contra os interesses desses grupos. É a mesma ideologia racista que está forçando o presidente Clinton a entoar o repetido estribilho que pede o fim das medidas políticas a favor das minorias, mesmo quando os beneficiados com as medidas reais a favor das minorias, desde o nascimento deste país, foram homens brancos, que continuam dominando todos os setores da vida institucional e econômica desta sociedade. Por exemplo, conforme os dados de emprego da Comissão para a Igualdade de Emprego em Boston:

> *Desde 1990-1993, a indústria criou 4.116 novos empregos. Enquanto a porcentagem de homens brancos em altos cargos e em postos administrativos cresceu 10%, entre os homens afro-americanos essa mesma percentagem baixou em 25%. Enquanto que a porcentagem de mulheres brancas trabalham em escritórios aumentou 10%, a porcentagem de mulheres afro-americanas que trabalham em escritórios baixou 15%* (Jackson, 1995, p.13).

Como na educação multicultural, *as medidas a favor das minorias* também são uma expressão-chave que alenta o novo racismo. Um racismo que alivia o medo das classes trabalhadora e média brancas, embora, sem dúvida, essas classes também sejam prejudicadas pela aplicação real dos programas de medidas a favor das minorias, criadas para enriquecer ainda mais as classes sociais mais altas e os grandes negócios:

> *Quando o FED (Departamento Federal de Reservas) aumenta o valor dos lucros, ele favorece os grandes negócios à custa dos pequenos proprietários. Quando os políticos resistem a aumentar o salário mínimo, estão ajudando as grandes empresas a despedirem o trabalhador pobre. Quando os políticos querem proteger seus interesses, defendem o Grande Petróleo, a Mãe Eletricidade e sua descendência e os bebedores de gasolina de Detroit, e não as vítimas potenciais dos produtos defeituosos e da poluição. Enquanto a revolução Gingrich reduz radicalmente a quantidade de comida dos colégios destinada aos pobres, as corporações, segundo o ministro do Trabalho, Robert Reich, obtêm 111 bilhões de dólares em reduções de impostos. [...]*
>
> *Também sabemos que, no contexto da atual política de medidas a favor das minorias, as verdadeiras beneficiadas foram as mulheres brancas. Seu cômodo silêncio em relação ao atual ataque contra as medidas a favor das minorias, um programa do qual elas se beneficiaram amplamente, as torna cúmplices da reprodução do mito racista que diz que as pessoas negras tiram o trabalho das pessoas brancas, [o que nos leva] a deduzir que os afro-americanos não são considerados americanos. Os homens brancos também perdem trabalhos que outros homens brancos passam a ocupar, mas não dizem: deram meu trabalho a um homem branco inferior! A capacidade do homem branco é algo assumido. Os afro-americanos, apesar de seus méritos, estão sempre a título de prova* (Jackson, 1995, p.13).

Em outras palavras, os distintos méritos como aluno de Henry Louis Gate Jr. não reduziu o racismo que teve de enfrentar na Duke University quando trabalhou ali como professor. A condição de célebre e conhecido intelectual de Cornell West não foi de grande ajuda, já que nas ruas de Nova York viu passarem sem parar nove táxis cujos motoristas recusaram a aceitá-lo como passageiro exclusivamente por causa da cor de sua pele. A notoriedade de Bell Hooks como uma das maiores eruditas feministas não reduziu seu sofrimento por causa do racismo, que em seu caso se une ao sexismo, o qual tem de suportar. O fato de ter escrito oito livros feministas muito aclamados ainda não lhe proporcionou acesso aos meios de comunicação e às revistas, algo que desfrutam as feministas brancas, como Naomi Wolf.

Recentemente, Bell Hooks (1993, p.39) queixava-se:

> *Escrevi oito livros feministas. Nenhuma das revistas que falaram de teu livro, Naomi, mencionaram alguma vez um dos meus.*
>
> *Bem, isto não acontece porque não haja idéias em meus livros, que têm uma aceitação universal. Acontece porque a questão que colocaste em* O mito da beleza *continua tratando sobre a beleza. Temos que admitir que nem todas nós temos as mesmas oportunidades de acesso às revistas.*

A declaração de Bell Hooks desvenda o mito criado pelo discurso antimedidas a favor das minorias que:

> *[...] afirma que vivemos em uma sociedade que não olha a cor, na qual todos os indivíduos são tratados conforme a ética americana que sempre defendeu que o esforço e as conquistas individuais devem ser valorizados e recompensados* (Jackson, 1995, p.13).

Afastar o indivíduo da consciência coletiva de grupo faz parte do mecanismo da ideologia branca dominante para fragmentar a realidade, assim como para fazer com que os indivíduos aceitem facilmente viver a mentira de uma sociedade não-racista e na qual não importa a cor. O verdadeiro problema que se esconde atrás do atual ataque contra o multiculturalismo e as medidas a favor das minorias é conseguir não cair nunca vítima de uma pedagogia cheia de grandes mentiras. O desafio fundamental é aceitar a recomendação de Derrick Bell (1992, p.13) de:

> *[...] seguir buscando novas direções em nossa luta pela justiça racial, uma luta que devemos continuar embora... o racismo seja um componente integrado, permanente e indestrutível desta sociedade.*

Neste capítulo, gostaria de aceitar o desafio de Derrick Bell, mostrando que a verdadeira questão não é o confronto da civilização ocidental contra o multiculturalismo, ou das medidas a favor das minorias contra o esforço e os méritos individuais. O problema oculto que origina o perigoso debate sobre a diversidade cultural e suas ramificações, como as medidas a favor das minorias, é o predomínio cultural e o racismo. De fato, é um oxímoro falar de nossa "cultura comum" e nossa democracia americana em vista das condições, quase *apartheid*, que relegaram os índios americanos às reservas, que criaram guetos e que apóiam certas medidas a favor das minorias que são hipócritas e algumas políticas de falso Robin Hood. Como podemos aceitar honestamente a mítica realidade de "nossa cultura comum" quando seus maiores defensores estão ao mesmo tempo se dedicando a um permanente processo de julgamento das outras identidades culturais, como demonstrou o presidente da Boston University, John Silber, que durante sua campanha para governador de Massachusetts, em 1990, perguntou:

> *Por que Massachusetts repentinamente se tornou tão popular para as pessoas que estão acostumadas a viver em um clima tropical? Assombroso. Deve haver uma assistência social que atue como ímã e que atraia até aqui, e agora mesmo estou realizando um estudo para descobrir qual é esse ímã... Por que Lowell tem que ser a capital combojana da América? (The Boston Globe, 26 de janeiro de 1990).*

Se, tal como prometeu, John Silber realizou seu estudo, certamente descobriu em seguida que se havia deixado levar pela intolerância, já que a maioria dos beneficiários da assistência social não são combojanos, mas americanos brancos.

Também deveria ter aprendido que, em Lowell, a comunidade asiática representa uma autêntica força econômica que está compensando a perda de trabalhos e de capital que fez com que Lowell tenha que lutar contra uma decadência similar à experimentada por outras velhas cidades industriais. É esse mesmo deixar-se levar pela intolerância que agora impulsiona nossos políticos em suas carreiras para os cargos mais altos, incluindo a presidência. David Duke, um candidato republicano nas prévias para a presidência de 1990, falou sem papas na língua quando afirmou que:

> *A América está sendo invadida por hordas de gente suja do Terceiro Mundo e a cada hora que passa nosso bem-estar econômico, nosso patrimônio cultural, nossa liberdade e nossas raízes raciais estão sendo empurradas para o esquecimento (The Boston Globe, 24 de outubro de 1991).*

Esses sentimentos racistas também sobressaem na proliferação de programas de rádio, como o de Rush Limbaugh, cujo propósito principal é o de exacerbar a estrutura racista de nossa sociedade, conforme ficou demonstrado durante a emissão de uma reunião local em Brockton, Massachusetts, quando um ouvinte telefonou e comentou:

> *Por que temos que manter estes bilíngues? Primeiro, deveríamos cuidar de nós mesmos. Em Brockton, o problema são os haitianos, os hispanos e os que procedem de Cabo Verde, que estão arruinando nosso bairro.*

A perversa perseguição de outros modelos culturais fica descaradamente exemplificada por David Duke:

> *São eles! Eles são o que não funciona na América! Estão roubando os empregos de vocês e absorvendo seus impostos, estão vivendo dos vales-refeição, bebendo vinho barato e tendo filhos às nossas custas (The Boston Globe, 24 de outubro de 1991).*

Embora esses exemplos mostrem um racismo ao nível da linguagem, gostaríamos de deixar claro que esse tipo de racismo não é menos perigoso, já que encobre o racismo institucional que influi em grande parte nas experiências realmente vividas por todos os que são vítimas dele.

Por exemplo, enquanto Pete Wilson, governador da Califórnia, e outros políticos pronunciam discursos baseados em uma linguagem que transforma em demônios os chamados imigrantes "ilegais", as atuais experiências reais de racismo pioram imensamente com a institucionalização do racismo contra os imigrantes por causa da aprovação da Proposição 187 na Califórnia.

As condições culturais que levaram à aprovação dessa lei, concebida para controlar o fluxo de imigrantes ilegais para a Califórnia, tiveram o efeito de facultar o racismo institucional, por causa do qual tanto os imigrantes legais como os ilegais sofrem materialmente a perda de sua dignidade, a negação da cidadania humana e, em muitos casos, ações absolutamente violentas e criminais cometidas por essas instituições que têm a responsabilidade de pôr em prática a lei. Segundo a Comissão de Controle dos Direitos Humanos na América:

> *A mudança de política destinada a controlar a imigração ilegal pode chegar a custar um preço muito alto: maus-tratos, disparos, violações e mortes de estrangeiros nas mãos da Polícia Fronteiriça Americana (US News and World Report, 1995, p.10).*

Ao mesmo tempo que cresce com força o sentimento antiimigrante, o Serviço de Imigração e Cidadania projetava aumentar suas forças, em 1998, de 4.000 para 7.000, mas com muito poucas garantias de que com os novos empregos se conseguisse diminuir os abusos dos direitos humanos perpetrados ao longo das fronteiras dos Estados Unidos e do México. Como adverte Allyson Collins, da Comissão de Controle dos Direitos Humanos na América:

> *[...] o sentimento antiimigração diminui a esperança de proteger os estrangeiros e, ao mesmo tempo, os Estados Unidos reforçam suas fronteiras: estas são vítimas muito impopulares (US News and World Report, 1995, p.10).*

Não só não existiam garantias de que o Serviço de Imigração e Cidadania, uma agência com uma relação de agentes que têm antecedentes criminais, protegeria os direitos de alguns seres humanos que já foram desumanizados ao ser considerados *estrangeiros* ou "ilegais", mas o mais penoso foi o grau a que chegou esse processo de desumanização devido a um inquietante silêncio, no qual inclusive se ampararam os liberais. Isto não é demasiado surpreendente, se levarmos em conta a postura paradoxal dos liberais em relação ao problema da raça. Por um lado, os liberais idealizam progressivamente:

> *[...] os princípios de liberdade, igualdade e fraternidade [enquanto insistem] na irrelevância moral da raça... A raça é irrelevante, já que tudo é raça* (Goldberg, 1993, p.6).

Por outro lado, alguns liberais aceitam o conceito de diferença e reclamam soluções para que se tolere a diferença. Por exemplo, está sendo produzido um rápido aumento de livros-texto destinados a ensinar a tolerância racial e multicultural. O que esses textos fazem é encobrir a distribuição assimétrica do poder e do capital cultural através de uma espécie de paternalismo que promete aos "outros" uma dose de tolerância. Em outras palavras, a mensagem é que, *já que coexistimos e devemos encontrar caminhos pelos quais avançar, eu tolerarei você*. Perdida a batalha *dessa* tolerância, é a atitude ética e moral que exige um respeito mútuo, assim como a solidariedade racial e cultural. Como argumenta brevemente Susan Mendus, a tolerância "pressupõe que seu propósito é moralmente repugnante, que realmente necessita ser reformado, isto é, modificado" (Goldberg, 1993, p.7). Por coincidência, a tolerância racial e cultural deve ser considerada como um processo pelo qual se permita existir o diferente, com a idéia ou, pelo menos, com a esperança de que pela tolerância serão eliminados ou reprimidos os traços intolerantes com os quais se caracteriza o diferente. Dessa forma, como indica, sarcasticamente, David Goldberg (1993, p.7):

> *Os liberais estão tentando superar as diferenças raciais que eles toleram e para cuja fabricação contribuíram eficazmente, diluindo-as e branqueando-as por meio da assimilação ou da integração. O liberal deveria deixar de assumir a diferença do distinto, já que apenas mantém o predomínio de uma suposta igualdade, a semelhança universalmente aceita como identidade. O paradoxo foi perpetrado: o compromisso com a intolerância só ativou "a inclinação natural" da modernidade para com a intolerância; a aceitação do distinto propõe que, de uma vez, exija-se a deslegitimação do outro.*

A tolerância racial, tal como é proposta por alguns liberais brancos, não só constitui uma máscara atrás da qual escondem uma nova forma de racismo, como também os coloca em uma posição racial muito comprometida, e para as vítimas do racismo não é difícil descobri-la. Como observou Carol Swain (1993, p.158), professora afro-americana da Princeton University:

> *Os liberais brancos estão entre as pessoas mais racistas que conheço; têm um tratamento muito condescendente com os negros.*

Diante desse panorama racista, fica difícil argumentar que essas atitudes são adotadas apenas por indivíduos isolados e sem importância, como David Duke. Porque, se quisermos nos ater à verdade, não poderemos esquecer que ele foi eleito para um cargo público em Louisiana. Tampouco poderemos argumentar que John Silber, presidente da Boston University, seja alguém isolado e sem importância. Ele é tão influente quanto esses republicanos que se inscrevem no *Contract with America* (Faça um Contrato com a América), que propõe cortar o programa de alimentação para meninos e meninas pobres, retirar a ajuda monetária às mães solteiras com filhos que dependem delas, eliminar a gratuidade da eletricidade para os idosos, acabar com o programa de vales-alimentação e tomar medidas enérgicas em relação aos imigrantes ilegais, como negar-lhes os serviços sociais.

Em poucas palavras, o racismo e o alto nível de xenofobia que presenciamos hoje em dia em nossa sociedade não são atos isolados de indivíduos marginalizados ou pouco importantes. Ao contrário, esses indivíduos são representativos de um esforço de todos os segmentos da sociedade dominante orquestrado para livrar uma guerra contra os pobres e contra as pessoas que, em virtude de sua raça, etnia, linguagem e classe, são consideradas e tratadas, na melhor das hipóteses, como cidadãos de segunda e, na pior, como inimigos nacionais responsáveis por todos os males de nossa sociedade.

É para combater esse desprezível, incendiário e racista pano de fundo que queremos analisar a controvérsia sobre o multiculturalismo e o papel que desempenha a linguagem nesse processo. Iremos abster-nos de discutir o modo como os porto-riquenhos dançam salsa, como os chicanos festejam o Cinco de Maio, como os haitianos acreditam no Vodu ou o significado da lambada. Embora haja benefícios no conhecimento desses traços culturais, não acreditamos que tal conhecimento possa preparar-nos para fazer frente às tensões e às contradições geradas pela coexistência de grupos multiculturais em uma sociedade racista. Ao contrário, explicaremos que as análises multiculturais não deveriam ser limitadas ao estudo do "diferente", não nomeando e deixando o grupo cultural branco fora do estudo. Para nós, o que é importante entender não é necessariamente como estão estruturadas as diferenças culturais em cada um dos modelos específicos de comportamento. O que é importante é a compreensão do antagonismo e das tensões gerados pela presença de diferenças culturais que coexistem assimetricamente em termos de relações de poder.

Como a cultura está tão entrelaçada com a linguagem e representa uma parte considerável de sua realidade, e como raramente se estuda a linguagem como parte de nosso entendimento multicultural, centraremos nossa análise no papel da linguagem na desumanização de outros modelos culturais. Em outras palavras, não só costumamos dar por certo que o estudo do multiculturalismo deve ser feito em inglês, como raramente questionamos o papel da linguagem dominante pela qual estudamos outras culturas, sempre em detrimento do verdadeiro grupo cultural que estamos estudando. Mais simples ainda: não chegamos a entender que a língua inglesa pode provocar a experimentação da subordinação e da alienação nos membros das culturas que estudamos.

Isto significa que precisamos entender de que forma a língua inglesa oculta a trama de manipulação ideológica que faz com que o grupo cultural branco não apareça e esteja fora do campo de estudo. Por exemplo, essa ausência está parcialmente construída pelo fato de definir as pessoas que não são brancas como "gente de cor". Isto sugere que o branco não é uma cor, embora a não-cor do branco seja uma impossibilidade semântica;

portanto, a linguagem não só produz desigualdades culturais e sociais, mas também é utilizada pela ideologia branca dominante para distorcer e falsear as realidades.

É para enfrentarmos esse pano de fundo xenófobo que queremos analisar o fato de que a linguagem desempenha um importante papel na denominação das pessoas que, em virtude de sua raça, etnia, língua e classe, não são tratadas com a dignidade e o respeito que merecem. Utilizando a linguagem como um espelho da sociedade, podemos começar a compreender a necessidade patológica da sociedade de denominar o "diferente", assim como de ter sempre um inimigo a quem culpar por todos os seus males. Durante as décadas de 50, 60 e 70, tivemos o comunismo como a justificativa de todos os demônios que se deveria enfrentar. Com a queda do muro de Berlim, o presidente Bush substituiu o comunismo pela guerra contra as drogas (lembram, não?). Após fracassar na tentativa de convencer a sociedade de que as drogas eram a causa original de todos os problemas sociais, a administração desviou sua atenção para outro inimigo: o terrorismo. Com a diminuição do terrorismo em todo o mundo, agora encontramos um inimigo duradouro: a imigração ilegal. Esse inimigo foi percebido rapidamente por Richard Estrada, cujo avô imigrou para El Paso, Texas, em 1916. Estrada, em uma conferência na Universidade de Harvard, celebrada em 1995, declarou que: "A imigração ilegal ameaça nossa segurança nacional".

Ele justificou a sua afirmação, declarando que os americanos não podem encontrar trabalho em Los Angeles por causa dos imigrantes. Por isso, necessitamos militarizar a fronteira, assim como proteger o espírito da Proposição 187 e *tornar a levar o nosso país para seu lugar,* ou seja, tornar a levar o nosso país para seu lugar significa manter os Mexicanos (que são nativos americanos) longe de *sua própria terra.* Dizemos sua própria terra, porque muitos mexicanos e americanos nativos não imigraram para os Estados Unidos. Os mexicanos povoaram o país até que o governo americano, sob a doutrina do Manifest Destiny (Destino Manifesto), legitimou a expropriação de quase metade do México durante a Guerra México-Americana provocada pelos Estados Unidos. Essa expropriação foi justificada pela idéia de que, se você luta por ela e ganha, merece essa terra. É possível que esse mesmo princípio estivesse por trás do pensamento de Sadam Hussein quando invadiu o Kuwait? A tentativa de converter a guerra em uma expropriação de terra, como se fosse a "máxima razão", fica evidente de modo eloqüente no poema de Carl Sandburg "The People Yes" (O Povo Yes) (1964, p.75):

— *Caiam fora deste Estado.*
— *Por quê?*
— *Porque ele é meu.*
— *Quem te deu?*
— *Meu pai.*

— Quem o deu a ele?
— Seu pai.
— E quem o deu a ele?
— Ele lutou por ele.
— Bem, eu lutarei contra ti por ele.

## A LINGUAGEM E A ESTRUTURAÇÃO DO RACISMO

Dada a sofisticada intervenção do uso da linguagem na estruturação social do diferente, assim como na desumanização de outros modelos culturais, acreditamos que os educadores não só necessitam transformar-se em intermediários culturais para ajudar a criar um espaço pedagógico que seja psicologicamente inofensivo para todos os estudantes, como também necessitam convencer-se de que não ensinam uma forma de educação que proporcione aos estudantes uma experiência permanente de subordinação. Precisamos entender que a linguagem é nossa única ferramenta efetiva para desmontar a cadeia da manipulação ideológica que faz com que o grupo cultural branco não apareça e fique fora do campo de estudo. Os educadores, especialmente os que trabalham com estudantes multiculturais e que falam línguas distintas, precisam entender o fato de que, freqüentemente, os discursos estão ancorados em:

> [...] palavras, termos ou expressões ofensivas criadas por eles mesmos, [que] devido a suas fortes conotações, provocam uma reação, sem que tenha importância a frase em que sejam utilizados (Reboul, 1986, p.116).

Em outras palavras, esses termos, expressões e palavras têm uma associação positiva, quase independente de seus significados. Por exemplo, no atual debate sobre a *reforma* da assistência social, a palavra reforma provoca um efeito positivo que faz com que muitos indivíduos brancos de classe média esqueçam o significado em contextos distintos não-examinados. Quem, da classe média, se oporia à reforma completa da seguridade social, se pensam que esta só beneficia os indivíduos que são preguiçosos e que estão dispostos a deixar que os que trabalham duro paguem os impostos? Quem, da classe média branca, se oporia a reformar o que Patrick Buchanan caracteriza como uma "catástrofe social" e da qual culpa os:

> [...] programas da Grande Sociedade não só pelas perdas financeiras, como também pela piora dos resultados dos exames nas escolas, pelos problemas das drogas e por uma geração de crianças e jovens sem pai, sem fé e sem sonhos, apenas com a tentação das ruas? (Pertman, 1991, p.1).

Desse modo, a reforma da assistência social para os pobres é uma palavra com efeito positivo para a grande maioria dos indivíduos da classe média branca, que se sentiu incomodada por ter de pagar altos impostos para, sob seu ponto de vista, manter indivíduos "folgados" que são pobres porque não querem trabalhar. Ao contrário, quando alguém observa que uma alta porcentagem de seus impostos serve para manter o bem-estar dos ricos, levanta-se um grito uniforme, imediato e agressivo: nos Estados Unidos, não existem razões para que se incite uma luta de classes.

Ao mudar o contexto da reforma da assistência social, dos pobres para os ricos, o valor e o impacto dessa palavra mudam na forma correta de um efeito positivo para um negativo. Por exemplo, quando o chamamento é para reformar a assistência social para os ricos, a reação é tão rápida como pouco sincera. Examinemos agora algumas posturas adotadas por políticos e homens de Estado em relação à luta de classes (Bartlett e Steele, 1994, p.93):

- Alfonse M. D'Amato, senador republicano de Nova Iorque, dá o tom: *Há algo que penso que é muito perigoso e que está abrindo caminho nesta nação. Deixem-me dizer o que é. É a luta de classes sob a teoria de "deixemos às crianças ricas a porcentagem mais rica", assim asseguraremos o futuro, vamos escolhê-las como objetivo. Estas são as pessoas que teremos.*
- Senador William S. Cohen, republicano do Maine, coloca deste modo: *Estamos falando de impor mais impostos aos ricos. Uma vez mais, estamos pedindo a clássica luta de classes.*
- Senador Bob Dole, republicano do Kansas: *Não sei quanto tempo podemos continuar esse tipo de luta de classes.*
- Senador Slade Gordon, republicano de Washington: *Enquanto reduzir o déficit da arrecadação pode ser a questão mais importante diante deste Congresso, o Presidente e seus aliados no congresso estão oferecendo a este país o que equivale a uma luta de classes... Eu me oponho a esses impostos tão altos.*
- Robert K. Dorman, republicano da Califórnia: *[...] para vender este programa de impostos mais altos, Clinton e seus aliados aqui na Câmara desviaram-se para o habitual tema liberal da luta de classes, embora o tenham expressado em termos de progressismo, imparcialidade e igualdade.*
- Deputado Jim Bunning, republicano do Kentucky, qualificou a legislação como *[...] uma artimanha histórica de luta de classes.*
- Gerard B. H. Solomon, republicano de Nova York, observou que *[...] como os jovens russos que cobriram a estátua de Marx em Moscou com* slogans *pouco sérios como* trabalhadores do mundo, esqueçam-me*, a América está metida em cheio na retórica Marxista-Leninista de luta de classes.*

Esses políticos acertam ao afirmar que nos Estados Unidos se pôs em andamento a luta de classes; no entanto, é uma luta de classes contra as classes média e pobre, não contra a rica, como sustentam as citadas declarações.

Desde o início da década de 60, foram produzidas contínuas variações nas cifras dos impostos, que enriqueceram a classe alta enquanto desgastaram a base econômica das classes média e baixa. Essa transferência de riquezas das classes baixa e média para a alta teve como resultado a criação de uma enorme brecha entre uma pequena elite e uma onda crescente de pobreza. Por exemplo, 2% da classe alta dos Estados Unidos controlam 48% da riqueza nacional, ao passo que 51% de meninos e meninas afro-americanos vivem na pobreza. Se realizarmos um exame detido do sistema de impostos atual, em seguida compreenderemos o modo como os homens de Estado livraram uma obstinada luta de classes que beneficia as grandes corporações. Uma delas é a Corporation Chase Manhattan, com sede em Nova York. Chase é uma companhia aparentada com o Chase Manhattan Bank, a instituição bancária mundial. Durante os anos de 1991 e 1992, Chase apresentou lucros brutos de 1,5 bilhão de dólares. A companhia pagou 25 milhões de dólares em impostos por lucro, o que significa uma cota pura de impostos de 1,7%. Nesses anos, a cota de impostos oficial era de 34%.

Outra grande corporação beneficiada por esse motivo é a Ogden Corporation. Ogden, uma diversificada companhia provedora de serviços aéreos, para a construção e para o controle de resíduos, apresentou lucros brutos de 217 milhões de dólares. A companhia pagou menos de 200.000 dólares de impostos (isto é, menos de 0,5%).

Enquanto as corporações muito ricas pagam uma porcentagem minúscula em impostos sobre os lucros declarados, os indivíduos com lucros entre 13.000 e 15.000 dólares pagam impostos com uma cota de 7,2%, isto é, uma cota quatro vezes maior do que a de Chase (Bartlett e Steele, 1994).

Como podemos ver, o poder da ideologia é tão perigoso que, freqüentemente, a associação positiva não-analisada das palavras de choque como *reforma da assistência social* chega a ser defendida pelas pessoas que serão afetadas desfavoravelmente por essa reforma. Assim, muita gente branca da classe trabalhadora está deixando-se arrastar pela ilusão que cria o impacto da expressão *reforma da assistência (bem-estar) social*, sem compreender que talvez elas mesmas são as que menos irão beneficiar-se dessa seguridade social que querem reformar ou destruir. Em uma época de recessão institucional (que é um eufemismo para encobrir a cobiça das companhias e a maximização do benefício), a estabilidade econômica, tanto da classe trabalhadora branca como da média, está desaparecendo rapidamente e, portanto, está criando-se a urgente necessidade de fazer frente à opressão econômica que está desgastando uma condição econômica que há um tempo foi mais ou menos segura.

Infelizmente, a verdadeira ideologia que baseia seu discurso nas palavras de choque de efeito positivo também nos impede de ter acesso à segunda leitura, que, muitas vezes, contém o significado oposto da ilusória *realidade* criada pelas palavras de choque positivas. Esta é a autêntica razão pela qual os políticos conservadores, que propõem a *reforma da assistência social* como uma panacéia para todos os males econômicos de nossa sociedade, não tolerarão uma contra-resposta que aponte a falsa promessa inerente à proposta da assistência social. Para que essa reforma seja realizada de um modo justo, também se deveria incluir uma reforma da assistência social para os ricos, que, em sua maior parte, são os responsáveis por exacerbar o fosso que separa os pobres e os ricos. Já que sabemos que o debate concernente à reforma da assistência social para os ricos é inviável, o único modo que podemos racionalizar nosso apoio à reforma da assistência social é pondo-nos ao nível do efeito positivo da palavra de choque, que ofusca a autêntica realidade.

As palavras, os termos e as expressões de choque não produzem apenas efeitos positivos. Segundo Oliver Reboul (1986, p.117), as palavras de choque também podem "produzir por si mesmas efeitos negativos, que desqualificam os que usam esse tipo de palavras".

Portanto, o uso de termos como "assistência social para os ricos", "opressão", "radical" e "ativista", provoca com freqüência, um efeito negativo que evita uma análise minuciosa da realidade determinada por esses termos. Em outras palavras, se "opressão" não está admitida como parte do debate, não haverá necessidade de identificar o "opressor" efetivo.

Esta é a razão pela qual, quando Donaldo Macedo pediu a uma colega (que considerava politicamente progressista) que lesse um manuscrito de um livro de que era co-autor com Paulo Freire, ela lhe perguntasse um tanto irritada: "Por que você e Paulo insistem em usar esse modo de falar marxista? Muitos leitores que poderiam gostar de ler Paulo podem deixar de fazê-lo por causa do jargão". No começo, Donaldo Macedo ficou desconcertado, mas logo lhe explicou com calma que a equação marxismo-jargão não reproduz totalmente a riqueza da análise de Paulo Freire. De fato, a linguagem de Paulo era o único meio pelo qual se podia fazer justiça à complexidade dos vários conceitos que estão associados à opressão. Em primeiro lugar, lembrou-lhe o seguinte: "Imagine que, em vez de escrever *The pedagogy of the oppressed (A pedagogia do oprimido)*, Paulo Freire tivesse escrito *A pedagogia dos não-privilegiados*". O primeiro título utiliza um enunciado que nomeia o opressor, enquanto o segundo não o faz. Se há um oprimido, tem de haver um opressor. Qual seria o equivalente para não-privilegiado? *A pedagogia dos não-privilegiados* deixa de fora quem realmente comete a ação, ao mesmo tempo que deixa a dúvida de quem tem a responsabilidade dessas ações. Isto deixa o caminho livre para culpar a vítima dessa falta de privilégios por sua própria falta de privilégios. Esse exemplo é um caso claro em que o objeto da opressão também pode ser considerado sujeito da opressão. Esse tipo de linguagem distorce a realidade.

Por essa razão, os conservadores, como os liberais, preferem utilizar alguns tipos de expressão mais joviais em um discurso que não menciona essa linguagem, um discurso eufemístico baseado em palavras impactantes.

Também é a razão pela qual o discurso dominante utiliza a presença de palavras-tabu, como "classe" e "opressão", para desqualificar o discurso contrário, o que desafia essa falsificação da realidade. Dessa forma, o chamamento para a reforma da assistência social para os ricos é recusado imediatamente, já que essa reforma passa a ser considerada uma "luta de classes", um conceito que é tabu, pois, através de mitos e crenças, foi-nos inculcado que nos Estados Unidos vivemos em uma sociedade onde não há classes. De fato, o poder ideológico desse mito é tão poderoso, que os políticos, os meios de comunicação e os educadores falam de categorias como "classe trabalhadora" e da necessidade de proteger os interesses da "classe média", que está sufocada pelos impostos, mas ao mesmo tempo negam a existência de diferenças de classe nos Estados Unidos. Se realmente vivemos em uma sociedade na qual não existem classes, por que falamos constantemente da existência da classe trabalhadora e da classe média? De qualquer forma, o que sempre fica omitido no discurso dominante é a existência do termo classe alta. Para substituí-lo, o discurso dominante esmera-se em criar eufemismos como "rico", "progredir" e "próspero", só para nomear alguns termos. Se se estreitassem os vínculos entre classe trabalhadora, classe média e classe alta, seria impossível manter o mito de que vivemos em uma sociedade não-classista. Portanto, para o discurso dominante, é importante suprimir a utilização do termo classe alta, já que, ao fazê-lo, nega a sua existência. Como palavra de choque que produz um efeito negativo, "classe" é considerada uma palavra tão tabu que, durante a campanha presidencial de 1988, George Bush repreendeu com veemência a seu oponente democrático Michael Dukakis, dizendo:

> *Não vou deixar que esse governador liberal divida esta nação. Penso que isso está bem para as democracias européias ou algo parecido. Não serve para os Estados Unidos. Não vamos nos dividir em classes. Estamos em um país de grandes sonhos, de grandes oportunidades, onde se joga limpo, e sua intenção de dividir a América em classes vai fracassar, porque os americanos sabem que estamos em um país muito especial, onde todos podem aproveitar suas oportunidades e cumprir o sonho americano* (The Washington Post, 30 de outubro de 1998).

Tal como demonstra de modo agressivo George Bush, ao excluir o uso do termo "classe alta", o discurso dominante participa da construção social de uma mítica sociedade sem classes. Portanto, o discurso dominante age assim para impedir a compreensão dos mecanismos utilizados para evitar que se desenvolvam espaços nos quais se possam descobrir essas conexões lingüísticas. Isto nos lembra o diretor de uma Escola de Artes e Ciências de uma universidade pública que, ao ser pressionado pela administração central para que sua escola se envolvesse mais na educação e na preparação dos professores, pediu à diretora do departamento de inglês que estabelecesse um contato com o Colégio Universitário de Graduados em Educação; contudo, advertiu-a que evitasse escolher alguém que fosse radical. Portanto, "radicalismo" é uma palavra de choque que provoca um efeito negativo, e todas as pessoas comprometidas com um trabalho que *a priori* é considerado radical pelo discurso dominante ficam descartadas por um motivo político e, logo, não-científico e são impedidas de tomar parte no debate, especialmente se a ordem do dia for manter o estado atual das coisas. Freqüentemente, denunciar com grande convicção o racismo é considerado como radicalismo. Uma atitude moderada é reconhecer que o racismo existe, mas não advogar para lutar contra, uma postura que não mudará as verdadeiras estruturas que o produzem. De fato, denunciar o racismo com convicção corverte-se em um crime social pior do que os próprios atos racistas. Na esfera política, os políticos utilizam palavras consideradas tabus como eficazes meios para controlar a população, para fabricar opiniões e para eliminar qualquer opção dos discursos e opiniões contrários. Outras palavras de choque consideradas tabu, como "socialista", "comunismo" e "marxismo", têm o mesmo efeito e, geralmente, são utilizadas com bons resultados para o controle ideológico.

Vamos considerar agora o efeito negativo da palavra de choque "imigrante". Com freqüência nos temos perguntado por que designamos como "imigrantes" os que fazem parte da imigração de hispanos para outras áreas geográficas em busca de melhores oportunidades econômicas e, em troca, os imigrantes ingleses que chegaram a Plymouth, Massachusetts, chamamos de "colonos". E o mesmo acontece com os sul-africanos brancos, pois ninguém se refere a eles como imigrantes trabalhadores; eles são chamados de "colonos".

O mesmo aconteceu com a grande imigração para o Oeste durante a Febre do Ouro. Esses caçadores de fortuna ficaram conhecidos como "colonos". Também nos perguntamos por que hoje em dia continuamos chamando de imigrante a comunidade hispana, que esteve aqui durante muitos séculos, e descartamos o uso desse mesmo termo para designar a grande migração de trabalhadores de Massachusetts para a Flórida e para outros lugares durante a última crise econômica. Desse modo, podemos começar a comprovar que o termo "imigrante" não é utilizado para descrever a imigração de grupos de pessoas que se deslocam de um lugar para outro. "Imigrante" é utilizado para qualificar e enquadrar étnica e racialmente os hispanos, assim como para denegrir e desvalorizar a cultura hispânica; "imigrante" não só relega os hispanos à mais baixa condição de nossa sociedade, como também os despoja de sua cidadania como seres humanos que contribuem e participam ativamente em nossa sociedade.

Paradoxalmente, ao adotarmos de forma indiscriminada o discurso dominante, transformamo-nos, sem sabê-lo, em partícipes de nossa própria opressão. A difamação da cultura hispânica é conseqüente do inerente esforço dos colonos por perpetuarem a exploração. Segundo Amilcar Cabral (1992, p.13):

> *[...] o colonizador não só cria um sistema para reprimir a vida cultural das pessoas colonizadas; também provoca e desenvolve a alienação cultural de uma parte da população, ou por meio da chamada assimilação da população indígena, ou criando uma fratura social entre as elites da população indígena e as massas populares.*

Distintamente das autoridades do passado colonial, que se serviram das forças armadas para perpetuar sua dominação e sua exploração, nos

Estados Unidos, o colonialismo interno apóia-se profundamente na manipulação ideológica aplicada por meio repressão cultural, da alienação cultural e de uma assimilação cultural do racismo perpetradas por mitos e por uma pedagogia repleta de mentiras. O que a classe dominante não reconhece é que a assimilação cultural não se traduz necessariamente em liberdade humana. Como podemos falar honestamente de liberdade humana em uma sociedade que inspira o seguinte poema:

Ode à Nova Califórnia

*Vim de visita, recebi um tratamento real,*
*De modo que ficarei, a quem importa um ilegal?*
*Cruzei a fronteira pobre e sem dinheiro,*
*Peguei o ônibus, vi o cara da aduana.*
*A assistência social, disse, você já não voltará a ter falta,*
*À noite mandaremos dinheiro à sua porta.*
*Os cheques da assistência social o fazem rico,*
*A assistência médica se mantém-no com boa saúde.*
*Pouco a pouco, consegui muito dinheiro,*
*Obrigado, modelo de trabalho americano.*
*Escrevo aos amigos da terra-mãe,*
*Digo-lhes que venham o mais cedo possível.*
*Chegam cobertos de trapos em camionetas Chebby,*
*Compro uma grande casa com a grana da assistência social.*
*Instalam-se catorze famílias,*
*Os vizinhos perdem pouco a pouco a paciência.*
*Finalmente, o sujeito branco se vai,*
*Compro sua casa e, então, digo*
*Mandem buscar as famílias, elas nada fazem,*
*Mas obtêm mais dinheiro da assistência social.*
*Tudo está muito melhor,*
*Logo seremos donos do bairro.*
*Temos um passatempo, chama-se "reprodução"*
*A assistência social paga o alimento das crianças.*
*As crianças precisam de dentista? As mulheres precisam de pílulas?*
*Temos tudo grátis, não pagamos as contas.*
*Pensamos que a América é um maldito grande lugar,*
*Demasiado bom para a raça de homens brancos.*
*Se não gostam de nós, podem ir,*
*Temos muitos alojamentos no México*[1].

William J. Knight, membro da Assembléia do Estado, distribuiu esse poema entre os legisladores republicanos da Califórnia. Quando a junta de legisladores latino-americanos denunciou que o poema era racista, Knight explicou, sem desculpar-se, que o que havia distribuído era "espirituoso" e "divertido". Acrescentou que o poema não tinha a intenção de "ofender ninguém". Essa insensível atitude, que beira o racismo, não é diferente da justificativa que deu Leni Riefenstahl, a mais conhecida diretora de cinema nazista, realizadora de filmes que eram propaganda, quando argumentou, e continuou argumentando, que seu papel na realização do mais famoso filme de propaganda nazista, "O Triunfo da Esperança", foi estritamente artístico e que não tinha nada a ver com a política. Sua incapacidade de entender as conseqüências sociais e morais de sua arte, que fomentava o ódio e o racismo, é parte de um processo pelo qual ela foi capaz de desarticular sua arte de um contexto sociocultural e político que, em primeiro lugar, gerou um espírito. Sob nosso ponto de vista, essa desarticulação representa um maligno silêncio que proporciona o oxigênio que, no caso de Leni Riefenstahl, foi parcialmente responsável pelo Holocausto em que foram exterminados mais de seis milhões de judeus.

Como podemos falar honestamente de liberdade humana em uma sociedade que gera, mas ignora, os guetos, as reservas, as misérias humanas e as desigualdades selvagens. Como podemos falar honestamente de liberdade humana quando o Estado da Califórnia aprova a Proposição 187, que despoja milhões de crianças de sua condição de cidadãos humanos. O termo "ilegal" não só criminaliza, como também "demoniza" meninos e meninas pequenos. A lei propõe:

- Negar a cidadania a meninos e meninas nascidos em território americano, mas de pais ilegais.
- Acabar com a exigência legal que estabelece que o Estado proporcione cuidados sanitários de urgência para os imigrantes ilegais.
- Negar a educação pública aos filhos de imigrantes ilegais.
- Criar carteiras de identificação à prova de falsificação para os imigrantes ilegais de maneira que não possam receber benefícios.

Como intermediários culturais, devemos ter a coragem e a integridade ética de denunciar todas as tentativas de desumanizar ativamente os estudantes, com os quais ganhamos a vida como professores. E, em resposta ao chamamento de Patrick Buchanan a favor de uma *enérgica guerra cultural*, o que todos devemos dizer é que já tivemos suficientes guerras culturais. O que necessitamos é de uma paz cultural.

Para os educadores, o autêntico desafio é descobrir como as escolas podem chegar a se transformar em intermediários desse processo de paz. Em outras palavras, como os educadores podem forjar uma unidade cultural através da diversidade.

Queremos finalizar este capítulo propondo uma pedagogia de esperança que está inspirada na tolerância, no respeito e na solidariedade. Uma pedagogia que recusa a construção social de imagens que desumanizam o "distinto; uma pedagogia de esperança que ensina que em nossa construção do "distinto" podemos unir-nos intimamente ao "diferente"; uma pedagogia que nos ensina que, desumanizando os demais, desumanizamos a nós mesmos. Em resumo, necessitamos uma pedagogia de esperança que nos guie para o crítico caminho da verdade, sem mitos, sem mentiras, para a reapropriação de nossa dignidade comprometida, para a recuperação de nossa humanidade. Uma pedagogia de esperança irá orientar-nos para um mundo mais harmônico, menos discriminatório, mais justo, menos desumanizado e, assim, mais humano. Uma pedagogia de esperança recusará a política de Patrick Buchanan e de John Silber, plenas de ódio, intolerância e divisão, enquanto celebrará a diversidade no meio da unidade.

Uma pedagogia de esperança também mostrará ao presidente Clinton e a outros que podem aprender muito com esses seres humanos que, em virtude do lugar em que nasceram, de sua raça e de sua etnia, foram reduzidos à não-condição de *alheios*, como evidenciam as palavras cheias de sabedoria de Carlos Fuentes (1992, p.41):

> *Seremos capazes de abraçar o outro, ampliando nossas possibilidades humanas. As pessoas e suas culturas perecem em isolamento, mas nasceram ou voltaram a nascer em contato com outros homens e mulheres de outra cultura, outra crença, outra raça. Se não reconhecermos nossa humanidade nos outros, não a reconheceremos em nós mesmos.*

## NOTA

[1] De "I Love America", um poema distribuído em maio de 1995 pelo membro da Assembléia do Estado William J. Knight aos legisladores da Califórnia.

## REFERÊNCIAS BIBLIOGRÁFICAS

BARTLETT, D.; STEELE, J. (1994): *America: Who Really Pays the Taxes?* Nova York.
BELL, D. (1992): *Faces at the Bottom of the Well: The Penance of Racism.* Nova York. Basic Books.
CABRAL, A. (1992): *Return to the Source: Selected Speeches of Amilcar Cabral.* Nova York. Monthly Review Press.
CLINTON, W. (1995): *Discurso de Clinton para a aprovação das previsões locais. Ata do Congresso Trimestral,* 28 de janeiro.
FISKE, J. (1994): *Power Plays, Power Works.* Londres. Venso Press.
FUENTES, C. (1992): "The Mirror of the Other", in *The Nation,* 30 de março.
GIROUX, H. (1992): *Border Crossing: Cultural Workers and the Politics of Education.* Nova York. Routledge.
GIROUX, H.: *Transgression of Difference, Series Introduction to Culture and Difference: Critical Perspectives on Bicultural Experience.* CT. Bergin and Garvey Publishers.
GOLDBERG, D. (1993): *Racist Culture.* Oxford, UK; Cambridge, EUA. Blackwell Publishers.
HOOKS, B.; STEINEM, G.; VAID, U.; WOLF, N. (1993): "Get Real About Feminism: The Myths, the Backlash, the Movement", in *Ms. Magazine.* Setembro/outubro.
JACKSON, D. (1995): *The Boston Globe,* 22 de abril.

PERTMAN, A. (1991): "Buchanan Anuncia Su Candidatura Presidencial", in *The Boston Globe*. 15 de dezembro.
RANDALL, S.; NAURECKUS, J.; COHEN, J. (1995): *The Way Things Out to Be: Rush Limbaugh's Reign of Error*. Nova York. The Nova York Press.
REBOUL, O. (1986): *Lenguaje e Ideología*. México. Fondo de Cultura Económica.
REZENDES, M.: "Declaring cultural war. Buchanan opens 96 run", in *The Boston Globe,* 21 de março.
SANDBURG, C. (1964): *The People Yes.* Nova York. Harcourt, Brace & World.
SWAIN, C. (1993): *The Nova York Times,* 19 de setembro.
*US News and World Report* (1995): "Trouble on the Mexican Border", 24 de abril.

# 6 Pedagogia revolucionária em tempos pós-revolucionários: repensar a economia política da educação crítica

*Peter McLaren*
Faculdade de Educação e Estudos sobre a
Informação da California University (Los Angeles)

A globalização (do trabalho e do capital), acompanhada pela inovação tecnológica e sua promessa de igualdade e garantia "paramística" de um consumismo fácil e ilimitado, causou mudanças materiais nas práticas culturais e na proliferação de novas contradições entre capitalismo e trabalho; frente a elas, os educadores e as educadoras progressistas que trabalham nas escolas, ao invés de saberem reagir satisfatoriamente (McLaren, 1995; McLaren e Farahmanpur, 1996), têm dificuldades para responder.

O fenômeno atual da globalização foi descrito pela economia (Adda, 1996, p.62) como a canibalização do social e do político e como "o grande fim da explosão da modernidade ocidental" (Engelhard, 1993, citado em Benoist, 1996[1]). O capitalismo cleptocrático anda livre, roubando os pobres para dar ao ricos. O bem-estar social para os oprimidos foi substituído por subvenções ao capital por parte do governo em forma de empresariado mundial. A ideologia destes tempos está legitimando uma supressão traumática dos ganhos laborais.

Uma das contradições principais da nova economia mundial é que:

*O capitalismo já não dá a impressão de que possa sustentar certos benefícios máximos pelo crescimento econômico proporcional, que agora parece contar mais e mais com a simples redistribuição da riqueza em favor dos ricos, aumentando as desigualdades, dentro e entre as economias nacionais, que contam com a ajuda do Estado neoliberal*[2] (Meiksins Wood, 1998).

Os pobres que vivem entre nós, dormindo em caixas de papelão e comendo o que encontram no lixo, fazem parte da economia mundial tanto como o novo Monte Olimpo de Los Angeles e o novo centro Getty, que se destaca no alto da colina com vista para o luxuoso bairro de Bel Air.

Não se pode negar que, na atualidade, o capitalismo entrou em uma crise mundial de acumulação e de benefícios autodestrutiva, devido à competitividade intensificada que leva a uma supercapacidade e superprodução e a uma queda dos lucros da produção. A nova era de acumulação flexível introduz algumas condições ameaçadoras: a derrubada total da relação fordiana-keynesiana entre capital e trabalho, uma mudança na extração da mais-valia absoluta, a supressão dos ganhos laborais, o enfraquecimento dos sindicatos, as jornadas de trabalho mais longas, mais trabalhos temporários e a criação de uma subclasse permanente, para nomearmos somente alguns de seus desenvolvimentos. A democracia ocidental está presenciando como há um crescente número de indivíduos excluídos das esferas produtivas e distributivas.

O desemprego está estendendo-se como miséria e desgraça por todos os setores da sociedade norte-americana; se há oportunidades de emprego disponível (geralmente) é no "segundo setor" da economia, no qual a previdência da saúde e as pensões não existem e há poucas regulações públicas do Estado que protejam os trabalhadores. Em escala mundial, estamos presenciando a divisão progressiva das nações em "capitalistas" e "proletárias".

A reconstrução global da indústria e a organização do trabalho tiveram conseqüências devastadoras para os países em vias de desenvolvimento. O Fundo Monetário Internacional quer que os países pobres melhorem a posição de sua balança de pagamento mediante a liberalização de sua economia, desvalorizando sua moeda e incrementando a importação em proporção à exportação. Tais soluções não trouxeram mais do que ruína para os pobres. E as convenções internacionais de comércio, como o GATT, fizeram com que seja cada vez mais difícil assegurar a comida ecologicamente sustentável (Meiksins Wood, 1998).

Atualmente, nos Estados Unidos, estamos presenciando o surgimento de uma nova classe dominante constituída por uma aristocracia tecnológica e um conjunto de executivos que trabalham para os ganhos do preço corporativo das ações (Ashley, 1997). Nesse contexto, capital e Estado estão voltando a configurar a raça e o gênero; uma aristocracia branca do gênero masculino está dando lugar a formas locais mais descentralizadas e flexíveis de usar a raça e o gênero como táticas de "divisão e dominação". Isto ocorre devido ao fato de que o capitalismo mundial conta mais e mais com o trabalho do Terceiro Mundo e com reservas de trabalho do Terceiro Mundo em espaços do Primeiro Mundo (Ashley, 1997).

Com a chegada da Internet, das comunicações baratas via satélite, das multibilionárias corporações mundiais de *software*, das companhias em pleno desenvolvimento e dos avanços em biotecnologia, microtecnologia e tecnologia de energia alternativa, a nova ordem mundial está desdobrando-se para o plano corporativo evolucionista. A nova matriz operante da revolução tecnológica, baseada na biotécnica, que está seguindo as fusões, as consolidações e as compras da indústria da ciência da vida por companhias comerciais mundiais, está criando as condições que Jeremy Rifkin descreve como:

> *um voltar a semear totalmente a biosfera da Terra com um segundo Gênesis concebido no laboratório; uma natureza bioindustrial projetada artificialmente, feita para substituir o próprio plano evolucionista da natureza.*

A lógica sem travas do capitalismo está proclamando-se como explicação dos próprios princípios da natureza, justificando, assim, a ciência eugênica que está surgindo como uma tendência evolucionista em que os "genes" convertem-se em "ouro verde", que impulsionará o futuro da economia mundial. A pressão para que as reservas de genes tenham a proteção das patentes (unida a projetos como o Projeto de Diversidade do Genoma Humano) presenciou tentativas clandestinas, por parte do governo norte-americano, de "privatizar o corpo humano", obtendo patentes para as células dos índios guaymi do Panamá e das populações das ilhas Salomão, Papua Nova Guiné e da Índia e fazendo com que as corporações norte-americanas possam beneficiar-se do controle mundial sobre a clonagem da vida humana.

A "revolução do mercado livre", impulsionada pela contínua acumulação capitalista, destroçou a infra-estrutura social dos Estados Unidos (sem mencionar outras partes do mundo). Mediante políticas de incremento de seus interesses militares, industriais e financeiros, continua franzindo o cenho burguês, mostrando seus caninos imperialistas e chupando o sangue das veias abertas da América do Sul e de outras regiões do mundo. O colapso repentino da União Soviética na década de 90 e a mudança para o capitalismo no leste da Europa incorporaram uma grande massa de pessoas ao mercado mundial. A globalização do capitalismo e seu companheiro político, o neoliberalismo, trabalham juntos para democratizar o sofrimento, destruir a esperança e assassinar a justiça. A lógica da privatização e do livre comércio (no qual o trabalho social é a medida, e o meio do valor e do trabalho extra está no coração dos lucros) forma agora, e de maneira horrível, arquétipos de cidadania; dirige nossas percepções do que deveria constituir a "boa sociedade" e cria as formações ideológicas que produzem as funções necessárias para o capital em relação ao trabalho (ver McLaren, 1997). À medida que as escolas são financiadas cada vez mais por corporações que funcionam como indústrias a serviço do capitalismo multinacional e à medida que a burguesia e o profissionalismo educativo continuam dirigindo a política e a prática educativas, a população dos Estados Unidos enfrenta o desafio de uma nova realidade educativa. Os liberais estão reclamando a necessidade de controles de capital, controles de divisas, estimulação do aumento de salários, obrigação dos direitos de trabalho para as nações que pedem empréstimos ao Estados Unidos e retirada das ajudas financeiras do banco e do capital até que concedam prioridade ao problema dos salários e insistam nos direitos do trabalho. No entanto, muito pouca gente reclama a abolição do capital em si.

A comercialização da educação superior, a proliferação burocrática do capital intelectual e suas ligações à maquinaria do capital, o surgimento das associações de comércio industrial, a passagem da pesquisa para a busca de benefícios e o serviço das organizações comerciais e os consórcios acadêmico-corporativos contribuíram para criar (por parte dos que vêem a educação como um veículo para a democracia) muita desconfiança com as instituições de aprendizagem superior. Como David Noble comenta, esses novos arranjos de propriedade transformaram as universidades tanto em empresas que têm patentes quanto em agências de *marketing* (Noble, 1998). Presenciamos a proliferação da instrução baseada em computadores (que pode oferecer reduções quando se considera o trabalho direto, mas é cara quando se considera o equipamento, a atualização, a manutenção e o pessoal administrativo e técnico requerido) e a educação em pleno funcionamento que reduz o número de professores enquanto despreza a autonomia e a independência da faculdade. Em mãos de tecnofanáticos, os professores e as professoras estão sendo reproletarizados e reproletarizadas, e o trabalho está sendo disciplinado, deslocado e perdendo as habilidades que requer. A autonomia dos professores, a independência e o controle sobre seu próprio trabalho estão sendo reduzidos severamente, ao passo que os postos de trabalho e o controle estão, cada vez mais, nas mãos da administração (Noble, 1998).

A esquerda educativa encontra-se sem uma agenda revolucionária com a qual desafiar os efeitos e as conseqüências do novo capitalismo nas aulas das nações. Como conseqüência, estamos presenciando a fusão progressiva, e sem revisar, da pedagogia com os processos produtivos dentro do capitalismo avançado. A educação foi reduzida a um subsetor da economia, projetada para criar cibercidadãos em uma teledemocracia de imagens rápidas, representações e formas de vida. O capitalismo foi neutralizado como uma realidade de senso comum (inclusive como parte da natureza em si), enquanto o termo *classe social* foi substituído por outro menos antagônico: *status socioeconômico*. Segundo comenta Berndt Ostendorf:

> *Com o desaparecimento do socialismo como inspiração política ou como alternativa de luta, as leis do capitalismo transformaram-se, outra vez, em parte da natureza.*

É impossível examinar a reforma educativa nos Estados Unidos sem levar em conta as contínuas forças de globalização e o desvio de capital para canais financeiros e especulativos, o que alguns chamaram de "capitalismo do cassino em escala mundial".

Já faz tempo que os marxistas reconheceram os perigos do capital e a rapidez de sua expansão dentro de todas as esferas da vida no mundo. Hoje em dia, o capital controla a ordem mundial como nunca havia feito até agora: os novos circuitos de conforto e o aumento de velocidade da circulação do capital operam para estender e assegurar mundialmente o reino malvado do capital. Um conselho dado por Marx no *Grundrisse* destaca a importância de "encontrar o nível correto de abstração para poder entender a natureza real das coisas" (Kovel, 1997). O lugar onde se juntam todas as determinações concretas da industrialização, das corporações, dos mercados, da avareza, do patriarcado e da tecnologia (o centro no qual exploração e dominação estão basicamente articuladas) "está ocupado por aquela entidade conhecida como capital". Joe Kovel argumenta que:

> *[...] O capital é difícil de ser entendido, porque não pode ser isolado das outras coisas. É uma relação social baseada na acomodação poder-trabalho, em que o trabalho está sujeito à lei do valor, uma relação que se expressa por meio do salário pelo trabalho, da extração do trabalho extra e da transformação de todos os meios de produção em capital.*

A insinuação da coerência e lógica do capital na vida diária (e elevação do mercado ao nível sacerdotal, como modelo virtuoso de todas as relações sociais) é algo que aconteceu com sucesso; a reestruturação econômica que estamos presenciando atualmente oferece, por um lado, novos temores quanto à inevitabilidade do capital e, por outro, novas possibilidades para combatê-lo. A pedagogia crítica, mantenho, é uma possibilidade necessária, embora insuficiente.

Particularmente durante os anos Reagan, as práticas hegemônicas e as forças reguladoras que reforçam o capitalismo do pós-guerra foram drasticamente desestabilizadas – e é um processo que continua. Os dias felizes diante da chegada do novo Leviatã da globalização (quando a política liberal keynesiana estabeleceu, pelo menos, uma rede provisória de segurança social) foram substituídos por estruturas de produção e distribuição supranacionais e tecnologias de comunicação que permitem um "capitalismo em velocidade distorcida" de transações mundiais instantâneas. Segundo Paul Street (1998, p. 56):

> *O canto da globalização, alternativamente celebrado e fatalista, transformou-se em uma cortina de fumaça capitalista que desarma qualquer resistência ao capital e impede que vejamos a natureza real, e não demasiado nova, do ataque nacional dos capitalistas dos Estado Unidos aos trabalhadores dos Estados Unidos.*

Segundo Scott Davies e Neil Guppy, um dos dogmas centrais do argumento neoliberal é que as escolas devem pôr sua política e suas práticas em consonância com a importância do conhecimento como forma de produção. Segundo os educadores e as educadoras neoliberais, as escolas têm grande parte de culpa no declive econômico e, portanto, a reforma educativa deve responder com entusiasmo ao mercado de trabalho pós-industrial e à economia mundial reestruturada. Davies e Guppy (1997, p.439) explicam o raciocínio que há por trás disso:

> *À medida que desaparecerem os trabalhos que necessitam de poucas habilidades (devido à automatização ou à exportação de trabalhos), a maio-*

*ria requererá certas habilidades mínimas que as escolas terão de proporcionar. Além disso, a globalização marca o começo de uma nova era de conhecimento exigido. Currículo centrado em relações do consumidor, resolução de problemas, inovação, e espírito empreendedor e "multiabilidade" transcultural são a base da transformação econômica. Os empresários contratarão pessoas que tenham preparação ampla e o complementarão com uma formação no lugar de trabalho.*

Deu-se luz verde ao comércio para reestruturar a escolaridade conforme seus próprios propósitos, enquanto a imagem do *homo economicus* impulsiona a política e as práticas da educação e enquanto corporações e negócios multinacionais unem-se e seus companheiros políticos transformam-se nas forças principais que racionalizam a reforma educativa. Por um lado, as ideologias da democracia e do socialismo perderam sua validade durante as últimas décadas e, por outro, existe um movimento crescente de imigrantes em busca de trabalho ao longo de diversas fronteiras nacionais. Ambas as causas originaram um renovado renascimento da celebração da etnicidade e do desenvolvimento da construção de acordos baseados na raça. O diálogo sociopolítico sobre raça e etnicidade pressionou as escolas: estas tiveram que adaptar discussões e iniciar certas práticas da diversidade. E, enquanto o multiculturalismo nas escolas transforma-se em um fator-chave de globalização institucional e de edificação de uma nação, "com o objetivo de cultivar cidadãos cosmopolitas do mundo" (Davis e Guppy, 1997, p.444), o multiculturalismo corporativo pôde optar por algumas versões mais liberais que dão ênfase à "unidade dentro da diversidade", para poder unir o discurso da diversidade com o fundamental do mundo comercial e a nova economia mundial (McLaren, 1997).

Davies e Guppy (1997, p.445) argumentam que a globalização levou as escolas a manterem uma relação mais estreita com o lugar de trabalho; assim, podem desenvolver novas competências formativas e "aprendizagem permanente". Em uma economia de conhecimento intensivo, as escolas já não podem formar para uma profissão que dure toda a vida. Isto significa que lhes é pedido através dos pensadores e das pensadoras educativos orientados para o mercado, um enfoque dirigido à formação de pessoas adultas na empresa. E, também, que as escolas ensinem novos tipos de habilidades e conhecimentos:

> *Os currículos deveriam dar ênfase à gramática e à lógica para a aplicação criativa de idéias, habilidades transferíveis, resolução de problemas, inovação, espírito empreendedor e "atitudes positivas" para com a educação mais tardia e a formação de ordem superior.*

Cada dia mais se ouve o refrão "A educação é cada vez mais importante para ser deixada apenas nas mãos dos educadores e das educadoras", enquanto os governos se esforçam em intervir para assegurar que as escolas desempenhem seu papel de ajuda na retificação do estancamento econômico e em garantir a competitividade mundial. Dessa forma, são oferecidos testes padronizados como meio que assegura um sistema educativo alinhado com a economia mundial. Também existe um movimento que elabora certas provas internacionais padronizadas, pressionando para a convergência educativa e a padronização entre nações. Tal esforço, observam Davies e Guppy, proporciona uma forma de supervisão que permite que as Nações-Estados justifiquem sua extensa influência e também serve para homogeneizar todas as regiões e Estados. As iniciativas de escolha escolar surgiram a partir de um crescente número de nações na América do Norte e na Europa, sugando a força do sistema escolar público e ajudando, assim, a liderar a privatização educativa.

Como o capital invadiu quase toda esfera da vida nos Estados Unidos, o enfoque da esquerda educativa foi, em grande parte, afastado da grande luta de classes que marcou este século. A agenda da esquerda agora depende quase totalmente do entendimento do gênero assimétrico e das relações étnicas. Enquanto esse enfoque for importante, a luta de classes será vista, infelizmente, como um tema do passado; quando se discute classes sociais, fala-se como relacional, e não como oposicional. No contexto das discussões sobre o *nível social,* em vez de *luta de classes*, a inovação do currículo de tecnoelite assegurou uma postura privilegiada que é funcionalmente vantajosa para a lógica socialmente produtora do capitalismo empresarial, o comércio privado e a apropriação pessoal da produção social. Essa ditadura neoliberal de elite reassegurou um monopólio de recursos que dirige a classe multinacional governante e seus aliados na indústria cultural (ver McNall, Levine e Fantasia, 1991; Kincheloe, 1998; Kincheloe e Steinberg, 1998). O próprio significado de liberdade chegou a referir-se à liberdade para estruturar a distribuição da riqueza e a exploração mais fácil dos trabalhadores, ao longo das fronteiras nacionais, mediante a diminuição dos salários a seu mais baixo denominador comum e a dissecação dos programas sociais projetados para ajudar a humanidade trabalhadora.

Os territórios que no passado estiveram unidos aos interesses nacionais deram lugar a redes inscritas em mercados mundiais, a maioria independente de qualquer restrição política nacional. A história, a economia e a política já não estão estreitamente unidas de forma estável, mas operam como se fossem esferas independentes.

As políticas "pistoleiras", em sua atividade, vendem o sistema ou a indústria privada ao custo do interesse, do serviço e dos direitos públicos e, em muitos exemplos recentes, como "As Proposições da Califórnia 187 e 209", colocando os interesses comerciais antes da dignidade humana e da justiça social, derrubando o estado de bem-estar keynesiano com tão determinada fúria, que o conceito de exploração foi reduzido a uma abstração vazia separada da idéia de pessoas que vivem, respiram e sofrem como resultado disso. A sedução do capital é esmagadora e afeta, inclusive, os grupos de educadores e educadoras progressistas melhor intencionados. Davies e Guppy (1997, p.459) lembram que:

> [...] a globalização está transformando a educação, pressionando o poder desde a escola. Enquanto os profissionais da educação, os sindicatos de professores e as autoridades da educação lutam pelo poder, este está sendo distribuído, para cima, por autoridades do estado superior e, para baixo, por grupos locais.

Fora das salas burguesas da "Viena vermelha" do começo do século, juntamente com o xerez e o charuto, surgiu o pensamento flexível de Fredrich Von Hayek, o excelente *animateur* da economia neoliberal. A meta desse economista austríaco e catedrático da Chicago University era derrubar o socialismo de seu tempo (ver Hayek, 1994; Friedman, 1962). Hayek recusou o capitalismo sem travas nem controles e, no lugar disso, defendeu um envolvimento ativo do governo para proteger o funcionamento do mercado livre. Avançou o que chamou de "catalaxia" ou relações espontâneas do livre intercâmbio econômico entre indivíduos. Sob a influência de Ludwig Von Mises, secretário da Câmara de Comércio de Viena, e de Carl Menger, fundador da Escola de Economia na Áustria, bem como das teorias do conhecimento desenvolvidas por Ernst e Michael Polyani, Hayek desenvolveu sua epistemologia da cidadania em relação à figura do empresário mundial.

Concebeu um liberalismo constitucional do livre mercado a partir de uma economia monetária, com o objetivo de estimular sua cruzada ideológica e moral contra o socialismo, baseando-a na idéia de que não existe uma conexão entre a intervenção humana e o resultado social, que os resultados da atividade humana ocorrem basicamente por casualidade e que é preciso proteger o espontâneo mediante o braço forte da tradição (Wainwright, 1994).

Hayek expressou sua fé (chegando ao fanatismo religioso) por um mecanismo de preços não-regulado como forma de coordenação econômica e argumentou que o papel do Estado devia consistir em desafiar a ação humana e proteger a ordem social espontânea dos persistentes esforços confusos dos propósitos humanos. Como naturalista filosófico, Hayek alegrava-se com qualquer coisa que ocorresse fora da tentativa consciente para um controle social e desprezava o que chamava de aspectos de engenharia humana na intervenção do mercado. Considerava que o mal do mercado era o resultado das escolhas dos consumidores e, em seu ponto de vista, era mais importante proteger a espontaneidade do mercado (apesar de ter, muitas vezes, conseqüências prejudiciais para os pobres) do que proteger os indivíduos ou os grupos das conseqüências vergonhosas das injustiças do mercado.

Ao criticar a teoria neoclássica do equilíbrio como excessivamente abstrata, Hayek acreditava que os monopólios empresariais eram sempre mais benignos do que os monopólios do trabalho e os do Estado (Wainwright, 1994). É a competência que assegura que o mercado seja espontâneo e, por sua vez, cria oportunidades empresariais necessárias que formam a evolução natural do sistema de mercado, uma evolução natural que deve ser protegida a todo custo (e, para Hayek, isto significava que homens experientes com mais de 40 anos supervisionassem o mercado e que fossem reeleitos a cada 15 anos). Sob os esquemas de Hayek sobre a ortodoxia do mercado livre, o cidadão e a cidadã comuns não têm o direito de escolher o que é melhor para eles. Apenas as condições econômicas existentes podem operar como força motriz para escolher, dirigidas por um grupo de especialistas que aplicam uma política intocável de proteção do mercado.

A epistemologia educacional que se seguiu a partir dessas perspectivas neoliberais provém diretamente da idéia de que o conhecimento é constitucional e irremediavelmente individual (Wainwright, 1994, p.60). Ignorando o contexto sócio-histórico dos sistemas econômicos, a ciência econômica de Hayek depende dos cálculos estatísticos, da econometria macroeconômica e do individualismo metodológico. A econometria é uma pseudociência ideada para promover o lucro a todo custo. Como observa Joel Spring, Hayek desenvolveu uma nova forma de totalitarismo em que o indivíduo é controlado para assegurar as condições favoráveis do mercado (Spring, no prelo). Nos Estados Unidos e no Reino Unido, os ideais de Hayek (isto é, que os mercados se auto-regulem) proporcionaram a base para os debates sobre a escolha escolar, os níveis nacionais e o currículo, eliminando o Estado do bem-estar e da aprendizagem ao longo de toda a vida.

O colega de Hayek na Chicago University, Milton Friedman, ganhador do prêmio Nobel, adotou seus ideais, usando-os na defesa dos créditos (para a escolha escolar) financiados pelo governo. A economia de Hayek assegurou o thatcherismo e a chamada revolução de Reagan e influenciou o planejamento da economia mundial (Spring, no prelo). Enquanto os liberais clássicos recusam a intervenção do Estado na economia e na educação, os neoliberais, tanto no âmbito da economia quanto no da educação, estão a favor da intervenção do Estado para assegurar o funcionamento de um mercado livre e o avanço não-restrito do capital. A política educativa neoliberal é, portanto, uma força conservadora na qual, freqüentemente, misturam-se cristianismo, nacionalismo, populismo autoritário e economia livre do mercado, elaborando um currículo da história nacional que celebra as virtudes dos valores cristãos, a regulação mínima do governo (exceto para assegurar um "mercado livre") e a liberdade individual (Spring, no prelo). As críticas que dão ênfase ao caráter social do conhecimento estipulam que as pessoas podem, através da cooperação, aumentar seu entendimento sobre as conseqüências sociais de seus atos, ainda que nunca saberão plenamente suas conseqüências. Reforçando a maneira socialmente constituída em que o conhecimento é produzido (axioma fundamental entre os freirianos, por exemplo), proporciona-se a base para questionar os valores e os mecanismos que regulam a ordem social. Isto, naturalmente, contradiz a mordaz proibição de Hayek contra os propósitos humanos e sua valorização da neutralidade política das transações "acidentais" do mercado. Em seu novo livro, *The Nova work order: behind the language of the Nova capitalism*, James Paul Gee, Glynda Hull e Colin Lankshear (1996) analisam as maneiras que a ciência cognoscitiva usou para mudar progressivamente seu conceito de conhecimento, desde uma associação com o conhecimento disciplinar no sentido acadêmico até o ponto de vista geral do novo capitalismo baseado na mudança, velocidade, flexibilidade e inovação. Também vêem como o currículo escolar foi modificado para unir a educação, de forma mais segura, aos requisitos laborais da "nova ordem do trabalho". Nesse sentido, é possível ver as formas de avaliação contemporâneas, os dispositivos institucionais e os esforços para unir as escolas à Internet não como estratégias para preparar cidadãos mais criativos e informados, mas como maneiras de fomentar o planejamento dos recursos humanos para a economia mundial, conforme nos aproximamos do novo milênio.

## PEDAGOGIA CRÍTICA: UMA VISÃO FRAGMENTADA

O que devem pensar os educadores mundiais de hoje sobre o poder estrutural incrustado nas novas formas de capital multinacional atual, especialmente em termos da mudança de relação entre Nações-Estado e as antigas classes baseadas na nação, o alcance da reestruturação econômica e sua capacidade para desgastar o poder do trabalho organizado e até que ponto as migrações mundiais são a causa pela qual os grupos competem entre si para obter os poucos recursos existentes?

Robinson observa que a elite multinacional já substituiu a ditadura pela democracia (que podemos chamar de Estado neoliberal), para realizar, ao nível da Nação-Estado, as seguintes funções: adoção da política fiscal e monetária que garanta a estabilidade macroeconômica, provisão da infra-estrutura necessária para a circulação e o fluxo do capitalismo mundial, garantia do controle financeiro para a elite multinacional à medida que a Nação-Estado move-se com mais solidez no campo do neoliberalismo, ao mesmo tempo que se mantém a ilusão dos "interesses nacionais" e as preocupações com "a competência estrangeira". De fato, o conceito de *interesses nacionais* e o termo *democracia* funcionam em si mesmos como uma estratégia ideológica que permite mover-se, sem demasiada oposição, nos regimes autoritários para a transformação em elites poliárquicas. Muitas das práticas literárias nas escolas atuais estão unidas funcionalmente a essa nova economia mundial (tal como "a aprendizagem cooperativa" e o desenvolvimento das "comunidades de estudantes") e promovem uma relação oportuna entre o novo capitalismo rápido e a ciência cognoscitiva convencional. Enquanto essas novas medidas para as aulas estão ajudando a projetar e a analisar os símbolos, também são escolhidas para facilitar o novo capitalismo (Gee, Hull e Lankshear, 1996).

Frente à falta atual de utopia e ao ataque pós-moderno contra o sujeito unificado da tradição iluminista, a "velha-guarda" de revolucionários e revolucionárias, como José Martí, Camilo Torres, Augusto Sandino, Emiliano Zapata, Rosa de Luxemburgo e Che Guevara, teria problemas para ganhar a simpatia da esquerda pós-moderna. No entanto, ao examinarmos o proletariado universal que estava sob a visão de muitos desses revolucionários e revolucionárias, defrontamo-nos com um caminho pós-nacional necessário para o socialismo (um caminho profundamente dialético) contra o vanguardismo insurgente da esquerda pós-moderna atual, que está mergulhado no desespero causado por uma perspectiva nietzschiana e pela paralisia política e inércia semiótica de uma política cultural que raras vezes critica as relações sociais de produção; aparece um sentimento surpreendente: talvez se tenha perdido muito terreno em resgatar o projeto socialista revolucionário para a educação. No entanto, a visão "totalizadora" desse projeto continua sendo convincente e instrutivo e, certamente, tão urgente hoje como o foi há 30 anos, inclusive muito mais. Os teóricos pós-modernos não só insinuaram covardemente que a teoria marxista não abrange os temas de etnicidade e gênero, como também ignoraram a riqueza incomensurável da teoria social marxista desenvolvida durante as últimas décadas. Aijaz Ahmad (1998, p.22) faz uma avaliação sobre o antimarxismo pós-moderno:

> *Hoje em dia se acusa o marxismo de ignorar toda classe de "diferença", gênero, raça, etnicidade, nacionalidade, cultura, etc. Porém, não é o marxismo que não reconhece diferenças de gênero. Essas diferenças foram abolidas pelo capitalismo, transformando as mulheres em instrumentos de produção como os homens. Tais diferenças são mantidas também pela exploração sexual de todas as classes, sem falar da diferença de salários, em que as mulheres ganham menos que os homens para realizar o mesmo trabalho, ou a apropriação direta do trabalho da mulher na economia doméstica.*

Deixem-me ser mais claro neste ponto. Penso que raça, etnicidade, gênero e orientação sexual são um conjunto de práticas sociais interconectadas e (até certo ponto) de lógicas diferentes. Minha postura não é uma resposta rápida às teses da autonomia relativa (em suas várias encarnações ao longo dos anos) ou aos processos que não sejam de classe; é sim uma crítica do movimento impulsionado pela pequena burguesia pós-moderna longe de um "exterior representado" de práticas significativas que reproduzem um projeto anticapitalista não só inverossímil, mas também completamente inadmissível. Não resistindo o deslizamento entre as categorias marxistas e pós-estruturalistas, penso que as teorias pós-modernas, ao transporem com dificuldade o abismo entre a política da identidade e a análise de classes, relegaram a categoria de classe a um epifenômeno de raça-etnicidade e gênero. Minha postura é parecida com a de Sherry Ortner (1998), que comenta:

*As classes existem na América, mas não se pode falar delas, estão "ocultas"; não existe uma linguagem para falar disso, que foi "substituída" ou "falada por meio de" outras linguagens da diferença social — raça, etnicidade, gênero.*

Estou de acordo com Ortner em que, enquanto a classe, a raça e a etnicidade estiverem separadas por dimensões interativas da geografia social dos Estados Unidos e enquanto funcionarem, pelo menos em parte, sobre lógicas diferentes, "ao nível do discurso, a classe, a raça e a etnicidade estarão tão mutuamente envolvidas na cultura americana, que não terá muito sentido separá-las". E, enquanto "não existirem classes na América que não estejam sempre racionalizadas e com etnias", ou enquanto as categorias raciais ou étnicas não forem categorias de classe, a importância da raça e da etnicidade nos Estados Unidos será tal que, quando aparecerem em um debate, a tendência será evitar dar importância à classe. Ortner aventura-se a confirmar que a insistência em ocultar a classe "significa que o discurso social silencia e faz-se inacessível e subordinado a qualquer tipo de demanda relativa ao êxito e ao fracasso social". E, quando se mistura essa realidade com o avanço frenético das relações sociais capitalistas mundiais contemporâneas, obtém-se uma receita para a reprodução das relações mundiais da exploração.

Isto quer dizer que eu acredito que não é importante a configuração dos processos que não são de classe, como os de raça, gênero e sexualidade? Pelo contrário, as relações de classe tratam do processo de produção, de apropriação e de distribuição do valor que sobra. Essa opinião não tem como intenção menosprezar a importância do poder e da propriedade na estrutura da sociedade contemporânea. De fato, a divisão do poder e da propriedade provém das relações que os indivíduos têm com a produção e a apropriação do trabalho extra. Reconheço, evidentemente, que os processos que não são de classe podem comprometer as condições de existência dos processos fundamentais de classe no capitalismo, em outras palavras, os processos que não envolvem classe, mas relações de raça e gênero, podem introduzir mudanças nas condições para a transformação dos processos de classe nas sociedades capitalistas do mundo ocidental. Tomemos o gênero como exemplo. Wolff e Resnick (1986, p.120) comentam que:

> *As mudanças específicas nos processos sociais relacionados com as relações de gênero proporcionariam as condições para uma mudança nos processos das atuais sociedades capitalistas ocidentais. Uma mudança na consciência popular quanto ao que significam as palavras masculino e feminino (isto é, uma mudança nos processos de certas culturas) juntamente com uma mudança no processo da distribuição da autoridade dentro das famílias (uma mudança nos processos políticos ou do poder) poderiam ser combinadas com uma mudança da mulher que vende mais seu poder laboral como uma oportunidade (uma mudança no processo econômico de intercâmbio) para comprometer os processos capitalistas de classe. Com outras mudanças, ainda, em mais processos sociais (os que nossa análise de classes busca identificar), tais relações de gênero modificadas poderiam proporcionar as condi-*

*ções de existência para uma mudança revolucionária para um novo sistema social que incluísse as diferentes estruturas de classe.*

Os processos de classe e os que não são de classe configuram-se um ao outro. Meu argumento não é que a classe devesse incluir todos os outros processos sociais e culturais, ou que uma análise de classe pudesse superar uma análise de gênero ou raça ou sexualidade, mas que deveria ser levado em conta em relação aos esforços da reforma educativa no sentido de contar com os efeitos profundos das relações sociais capitalistas mundiais.

Não estou agora menos a favor do desenvolvimento de uma consciência cultural crítica, ou de uma crítica cultural em geral, em relação às questões de identidade racial, ética ou sexual do que estive durante os últimos anos. Sendo uma pessoa que, durante mais de 15 anos, contribuí para a análise dessas mesmas questões, agora tal mudança em minha postura seria uma loucura. Atualmente, tenho mais interesses em encontrar um terreno comum entre a crítica cultural e o movimento para a transformação das relações produtivas. O processo de globalização arriscou muito na luta para uma pedagogia da libertação para que pense de outra maneira.

Minha opinião é que a crítica cultural (levando-se em conta a lógica específica dos fatores não-econômicos) não foi dirigida principalmente para libertar a humanidade da alienação econômica unida à lógica econômica-capitalista que serve como força motora para os oligopólios multinacionais e a reprodução das relações sociais estabelecidas. Sigo Samir Amin (ver Amin, 1989, 1997 e 1998) ao pronunciar uma interpretação não-econômica-determinista do marxismo, em que a maneira capitalista da produção não está reduzida ao nível de uma estrutura econômica. Em outras palavras, a lei dos valores governa a reprodução econômica do capitalismo e todos os aspectos da vida social sob o capitalismo. Ao invés de aceitar o estruturalismo althusseriano com seu conceito expresso de "sobredeterminação", sigo com a postura adotada por Amin em sua expressão de "subdeterminação" (isto é, cada aspecto da sociedade é constituído como efeito do restante). Segundo Amin, a determinação da economia possui uma lógica e autonomia, o mesmo que a política e a cultura. Não existe complementaridade entre essas lógicas no sistema da subdeterminação: só existem conflitos entre os fatores determinantes, conflitos que permitem escolher entre possíveis alternativas diferentes. Conflitos entre lógicas encontram soluções subordinando algumas lógicas a outras. A acumulação de capital é a característica dominante da lógica do capitalismo e proporciona os canais pelos quais a lógica econômica impõe-se sobre as lógicas políticas, ideológicas e culturais. Precisamente porque a subdeterminação, melhor que a sobredeterminação, tipifica a forma conflitiva em que as lógicas que governam os diversos fatores do efeito social estão entrelaçadas, e todas as revoluções sociais devem ser, por necessidade, revoluções culturais. A lei do valor, portanto, não apenas governa o modo de produção capitalista, como também os demais determinantes sociais. Para ir além do capitalismo contemporâneo, que é definido por suas três condições básicas de alienação econômica, polarização mundial e destruição do meio ambiente, Amin traça um projeto de transformação social que iniciaria, por meio de sua economia política, sua política e suas lógicas culturais, uma revolução social empenhada em reduzir essas contradições mais do que em agravá-las. Amin também argumenta, convincentemente, que a crítica pós-moderna, em grande parte, conforma-se com as exigências da fase atual da economia política capitalista na esperança de fazer com que o sistema seja mais humano: um capitalismo feliz. Minha opinião, como a de Amin, dá mais importância a rebater a dominação não-forçada do capital que se mascara como liberdade, uma dominação que, com a ajuda de seus dirigentes políticos (os que ficam com parte do dinheiro), falsamente se estabelece como garantia para a emancipação humana.

Olhando retrospectivamente, foi na década de 60 que se deu a última oportunidade para conseguir, com êxito, uma insurreição popular revolucionária em grande escala? Foram as enormes dimensões da desordem política que seguiram como conseqüência da recusa (da intelectualidade de esquerda posterior a 1968) ao proletariado europeu que condenaram o projeto revolucionário e a metanarrativa "producionista" de Marx à lixeira da história? As emendas pós-modernas das categorias marxistas e a recusa, em grande parte, do projeto marxista pela intelectualidade européia e norte-americana marcaram o abandono da esperança na mudança social revolucionária? As escolas de hoje podem construir uma nova ordem social?

O que o método materialista histórico, associado aos movimentos revolucionários e à luta anticapitalista, têm a oferecer aos educadores e às educadoras que trabalham na educação crítica? Pergunto isso em tempos em que é dolorosamente evidente que a pedagogia crítica e sua companheira política, a educação multicultural, já não servem como plataformas pedagógicas ou sociais adequadas a partir das quais se possa desafiar a divisão social atual do trabalho e seus efeitos sobre a função socialmente reprodutiva da escolaridade na sociedade capitalista tardia[3]. Realmente, a pedagogia crítica já não desfruta de seu nível como precursora da democracia, como uma chamada para a práxis revolucionária, como uma linguagem de crítica e possibilidade a serviço da imaginária democracia radical, que foi sua promessa nos últimos anos da década de 70 e nos primeiros da de 80.

Uma pergunta persistente surgiu novamente no debate sobre a escolaridade e a nova ordem capitalista: uma pedagogia crítica renovada e revivificada, baseada em um método materialista histórico para a reforma educativa, pode servir como ponto de partida para uma política de resistência e luta contra-hegemônica no século XXI? E se tentarmos esmiuçar essa pergunta e levar a sério todas as suas implicações sobre o que podemos aprender da herança e da luta dos movimentos sociais revolucionários? Há suficientes razões para ser otimista. A pedagogia crítica, afinal de contas, filiou-se ao anti-racismo e às lutas feministas para poder articular a ordem social democrática edificada em torno dos imperativos da diversidade, da tolerância e do igual acesso aos recursos materiais. Todavia, certamente, esse papel, elogiável até onde chega, viu a pedagogia crítica representada em compromisso anterior mais radical, a luta antiimperialista que, com freqüência, associamos ao movimento antimilitar da década de 60 e aos primeiros movimentos revolucionários na América Latina.

## PEDAGOGIA CRÍTICA: O QUE SE DEVE FAZER?

Uma vez considerada pelos covardes guardiões do sonho americano como um termo de opróbrio, a pedagogia crítica fez-se tão completamente psicologista, tão liberalmente humanista, tecnologista e, conceitualmente, pós-modernista, que sua atual relação com as lutas para a libertação foi severamente atenuada, senão fatalmente erradicada. A rede conceitual conhecida como pedagogia crítica foi ampliada e tão degenerada, que é associada a qualquer tipo de prática educativa, a organização dos móveis feita mediante o "diálogo amistoso" em torno do *currículo da felicidade*, planejado para aumentar a auto-imagem dos estudantes. A educação multicultural equivalente pode ser relacionada com a política da diversidade, que inclui o "respeito à diferença" por meio da celebração de férias "étnicas" e temas como a *história negra mensal* e o "cinco de maio". Se o termo *pedagogia crítica* refrata-se nos debates educativos atuais, devemos dizer que está sendo domesticada da mesma maneira que o foram seus pioneiros, como, por exemplo, Paulo Freire no Brasil.

A maioria dos educadores e das educadoras que estão comprometidos com a pedagogia crítica e a educação multicultural defendem versões desta que a identificam com seus próprios interesses burgueses de classe. Não temos por que questionar a integridade ou a competência desses educadores e educadoras, ou esquecer que seu trabalho não é muito engenhoso (para a maior parte, não o é em absoluto), para concluir que suas propostas de pedagogia crítica e de educação multicultural acomodaram-se às principais versões do humanismo liberal e progressista. Enquanto os pioneiros da pedagogia crítica eram denunciados por seus excessos polêmicos e suas trajetórias políticas radicais, uma nova geração de educadores e educadoras críticos adotaram, até o momento, o que se chama enfoque pluralista dos antagonismos sociais. Seu trabalho celebra "o fim da história" e raramente se critica o capitalismo mundial, se é que alguma vez se fala dele.

As razões da domesticação da pedagogia crítica foram mencionadas anteriormente, mas gostaria de deter-me aqui nas que considero mais importantes. Claramente, houve um movimento forte entre muitos educadores e educadoras críticos enamorados das perspectivas pós-modernas e pós-estruturalistas e que ignoraram ou mostraram negligência em relação às mudanças profundas na natureza e na dinâmica estrutural do capitalismo tardio dos Estados Unidos. Por que a economia política deveria ser algo que preocupe os educadores nesta era de simpatias pós-marxistas e antagonismos sociais múltiplos? Precisamente porque estamos vivendo em uma particular conjuntura histórica do capitalismo doutrinário não-regulado, com uma reconcentração de lucros surpreendente na cúpula. Atualmente, existem 70 corporações multinacionais cujos lucros são maiores que os de Cuba (70 nações com economias privadas). Existem milhões de desempregados nas comunidades econômicas do Primeiro Mundo e muito mais nas comunidades do Terceiro Mundo; três quartos dos novos empregos do mundo capitalista são temporários, de baixa remuneração, de pouca capacitação e comportam poucos benefícios, se por acaso comportam algum. As economias da América Latina estão nas garras de uma crise que tem durado uma década. Nos Estados Unidos, no ano de 1989, 1% das pessoas no alto da pirâmide social ganhavam juntas mais do que 40% das pessoas da base dessa pirâmide. Como Charles Handy (1996) supunha em relação à Inglaterra, ainda que o governo recentemente tenha afirmado que 82% de todos os trabalhadores têm emprego "permanente", na verdade 24% da força de trabalho são de tempo parcial, 13% são autônomos, 6% são temporários e 8% estão desempregados, perfazendo um total de 51% que não têm trabalho em tempo integral. Além disso, a duração de um emprego de tempo integral é de aproximadamente 5,8 anos. Portanto, o capitalismo realmente tem a ver com a empregabilidade, não com o emprego. O excesso de consumo (a subsidiaridade política da sub-burguesia, a grande quantidade de dirigentes, empresários e profissionais) deu-se em um tempo no qual estamos presenciando uma redistribuição enorme da riqueza dos pobres para os ricos e no qual as corporações são beneficiadas com os cortes maciços de impos-tos e com a reorientação do consumo para a nova classe média; isto também está acompanhado por uma retirada geral do movimento de trabalhadores (Callinicos, 1990). A globalização do capital desencadeou práticas de controle social e formas de dominação de classe internacionalizadas. Tal fato não quer dizer, no entanto, que certas formações e instituições culturais não sejam intermediárias na economia.

Houve uma mudança de posição entre muitos educadores e educadoras críticos norte-americanos desde as perspectivas marxistas mais precoces até as perspectivas liberais, sócio-democratas, neoliberais e até direitistas. Aqueles que estão na frente teórica lamentam a convocação de alguns escritores marxistas, como Antonio Gramsci, a serviço da agenda política neoliberal. Enfim, presenciamos a dissecação da política marxista nos debates educativos atuais e a acomodação de algumas de suas posturas no sistema do Estado capitalista. As discussões das relações e formações políticas e ideológicas estão sendo usadas por muitos educadores e educadoras esquerdistas norte-americanos como se tais âmbitos de poder social existissem anti-septicamente isolados da luta antiimperialista. Está claro que uma agenda renovada para a pedagogia crítica deve incluir as estratégias para poder dirigir e redirigir a distribuição econônimica, que a levarão muito além de sua meta pós-modernista atual de se preocupar com as noções fixas de identidade e diferença, ou de se problematizar a noção de um eu (*self*) essencial, preso ou limitado.

Centrar-se, basicamente, na "política da identidade" é um caminho que serve à classe capitalista para manter trabalhadores e grupos subalternos divididos uns contra os outros e tornar menos provável a formação de alianças que desafiem os esforços atuais para reestruturar a economia nacional e mundial.

## A EDUCAÇÃO CRÍTICA PARA O NOVO MILÊNIO

A pedagogia crítica e a educação multicultural devem orientar-se para a persistência adaptativa do capitalismo e para temas do imperialismo capitalista e suas manifestações específicas de capacidade acumulativa por meio das conquistas (às quais nos referimos com o termo mais benigno de *colonização*). Em outras palavras, a pedagogia crítica precisa estabelecer um projeto de emancipação que vá além de simples concessões à força das atuais instituições e estruturas capitalistas; deve, antes de mais nada, centrar-se em torno da transformação das relações de propriedade e da criação de um sistema mais justo de apropriação e de distribuição do bem-estar social. Não é suficiente ajustar o nível de financiamento escolar inicial a partir do nível de pobreza dos estudantes, propor subvenções suplementares para a pobreza ou um conhecimento insuficiente do inglês, aumentar os impostos locais em benefício das escolas, reclamar aos governos que dêem ajudas suplementares a comunidades com valores de propriedade baixos ou lutar pela igualdade de subvenções para essas comunidades (embora todos esses esforços sejam passos que nos conduzam para a direção correta). Defendo uma visão fundamentalmente mais ampla, baseada na transformação das relações econômicas mundiais (em uma lógica diferente, se desejarem) que transcenda um mero reformismo das relações sociais existentes de produção e de divisão internacional do trabalho (Kincheloe, 1998).

As explicações dos marxistas e dos neomarxistas identificaram claramente as práticas imperialistas dos recentes movimentos para uma acumulação do capital mundial fundamentada em um monopólio corporativo do capital e na divisão internacional do trabalho. Nas sociedades ocidentais, viu-se uma mudança progressiva em seu desenvolvimento, que muitos liberais denominam surgimento do individualismo, norma da lei e autonomia da sociedade civil. No entanto, em uma perspectiva marxista e neomarxista, esses desenvolvimentos (que pretendem ser reais) para a democracia podem ser vistos como:

> *[...] novas formas de exploração e de dominação (o poder constitutivo de baixo continua sendo, apesar de tudo, o poder dos de cima), novas relações de dependência pessoal e escravidão, privatização da extração do excedente e transferência das antigas opressões do Estado para a sociedade; isto é, a transferência das relações de poder e de dominação do Estado para a propriedade privada* (Meiksins Woods, 1995, p.252).

Desde o triunfo do capitalismo europeu no século XVII, a burguesia obteve o poder legal, político e militar para, em busca da acumulação, destruir praticamente a maior parte da sociedade (Petras e Morely, 1992). O capitalismo, nas sociedades avançadas ocidentais, deve transformar-se, se quisermos desafiar com êxito as desigualdades extra-econômicas, como, por exemplo, o racismo e o sexismo. Embora seja verdade que a identidade das pessoas já não se identifique com as classes sociais, essa variável continua marcando suas vidas de uma forma determinante; a luta contra o capitalismo é a melhor maneira para rearticular as identidades na construção de um projeto socialista radical. Como Ellen Meiksins Wood aponta:

> *[...] o capitalismo é algo mais do que um sistema de opressão de classes: constitui um processo totalizador sem normas que determina nossas vidas em todos os aspectos e condiciona toda a nossa vida social aos requisitos abstratos do mercado* (1995, p.262-263).

Não devemos acomodar-nos às normas de valor do capitalismo, como nos lembra István Mészáros (1995). O desafio é trabalhar para a expropriação dos capitalistas, mas também nos assegurarmos de que o projeto socialista permanece firme e autocrítico. A luta por uma democracia socialista deve ser considerada inseparavelmente ligada à luta contra o racismo. Os educadores e as educadoras críticos devem considerar como foi desenvolvido o racismo em suas atuais encarnações, as quais foram desenvolvidas fora do modelo dominante de produção mundial ocorrido nos séculos XVII e XVIII; concretamente, fora das plantações coloniais do Novo Mundo com escravos importados da África para produzir bens de consumo, como tabaco, açúcar e algodão (Callinicos, 1990). Como a classe trabalhadora imigrante foi dividida (historicamente) por razões raciais é um processo que precisa ser entendido pelos que se dedicam à educação multicultural. Como, por exemplo, o racismo pode dar aos trabalhadores brancos uma identidade particular que os una diretamente aos capitalistas brancos?

A pedagogia crítica, como também a educação multicultural, deve aprofundar-se no alcance de sua teoria cultural e economia política e aumentar sua participação nas análises empírico-sociais, a fim de orientar mais criticamente a formação de intelectuais e instituições dentro das tendências históricas atuais. A pedagogia crítica e a educação multicultural requerem mais do que boas intenções para alcançar seu objetivo. Necessitam de um movimento revolucionário de educadores e educadoras baseado nos princípios de uma ética da compaixão e da justiça social, de uma ética socialista fundamentada na solidariedade e na interdependência social e de uma linguagem crítica capaz de chegar às leis objetivas da história (San Juan, Jr., 1996). É uma tarefa especialmente difícil, levando-se em conta os imperativos educativos atuais que têm conexão com as iniciativas corporativas que, freqüentemente, utilizam o termo *democracia pública* para mascarar um modelo de democracia privatizada (ver Sehr, 1997). Devido às políticas educativas atuais dos Estados Unidos, que têm como objetivo servir aos interesses da economia mundial (de fato, serve ao governo mundial do FMI, Banco Mundial, G-7, GATT e outras estruturas), torna-se imperativo que os educadores e as educadoras críticos da educação multicultural renovem seu compromisso na luta contra a exploração em todos as frentes (Gabbard, 1995). Dando ênfase a uma dessas frentes, a da luta de classes, quero destacar que o enfoque renovado marxista da pedagogia crítica que defendo não conceitualiza raça e gênero como estáticos, ou resultados estruturais das relações sociais capitalistas de vantagem ou desvantagem, mas situa tais antagonismos na teoria da agência que considera a importância da política cultural e da diferença social. Longe de desativar a esfera cultural levando em conta, apenas e principalmente, o serviço da acumulação de capital, a pedagogia crítica e a educação multicultural devem reconhecer a especificidade de lutas concretas em torno de micropolíticas de raça, classe, gênero e formação sexual. Contudo, ao realizar isso, não deve fazer com que se perca a imagem da divisão mundial do trabalho trazida pelas forças de acumulação capitalistas. Uma pedagogia crítica baseada na luta de classes que não se defronta com o racismo, o sexismo ou a homofobia não eliminará a destrutiva proliferação do capital.

A pedagogia crítica à qual me refiro deve ser menos informativa e mais performativa, menos orientada para questionamento de textos escritos e mais baseada nas experiências vividas pelos próprios estudantes. A pedagogia crítica que estou revisando a partir de uma perspectiva marxista é uma pedagogia que vai contra o fundamentalismo textual, o fetichismo ocular e a abstração monumental da teoria que caracteriza as práticas mais críticas dentro das aulas. Peço uma pedagogia em que se observe uma ética revolucionária multicultual (a que se vive nas ruas), mais do que reduzi-la à mera prática de leitura de livros-texto (ainda que a leitura de textos, juntamente com outros textos, contra outros textos e sobre outros textos, seja um bom exercício). Os educadores e as educadoras devem construir sobre a política textual que domina a maioria das aulas multiculturais, comprometendo-se com uma política de investimento real e eficaz que significa "praticar o discurso", e trabalhar naquelas comunidades a que se proponha servir. Uma pedagogia crítica para a educação multicultural deve acelerar a sensibilidade afetiva das estudantes, bem como proporcionar-lhes uma linguagem de análise social, de crítica cultural e de ativismo social para diminuir o poder e a prática do capitalismo. As oportunidades devem ser orientadas para os estudantes, para trabalhar em comunidades nas quais se possa estar com populações econômica e etnicamente diversas (como também *gays* e lésbicas) no contexto de uma comunidade ativista e de participação em movimentos sociais progressistas.

Os estudantes devem ir além do simples conhecimento da prática crítica multicultural; também devem ir até o entendimento personificado e corpóreo dessas práticas e até sua melhora efetiva no que concerne à vida cotidiana, já que esta é a maneira de desviar e de transformar o poder invasor do capital.

## NOTA DO AUTOR

O autor agradece a Nick Burbules por suas provocantes e inteligentes críticas e suas excelentes sugestões para a edição, assim como por seu estímulo; e a Jenny McLaren por suas sugestões e críticas.

O texto original foi apresentado na conferência "Thirty years Later: A retrospective on Che Guevara, Twentieth-Century Utopias, Dystopias", California University, Los Angeles, 24 e 25 de outubro de 1997, e foi revisado na convenção anual da National Association for Multicultural Education, em Albuquerque, Novo México, 31 de outubro de 1997.

A última parte do texto foi baseada na introdução da seção especial da revista *Teaching Education*, que está no prelo. Uma versão mais ampla do mesmo será publicada em *Educational Theory*.

## NOTAS

[1] Benoist é um comentarista radical conservador.
[2] Os pactos regionais e de liberalização que surgiram durante a década passada (a Organização Mundial do Comércio, o Tratado de Livre Comércio, a União Européia, o Mercosul latino-americano e as negociações recentes da organização de Cooperação e Desenvolvimento Econômico em torno do Acordo Multilateral acerca do Investimento) estão formando a nova ordem mundial de acordo com as condições mais idôneas de investimento para as corporações multinacionais. Qualquer coisa que impeça o investimento estrangeiro (isto é, normas e regulamentos que protejam trabalhadores e trabalhos, bem-estar público, meio-ambiente, cultura e negócios domésticos) será eliminada. A Organização Mundial do Comércio (que foi criada em 1º de janeiro de 1995, depois da assinatura do GATT de Livre Comércio Mundial em 1994) e o Fundo Monetário Internacional (FMI) trabalham para conseguir as concessões comerciais daqueles países cuja economia está em apuros e para ganhar acesso aos setores desprotegidos da economia do Terceiro Mundo. A OMC, o FMI, a OCDE, a Câmara de Comércio Internacional, a Mesa Redonda Européia dos Empresários, a União da Confederação Européia de Indústrias e Empresá-

rios, o Conselho dos Estados Unidos para o Negócio Internacional, a Organização Internacional de Empresários, o Conselho de Negócios sobre Assuntos Nacionais, o Conselho para o Desenvolvimento Sustentado, a Comissão das Nações Unidas de Comércio e Desenvolvimento, o Comitê Assessor de Negócio e Indústria, todos trabalham para assegurar o controle do mercado e ajudar as corporações multinacionais a chegarem a ser algumas das maiores economias do mundo. Nos Estados Unidos, os centros de investigação em Sillicon Valley, estrada 128 em Boston, o triângulo da investigação na Carolina do Norte (Raleigh/Durham) e Fairfax County (Virgínia) e outros lugares por todo o país não só estão facilitando as possibilidades para o comércio eletrônico, como estão criando contextos tecnológicos para fusões corporativas e aquisições.

[3] Para um maior debate sobre multiculturalismo e globalização, ver McLaren (1997a e b).

## REFERÊNCIAS BIBLIOGRÁFICAS

ADDA, J. (1996): *La Mondialisation de L'Economie*, 2 vols. Paris. Decouverte.
AIJAZ, A. (1998): "The Communist Manifesto and the Problem of University", in *Monthly Review*, v. 50, n. 2.
AMIN, S. (1989): *Eurocentrism*. Nova York. Monthly Review Press.
AMIN, S. (1997): *Capitalism in the Age of Globalization*. Londres e Nova Jersey. Zed Books.
AMIN, S. (1998): *Specters of Capitalism: A Critique of Current Intellectual Fashions*. Nova York. Monthly Review Press.
ASHLEY, D. (1997): *History without a Subject*. Boulder, CO. Westview Press.
BENOIST, A. de (1996): "Confronting Globalization", *Telos*, n. 108, p. 117-137.
CALLINICOS, A. (1990): *Against Postmodernism: A Marxist Critique*. Nova York. St. Martin's Press.
DAVIES, S.; GUPPY, N. (1997): "Globalization and Educational Reforms in Anglo-American Democracies", in *Comparative Education Review*, v. 41, n. 4, p. 435-459.
ENGELHARD, Ph. (1993): *Principes d'une Critiaud de l'Économie Politique*. Paris. Arléa.
F. NOBLE, D.F. (1998): "Digital Diploma Mills: The Automation of Higher Education", in *Monthly Review*, v. 49, p. 38-52.
GABBARD, D. (1995): "NAFTA, GATT, and Goals 2000: Reading the Political Culture of Post-Industrial America", in *Taboo*, v. II, Outono, p. 184-199.
GEE, J.P.; HULL, G.; COLIN LANKSHEAR, C. (1996): *The Nova Work Order*. St. Leonards, Australia. Allen and Unwin.
HANDY, Ch. (1996): "What's It All For? Reinventing Capitalism for the Next Century", in *RSA Journal*, v. CXLIV, n. 5475, p. 33-40.
HAYEK, F. V. (1994): *The Road to Serfdom*. Chicago. The University of Chicago Press.
JOEL SPRING, J. (no prelo): *Education and the Rise of the Global Economy*. Nova Jersey. Lawrence Erlbaum Associates.
KINCHELOE, J. (1998): *How Do We Tell the Workers? The Socio-Economic Foundations of Work and Vocational Education*. Boulder, CO. Westview.
KINCHELOE, J.; STEINBERG, S. (1998): *Students as Researchers*. Londres. Falmer Press.
KOVEL, J. (1997): "The Enemy of Nature", in *Monthly Review*, v. 49, n. 6, p. 6-14.

MCLAREN, P. (1995): "Critical Pedagogy in the Age of Global Capitalism: Some Challenges for the Educational Left", in *Austrialian Journal of Education*, v. 39, n. 1, p. 5-21.
MCLAREN, P. (1997): *Revolutionary Multiculturalism: Pedagogies of Dissent for the Nova Millenium*. Boulder, CO. Westview Press.
MCLAREN, P. (1997a): *Multiculturalismo crítico*. São Paulo, Brasil. Cortez Editora e Instituto Paulo Freire.
MCLAREN, P. (1997b): *Revolutionary Multiculturalism*. Boulder, CO. Westview Press.
MCLAREN, P.: "The Pedagogy of Che Guevara", *Cultural Circles* (no prelo).
MCLAREN, P.; FARAHMANPUR, R. (1996): "Introduction", in TEJEDA, C.; LEONARDO, Z.; MARTINEZ C. (orgs.): *Charting Nova Terrains in Chicana (o)/Latina (o) Education*. Creskill, Nova Jersey. Hampton Press (no prelo).
MEIKSINS WOOD, E. (1995): *Democracy Against Capitalism: Renewing Historical Materialism*. Cambridge, Inglaterra. Cambridge University Press.
MEIKSINS WOOD, E. (1998): "Class Compacts, The Welfare State, and Epochal Shifts: A reply to Frances Fox Piven y Richard A. Cloward", in *Monthly Review*, v. 49, n. 8, p. 25-46.
MÉSZÁROS, I. (1995): *Beyond Capital: Toward a Theory of Transition*. Nova York. Monthly Review Press.
MILTON FRIEDMAN, M. (1962): *Capitalism and Freedom*. Chicago. University of Chicago Press.
ORTNER, S. (1998): "Identities: The Hidden Life of Class", in *Journal of Anthropological Research*, v. 54, n. 1, p. 8-9.
OSTENDORF, B. (1996): "On Globalization and Fragmentation", in *2be, A Journal of Ideas*, v. 4. n. 9-10, p. 41.
PETRAS, J.; MORELY, M. (1992): *Latin America in the Time of Cholera. Electoral Politics, Market Economies and Permanent Crisis*. Nova York e Londres. Routledge.
RIFKIN, J.: "The Biotech Century: Human Life as Intellectual Property", in *The Nation*, n. 13, p. 12.
SAN JUAN, E. (Jr.) (1996): *Mediations: From a Filipino Perspective*. Pasig City, Filipinas. Anvil Publisching, Inc.
SCOTT G. MCNALL, S.; RHONDA F. LEVINE, R.; FANTASIA, R. (orgs.) (1991): *Bringing Class Back*. Boulder, São Francisco e Oxford. Westview Press.
SEHR, D.T. (1997): *Education for Public Democracy*. Albany. Nova York. SUNY Press.
STREET. P. (1998): "The Judas Economy and the Limits os Acceptable Debate: A Critique of Wolman and Colamosca", in *Monthly Review*, v. 49, n. 9.
WAINWRIGHT, H. (1994): *Arguments for a Nova Left: Answering the Free Market Right*. Londres e Cambridge, EUA. Blackwell.
WOLFF, R.; RESNICK, S. (1986): "Power, Property, and Class", in *Socialist Review*, v. 16, n. 2, p. 97-124.

# 7

# Reforma, conhecimento pedagógico e administração social da individualidade: a educação escolar como efeito do poder

*Thomas S. Popkewitz*
Wisconsin-Madison University

Uma das preocupações dos educadores e dos pesquisadores é a de pensar nas reformas educativas como atividades de princípios que proporcionem as mudanças necessárias para acomodar o sistema educativo de um país aos objetivos nacionais e aos compromissos sociais adquiridos[1]. Qualquer que seja a posição ideológica, considerou-se a educação como uma atividade de princípios com a qual se pode promover, entre outras coisas, a justiça, a eqüidade, a formação de cidadãos democráticos ou a de trabalhadores mais precisos e competentes. Minha discussão sobre a questão da reforma vai por caminhos muito diferentes dos anteriores. Nela adoto a posição segundo a qual a reforma (e a escolarização) é um problema de administração social[2] e que essa administração pretende constituir (e reconstituir) a alma do indivíduo. Na modernidade, o problema liberal da administração social é "fazer" o indivíduo em prol da liberdade, com um significado do termo liberdade construído através de conceitos, tais como os de automotivação, auto-realização, capacitação pessoal e voz. Todavia, a liberdade pretendida não é um princípio absoluto sobre a emancipação individual ou coletiva que existe como tal, fora de uma forma específica de sociedade e de sociabilidade, mas uma "liberdade" construída socialmente dentro das "fronteiras da ação". A administração social da liberdade tenta fazer desses limites parte das qualidades e das características interiores do *eu*, chegando, assim, à *alma* e aos efeitos do poder. Para expressar essa relação entre administração social e liberdade de uma maneira um tanto distinta, não existe noção alguma de liberdade que não venha acompanhada de uma concepção determinada da história, da cultura e da sociedade, em que se "transforma" o indivíduo em alguém capaz de agir com um certo senso de responsabilidade e com aparente autonomia. Este texto trata das construções e das mudanças dessas fronteiras ou limites por meio dos quais se administra socialmente a liberdade.

O texto aprofunda-se na função de governo (*governing*) da reforma mediante a exploração de suas formas modernas como práticas administrativas estatais que buscam a consecução da liberdade individual. No entanto, desde finais do século XIX no Ocidente (e em seu meio colonial), essa administração não consistiu em organizar a política governamental para estabelecer direções e princípios em torno dos quais organizar as práticas educativas, tampouco teve a ver com o planejamento de práticas organizacionais que permitam o êxito individual. O governamental superpôs racionalidades políticas na própria disciplina interna pela qual os indivíduos agem e da qual participam. Com todas as suas ironias, a administração social da liberdade está relacionada com o que Michel Foucault (1979) denominou *governamentabilidade*, uma noção que atente à conexão entre conhecimento e poder que ocorre através da ordenação e da disciplina das regras e dos padrões mediante os quais os indivíduos "raciocinam" sobre eles mesmos e sobre suas ações no mundo. A pedagogia e as reformas educativas estão inseridas na problemática de uma administração que desenvolve e nutre a "alma" da criança.

Fixo-me na administração social da individualidade para apontar um "fato" significativo da vida moderna contemporânea. O poder é exercido não tanto mediante a força bruta, mas sim por meio de vias nas quais o conhecimento (as regras da razão) constrói os "objetos" com os quais organizamos e agimos diante das questões, dos problemas e das práticas da vida diária.

Neste estudo, tal intervenção sobre reforma escolar dá lugar a dois focos de atenção coincidentes. O primeiro é a consideração das práticas de reforma escolar como modelos de administração social. Agora, a administração social de que falo não é o conjunto de práticas ou processos organizacionais formais, mas o conhecimento que ordena e disciplina a ação e a participação, isto é, o conhecimento é uma prática da administração social. O segundo (relacionado com o anterior) é o exame do sistema de "razão" na educação como gerador de princípios sobre inclusão e exclusão sociais. Assim, embora a maioria dos estudos sobre educação considere a inclusão e a exclusão como problemas de grupo e de representação e acesso individuais, minha preocupação é diferente. É, antes de mais nada, como o processo de "resolução de problemas" implícito no planejamento de políticas e na pesquisa educativa qualifica e desqualifica os indivíduos para construir princípios que normalizam e dividem as capacidades de professores e de estudantes.

# A REFORMA COMO ADMINISTRAÇÃO SOCIAL DO GOVERNO DA ALMA: PADRÕES DE ADMINISTRAÇÃO SOCIAL E DE LIBERDADE

Para considerar o problema da administração social na reforma educativa, recorro historicamente, em primeiro lugar, à idéia de reforma que aparece na Europa e na América do Norte no século XIX. Recorro a esses contextos para dar conta de uma série de conjunturas históricas diferentes que possibilitam certas idéias sobre a escola moderna que configuram uma forma particular de administração social da individualidade. As conjunturas históricas diferentes formaram padrões, um leque de movimentos ou entradas em que diferentes discursos sociais, culturais e políticos começaram a concordar em unir o problema da administração social com o problema da liberdade. As diferentes "entradas" históricas nas quais me fixo são, superpostas, a construção do Estado moderno entendido como um ente que deve "preocupar-se" com sua população, a transformação de cosmologias religiosas em cosmologias seculares ao falar da *alma do cidadão* e a formação da ciência social como um programa de conhecimento socialmente consagrado para a produção, com discursos modernos da infância em pedagogia que tornam possível a escola moderna. Esse item trata do Estado como cuidador da *alma da criança*, e os outros se referem à ciência social e à pedagogia. Interesso-me pela história para elaborar precisamente uma história do presente na qual considero tanto a educação quanto o conhecimento pedagógico como efeitos do poder que estão experimentando mudanças nas reformas educativas contemporâneas.

### O Estado como prática de governo

A idéia de reforma social na Europa e na América do Norte está relacionada com a construção da concepção moderna do Estado que foi levada da Europa para os cenários coloniais para dotar de um sistema administrativo as práticas de colonização que ocorriam em nível global (Badie e Birnbaum, 1983). No século XIX, uma enorme mudança social, cultural e material fez-se evidente na Europa e na América do Norte. A maior parte das discussões sobre essas mudanças centra-se nas mudanças físicas ocasionadas pela industrialização, pela urbanização e pelo auge das democracias liberais e do capitalismo. Pode ser identificada, por exemplo, a construção de novas instituições relacionadas com o ordenamento do aparato legal e administrativo do Estado originadas a partir de funções de bem-estar social que, entre outras coisas, coordenavam as relações entre a economia e as instituições sociais. As agências de bem-estar social assumiram responsabilidades nos terrenos do trabalho infantil, da saúde, da educação e do planejamento social.

Entretanto, as maciças mudanças do século XIX na Europa e na América do Norte incorporaram práticas de conhecimento particulares para "vigiar" os territórios dos novos Estados-Nação mediante novas instituições sociais e tecnologias de planejamento. A mera força bruta do soberano e da igreja foi enquadrada em um novo tipo de relações nas práticas de governo associadas ao liberalismo e à democracia. A arte de governar já não resgatava a possibilidade de derrubar portas e exigir obediência simplesmente sobre a base da obediência devida ao soberano (rei ou Deus), mesmo que isso ainda seja possível. O novo Estado já não se dedicava unicamente a proteger territórios e assegurar as fronteiras físicas. Cuidar do território do Estado incluía também cuidar de sua população e, por extensão, proteger a individualidade dos participantes (ver, por exemplo, Swann, 1988). As instituições de saúde pública, de educação e de emprego, entre outras, foram planejadas para controlar as incertezas (e os riscos) de maneira que tornaram mais domináveis as mudanças sociais. Ao mesmo tempo, essas instituições produziram estratégias que geravam progresso por meio da administração social (ver, por exemplo, Hacking, 1990). As práticas institucionais estabeleciam novas formas de participação, interpretação, gestão social e melhoria (ver, por exemplo, Orloff e Skocpol, 1984).

A democratização do indivíduo tornou-se um problema de administração pública. A arte de governar foi realizada mediante os princípios de "razão" ("pessoas razoáveis") que disciplinavam e produziam a ação e a participação. As agências do Estado estabeleceram um vínculo entre os macroprogramas de governabilidade estatal e as microorganizações da família e da escola (Foucault, 1979). Correspondia ao Estado dar forma ao indivíduo de maneira que dominasse a mudança mediante a aplicação dos princípios da racionalidade e da razão (ver, por exemplo, Hunter, 1994). As crenças iluministas sobre o cidadão transformaram-se em uma entidade de reflexão política, administração social e racionalidade científicas. O bom cidadão, o bom membro de família, o bom trabalhador, a boa pessoa foram construídos através de práticas administrativas dirigidas para ajustar e dar forma ao cidadão. Contudo, os novos sistemas de governo mantinham-se a certa distância, agindo mediante os sistemas de conhecimento que representavam princípios para que o indivíduo agisse como um cidadão, trabalhador, membro de família, etc., responsabilizado e motivado.

O padrão da administração social estava imbricado no padrão da liberdade. Com isso, quero dizer que os discursos reinantes no período da troca de século construíram noções de liberdade exatamente como a entendiam os ideais liberais quanto à idéia do cidadão autônomo, participativo e consciente. As teorias da ação fizeram da individualidade interna do ator o lugar da mudança em que aquele torna efetivos interesses culturais e produz uma autoridade coletiva. A visão da individualidade era diferente das noções prévias de soberania sem limites, de mundo fixado pela posição social ao nascer e de seres humanos sujeitos ao destino ou aos deuses (Meyer e cols., 1997). O problema do governo (*governing*) inscrevia-se nas disposições e nas capacidades da individualidade.

A união dos padrões de administração social e liberdade deu lugar a configurações históricas particulares que foram envoltas na aura de alguns projetos de reforma. Em primeiro lugar, a administração social era um governo do eu que acoplou algumas normas históricas particulares e generalizou-as como "direitos" universais do cidadão. Em toda a Europa, na América do Norte e nas colônias, a universalização das normas particulares do indivíduo e do cidadão estava representada pelos próprios princípios do liberalismo. Projetados como direitos universais e "inalienáveis" do indivíduo, as revoluções americana e francesa, por exemplo, foram dotadas de uma projeção global, apesar de imporem certas imagens européias e narrativas do cidadão que eram, entre outras cosias, sexualmente distorcidas e excludentes do "outro", colonizado por europeus. Como Metha (1997) argumenta, a inserção do liberalismo como sistema universal de valores ajudou tanto os movimentos de libertação quanto a justificativa da violência em nome de seus *universais*.

Em segundo lugar, o universalismo do liberalismo (com suas histórias de salvação secular) implicou, em parte, um estilo particular de "resolução de problemas" que podemos denominar *racionalização populacional*. Com o desenvolvimento do darwinismo e com a queda da certeza das cosmologias eclesiásticas, surgiu uma perspectiva que reconheceu a contingência, mas que também inseriu uma forma de administração social que incluía o "controle do acaso", para usar uma expressão de Ian Hacking (1990).

A racionalização populacional gera um modo de organizar os indivíduos em grupos e de normalizar certos aspectos desse grupo para o planejamento social com base no desenvolvimento de estatísticas e na razão da probabilidade. A estatística, uma palavra francesa para referir-se à aritmética estatal ou política, converteu-se em um método de administração no século XIX para governar as populações frente à possibilidade de epidemias sanitárias, ao crescimento do comércio, à industrialização e à urbanização. A racionalização populacional ficou integrada nas doutrinas políticas liberais sobre o papel do Estado no cuidado do indivíduo. (A estatística incluiu originalmente dados tanto qualitativos como quantitativos, mas essa é outra história.) Dessa forma, podem ser concebidas novas teorias científicas do desenvolvimento infantil, novas identidades laborais construídas a partir de estatísticas sobre o emprego/desemprego e planejamento urbano combinadas com a elaboração de censos como estratégias sociais para controlar os avanços do acaso (e do risco) em nome da produção do progresso.

A escolarização maciça ficou enquadrada nesse movimento encaminhado para administrar socialmente o crescimento, o desenvolvimento e a evolução da sociedade. A escola, como projeto de reforma, devia ocupar-se dos processos de socialização a partir dos quais a criança podia chegar a ser o adulto que agisse de maneira responsável em novos contextos de governo da modernidade. A escola representava noções liberais sobre o indivíduo disciplinado que agia responsavelmente e, assim, uniu-se ao trabalho de construir a criança que havia de ser civilizada como o novo cidadão, a práticas de administração social que faziam uso de uma razão populacional para domesticar contingências históricas em forma de política social, administração social e razão científica.

Ainda que essa função de administração social, com o Estado como guardião do "bem" coletivo, seja mais clara nos modelos de governo da Europa continental, a idéia de administração social ajuda a esclarecer um suposto paradoxo nos Estados Unidos. Assim, embora a mitologia popular (e acadêmica) da reforma educativa norte-americana tenda a definir os Estados Unidos como um sistema descentralizado governado por distritos escolares locais e pelos governos dos Estados, esse quadro não é aplicável quando se analisa a ação de governo em nível discursivo da pedagogia e da política. As políticas e as ciências da administração social não só produziram um conhecimento cognoscitivo para o planejamento social, como também disciplinaram as capacidades, os valores, as disposições e as sensibilidades através das quais os indivíduos problematizam o mundo e a individualidade.

## O cuidado da "alma"

A união dos padrões da administração social e da liberdade nas práticas de reforma configuram a "alma" como o lugar de administração. As novas histórias de salvação combinaram cosmologias religiosas que haviam sido secularizadas para "revelar" os novos princípios de governo do liberalismo (ver, por exemplo, Weber, 1958)[3]. As dimensões morais e religiosas uniram-se às noções liberais da individualidade, das racionalidades científicas e dos discursos de política social que fizeram uso de uma razão populacional para controlar as contingências históricas na construção da criança cuja "alma" devia ser civilizada para transformar-se no novo cidadão. Já não se tratava de uma alma religiosa que havia de se salvar no além, mas o objeto da administração social estava centrado em torno do governo das disposições internas, das sensibilidades e da consciência do indivíduo. As narrativas de salvação individual eram expressas agora em nome da "liberdade" e do progresso.

A busca da *alma* deriva de uma tradição messiânica de redenção especificamente ocidental[4]. As concepções eclesiásticas prévias de revelação, no entanto, são transferidas para estratégias para administrar o desenvolvimento pessoal, a auto-reflexão e o crescimento moral interno, autoguiado do indivíduo (ver Foucault, 1984; Rose, 1989; para discussões sobre as cosmologias religiosas e as teorias de mudança social e sua avaliação, Popkewitz, 1984, 1991)[5].

As práticas deviam fazer das disposições, das capacidades e das sensibilidades da democracia liberal a identidade do indivíduo, substituindo a cosmologia dos sentidos religiosos da alma por outra associada à modernidade e às suas capacidades racionais e ativas do ser. O planejamento adequado, através das práticas de administração social, acreditava-se, produziria um cidadão novo-"homem novo" (sic), que se desenvolveria de maneira competente em contextos sociais, econômicos, políticos e culturais mutantes.

A administração social da alma estava imbricada em novas idéias de família, infância e "comunidade" (vizinhança) que circularam no século XIX. Christopher Lasch (1979) defendeu a tese de que as "novas" idéias sobre a infância contribuíram para precipitar uma nova concepção da família, entendida como um ponto no qual se entrelaçam problemas de terrenos tão díspares como os da administração social do Estado, a saúde pública e os moralistas[6]. A administração social da sociedade era, por sua vez, a administração social da individualidade, exatamente como se inscrevia nas relações da família e da infância.

As histórias de salvação para o cuidado da criança já estavam inscritas nas teorias científicas e nas práticas reformistas no final do século XIX. As concepções de criança anteriores ao final do século XVII faziam com que os pais europeus e americanos a concebessem como um portador de todo tipo de males, contaminado pelo pecado original, alguém que só por meio de esforços físicos e emocionais poderia ser arrebatado com luta das mãos de Satanás (Paolleti e Kregloh, 1989). A concepção de Locke, em 1692, exposta em suas *Considerações sobre a educação*, foi uma visão revolucionária da criança como *tabula rasa*, um quadro-negro não-escrito em que os professores e os pais podem inscrever crenças, comportamentos e conhecimentos.

No entanto, pelo final do século XIX, foram manifestas as mudanças nas concepções reinantes sobre a criança e sobre como a família devia tratá-la, que se traduziram em uma fé em dar "acesso às crianças em tenra idade" e desenvolvê-las mediante concepções do natural e do científico para o que devia ser a criança racional americana típica. Imaginava-se a criança e a família observadas por meio de um amálgama de tecnologias científicas de observação e de avaliação, combinadas com a racionalização estatística do acaso e das probabilidades, com o fim de descrever a criança, o pai, a família e o professor que fossem normais e bons. As normas de aprendizagem, de desenvolvimento e de êxito incluíam noções de estabilidade e de ação como parte de um grupo social e coletivamente funcional. Por sua vez, as normas de aprendizagem, de desenvolvimento e de êxito descreviam o que deveria ser considerado como progresso e evolução.

As narrativas do imaginário político nos Estados Unidos, por exemplo, foram representadas na visão da família "civilizada" que produz a criança. Na segunda metade do século, as teorias da infância nas instituições de bem-estar do cuidado infantil e da educação revisaram a noção da individualidade do pai, da comunidade e da criança. Agora, a família e sua vizinhança ofereciam a socialização adequada pela qual os sociólogos acreditavam que a criança podia perder sua condição, seu desejo e seu orgulho de poder inatos e que impediam sua civilização.

As mudanças nas idéias reinantes sobre a infância e o vestir na mais tenra infância ofereciam modelos do desenvolvimento infantil para a idade adulta nos quais sua "santidade" necessitava ser protegida contra os adultos, para evitar, por tanto tempo quanto fosse possível, a triste imagem de crianças perdendo sua inocência. Essa visão podia ser encontrada mais claramente no vestir (por exemplo, atrasando tanto quanto possível o momento em que as crianças pequenas começassem a usar roupas próprias de seu sexo e começassem a "parecer adultas"), assim como em uma nova forma de administração social da criança por parte de todos aqueles envolvidos no negócio do "cuidado infantil".

A administração social da criança estava estabelecida nas diversas práticas culturais e sociais:

> *No lugar de um caráter predeterminado, presumia-se para a criança um caráter benigno potencial que podia ser modelado até dar uma forma mais desejável por meio do exemplo suave e da disciplina firme* (Paolletti e Kregloh, 1989, p.25).

No entanto, a administração social do novo cidadão, ou da nova criança, não se desenvolveu por meio de argumentos de princípios ligados à filosofia política, mas por meio de argumentos pragmáticos relacionados com as trajetórias históricas múltiplas que existiam nos séculos XIX e XX. A união específica do governo do Estado com o governo da sociedade civil (a contraposição público/privado) emerge nas guerras religiosas européias dos séculos XVII e XVIII e na filosofia política (Hunter, 1994). A diferenciação entre os terrenos do "público" e do "privado", representativos de dois tipos distintos de comportamento ético, devia assim pacificar comunidades divididas mediante a imposição de uma concepção do bem público politicamente unificadora. Hunter (1994) argumenta:

> *As liberdades associadas às sociedades liberais, a tolerância religiosa e a liberdade de culto foram originadas como parte dos esforços administrativos estatais para governar comunidades fratricidas, mais do que como expressão de instituições democráticas ou da resistência popular. Foram criadas uma tolerância não-violenta e uma esfera pragmática de deliberação política através da separação forçada entre o comportamento cívico do cidadão e a sua consciência pessoal privada e através da subordinação dos absolutos espirituais aos objetivos governamentais. A educação foi, então, um mecanismo utilizado pelo Estado para conceitualizar e organizar um enorme programa de pacificação, disciplina e formação já em marcha que se encarregasse de capacitar política e socialmente o cidadão moderno.*

Por que enfatizei essa idéia da administração social da liberdade diante do problema de estudar a reforma? Há um paradoxo (e uma ironia) nos padrões gêmeos que, como exponho mais adiante, estão presentes ainda hoje em dia. As reformas da troca de século e de nosso tempo são portadoras de princípios do que denominarei *subjetividade cosmopolita*, isto é, de um sentido de ação pessoal e da participação que não tem nenhum lar geográfico e que pode viajar pelas múltiplas fronteiras que formam os mundos dos negócios, da política e da cultura. Essa subjetividade cosmopolita possibilita a globalização e é um conceito retirado da literatura sobre sistemas mundiais e internacionalização (Meyer *et al.*, 1997). Os princípios que ordenam a construção do eu não são universalistas, mas modelos particulares de seletividade que, como defenderei mais adiante, produzem novas formas de exclusão quando as reformas educativas relacionam-se com categorias como as de pobreza, raça e gênero, entre outras.

## AS PRÁTICAS DE CONHECIMENTO DAS CIÊNCIAS SOCIAIS E A REFORMA

A reforma, como problema da administração social da *alma da criança,* evidenciava um conhecimento científico e burocrático particular. Essas formas de conhecimento eram habitualmente associadas à burocracia, mas os sistemas de conhecimento originados nas disciplinas científico-sociais entrelaçavam-se com a produção de "histórias de salvação" em todo o mundo e tornavam-na possível (Meyer *et al.* 1997). Essas histórias formularam uma narrativa universal sobre a ação iniciada e realizada pelos atores. Os conhecimentos profissionais

> [...] assimilam e desenvolvem o conhecimento racionalizado e universalista que possibilita tanto a ação como a agência (Meyer et al., 1997, p. 165).

Se situo a produção de reforma nesse processo de racionalização, observo que os diferentes discursos do liberalismo, da racionalização populacional e das narrativas protestantes de salvação estavam inscritos em uma narrativa universalista acerca da ação racional nas teorias e na experimentação das ciências sociais.

A ciência social transformou-se em uma parte das estratégias de intervenção associadas ao surgimento do estado do bem-estar no século XIX. A ciência social surgiu como parte das estratégias de intervenção do Estado. A questão que reformistas e cientistas sociais tiveram que enfrentar foi a de como dar forma à transição do Estado "liberal" do início do século XIX ao Estado regulador "positivo" do início do século XX. Os primeiros cientistas sociais preocuparam-se em combinar os imperativos morais da igreja com os do Estado na hora de produzir progresso social. Nos Estados Unidos, as ciências sociais surgiram como uma instituição "mediadora" entre o planejamento social do Estado e as instituições que se situam na própria sociedade civil. Em um contexto político de ação governamental limitada, os métodos das ciências sociais, em combinação com os imperativos morais de ajuda aos necessitados, produziram uma mudança social sistemática. Nos Estados Unidos, essas mudanças ocorreram e fizeram-se visíveis por meio de certas mudanças institucionais e sociais conhecidas sob a denominação coletiva da era progressista ou "idade da reforma" (Hofstadter, 1955). Os primeiros cientistas sociais combinaram os imperativos morais de uma doutrina social protestante universalizada com a administração social do Estado para produzirem progresso social.

As histórias de salvação em ciências sociais guardavam relação com um pressuposto radical segundo o qual a agência humana pode produzir sua própria melhora através de meios racionais de controle. Buscava-se que as novas ciências sociais do século XIX, por exemplo, estivessem a serviço dos ideais democráticos mediante a provisão de descrições aparentemente objetivas e não-avaliativas para guiar e dar ordem ao planejamento social. A autoridade do especialista, conforme se acreditava, estava fundamentada na evidência e dependia das regras da lógica e da referência ao empírico, e não ao nível social do narrador ou à autoridade de Deus.

Porém, eis o paradoxo da racionalização em ciências sociais: o sistema de teorização representava histórias de salvação particulares. A idéia de progresso social representava de forma revisada uma crença ilustrada no potencial da razão para a melhora social. O darwinismo, por exemplo, possibilitou que se trouxesse a ciência para o campo da política e do planejamento social. Supunha-se que as ciências também deviam manter uma noção secularizada da religião que concebesse a reforma como um modo de progresso secular concentrado na administração da alma. Assim, as ciências sociais faziam eco de um conhecimento consagrado sobre a autoridade coletiva por meio da produção de expectativas e de direitos dos indivíduos que agem como agentes de seus próprios interesses.

Os discursos da psicologia e da sociologia unificaram os discursos da ciência, do progresso e da salvação. As ciências sociais, institucionalizadas nos últimos anos do século XIX, substituíram a revelação pela administração da reflexão na hora de encontrar o progresso humano. As práticas religiosas confessionais foram transferidas para o plano da auto-reflexão e da autocrítica pessoais. As pessoas que se dedicam à ciência apareceram inicialmente envoltas no movimento do *evangelho social*, criado para atrair grandes figuras intelectuais e ativistas sociais em direção a um projeto comum encaminhado para levar a ética cristã ao terreno da política e do planejamento social mediante um corpo ilustrado de:

> [...] instrutores sociais, políticos, morais e religiosos, cientificamente formados (Greek, 1992, p. 158).

A sociologia americana, por exemplo, manteve uma perspectiva milenarista (Greek, 1992). As teorias e os métodos da Escola de Sociologia de

Chicago não se desenvolveram a partir de nenhuma ciência "pura", mas dos campos da teologia e do trabalho social.

As batalhas da ciência eram contra a pobreza e os efeitos prejudiciais da modernização; os objetivos centrais das ciências sociais foram a família e a criança, sendo que estas eram vistas como o grupo primário. Entender a família como *grupo primário* não era unicamente uma forma de descrever as relações sociais, mas também um valor moral em torno do qual se devia construir uma ordem social em que era preciso seguir a obra de Deus. Aplicar a idéia de grupo primário à família significava concebê-la como um "sistema de comunicação" na qual os princípios cristãos do auto-sacrifício pelo bem do grupo podiam ser destacados. O lar, disse um dos pioneiros da sociologia americana, devia fazer da família um "refúgio em um mundo sem piedade" em que os pais desenvolvessem instintos altruístas em seus filhos. A pesquisa foi centrada em questões de controle social (no sentido do planejamento institucional) que eram encaminhadas não apenas para melhorar a situação de vida dos pobres, mas também para reajustar os pobres e os imigrantes amontoados na cidade à luz de uma perspectiva milenarista.

As ciências pedagógicas também ofereciam práticas discursivas que conectavam a reforma escolar com a administração da criança. Os movimentos de reforma educativa nos Estados Unidos, por exemplo, mobilizaram trajetórias sociais e políticas mais duradouras que se movem em intensidades desiguais [*sic*]. Parte dessa mobilização foi a construção de um sistema escolar de massas. A reorganização das escolas não se reduziu ao tópico da contratação de professores, da organização das notas, da elaboração de exames ou da criação de programas de formação de professores; ela trouxe a lógica universalista da ciência social para o terreno das práticas educativas. As narrativas das práticas pedagógicas da educação progressista infundiram conhecimento de origem urbana e de classe média profissional na visão e na revisão da sociedade e de sua individualidade. Os discursos da pedagogia permitiram administrar o sentido interno do eu das crianças exatamente como os discursos religiosos prévios haviam se centrado na salvação da alma. A salvação e a redenção pessoais estavam ligadas ao desenvolvimento e à "realização" pessoais, palavras que por si próprias apontavam para motivos religiosos, embora situando-os em discursos psicológicos seculares. As categorias referentes a atitudes, aprendizagem, consciência de si mesmo e auto-estima expressavam motivos religiosos, mas enquadravam-nos em discursos seculares sobre a ciência e o progresso racional.

O governo da alma subjaz na formação das pedagogias modernas. Enquanto as pedagogias prévias buscavam a verdade na providência divina, o conhecimento pedagógico "moderno" combinou certas visões religiosas sobre a salvação com certas disposições científicas para a verdade e o governo racional do eu. A educação era um programa de disciplinamento e de formação das capacidades políticas e sociais do cidadão democrático (Hunter, 1994, p. 152-163). As crianças seriam assim redimidas, resgatadas e salvas ao fazer-se delas cidadãos produtivos (Popkewitz, 1996).

No entanto, o conhecimento pedagógico não tinha nada a ver com certa concepção neutra da racionalidade e da razão. A paritr das ciências pedagógicas deduziam-se racionalidades políticas particulares (ver, por exemplo, Hultqvist, 1998). Com a troca de século, por exemplo, as teorias e as tecnologias da pedagogia passaram a centrar-se em um indivíduo cujas disposições pudessem responder ativamente às "necessidades" sociais coletivas do lugar de trabalho, da família, da higiene e da política. O movimento científico nacional interno, para dar uma forma distinta à classe operária e ao lar burguês, assim como às concepções sobre a infância, levou as racionalidades políticas sobre o cidadão democrático liberal para os processos educativos.

Os discursos sobre o desenvolvimento e o êxito tiveram como função objetiva a de preparar e classificar os indivíduos mediante a criação de diferenciações do comportamento diário cada vez mais sutis. Hoje, ao contrário, parece "natural" falar de criança em termos do que se consideram problemas de "desenvolvimento", estabelecer normas de aproveitamento para avaliar as competências e preocupar-se com a formação da identidade por meio de conceitos como os de "auto-estima, motivação, personalidade e cognição".

Todavia, as ciências educativas não só reconstruíram a criança, mas também revisaram a identidade do professor. O professor profissionalizado tinha de ser resgatado primeiro para poder, em seguida, resgatar a criança. Durante a primeira parte do século XIX, a preparação dos professores era uma espécie de despertar que lhes permitia "professar" sua sinceridade cristã. Ensinar era uma aprendizagem que consagrava a dedicação pessoal ao trabalho e que expressava sinceridade cristã. Dava-se prioridade à inspiração acima da competência "didática" em classe. Esperava-se do Novo Professor que se comprometesse com os ideais gerais de serviço, que se formasse cientificamente e que fosse ambicioso em nível profissional, embora o significado do termo *científico* fosse diferente do que aparece como um conjunto de significados racionalizados e empíricos ligados entre si exatamente como se formou no século XX. A educação dos professores era um "processo civilizador" que normalizava as disposições e as sensibilidades daqueles que quisessem ensinar.

## O Estado, a sociedade civil e a combinação dos padrões da administração social e da liberdade

Portanto, o solapamento dos discursos do liberalismo, da ciência social e da racionalização populacional conferiu uma forma histórica particular ao problema da reforma educativa e social do século XIX. Os discursos circulam pelas instituições políticas, sociais e culturais, especialmente enquanto estas se relacionam com a construção de conceitos sobre a infância, a família e a comunidade pelos quais se devia construir a individualidade. Essa circulação de discursos entre instituições diferentes é importante para as análises que se fazem do poder no estudo da política e do governo social. Embora muitas análises do poder distinguissem entre a governabilidade estatal e a sociedade civil (com conceitos, como *voz* e capacitação [*empowerment*]), a discussão histórica precedente sugere que justo no momento histórico em que, a filosofia e a teoria social separam conceitualmente o Estado da sociedade civil, ambas as esferas encontravam-se praticamente entrelaçadas através da união dos padrões da administração social e da liberdade. Se examinarmos a escola moderna por meio dos discursos que circularam a respeito da criança e da família, por exemplo, desaparecerão as distinções entre público e privado, entre Estado e sociedade civil. As pedagogias deviam resgatar a criança de maneira que esta se transformasse em um adulto que fosse autodisciplinado, automotivado e que funcionasse como um participante produtivo nos novos projetos sociais coletivos do momento. Como conseqüência, as lutas pelos conteúdos curriculares na aurora do século XX delatavam a existência de sistemas de governo que uniam os novos problemas da administração social aos conhecimentos imperantes sobre a criança e a educação.

Essa união do Estado e da sociedade civil é importante na hora de considerar discursos contemporâneos de reforma escolar. Em um determinado nível, existe uma preocupação com o respeito ao "conhecimento prático" do professor e com o fato de que o professor-como-especialista sempre pensa em como melhorar a qualidade do ensino em aula. Em um diferente nível, no entanto, defrontamo-nos com as discussões sobre a voz nas quais, inclusive àqueles que foram excluídos do sistema escolar, se lhes há de proporcionar um lugar no processo de tomada de decisões. Ambas as discussões, com diferentes agendas ideológicas, pressupõem que haja algo de "natural" na experiência ou no empirismo que pode desafiar a distribuição de poder subjacente no sistema escolar. Porém, quando esses conceitos de *conhecimento prático* e de *voz* são levados em consideração histórica em relação aos padrões da administração social e da liberdade, o que aparece como experiência é um sistema de relevância que foi historicamente construído. O que conta como "experiência" são os efeitos do poder, e estes não podem ser considerados fora dessas relações de poder.

No entanto, inclusive nos anos de formação do sistema escolar moderno, os processos de governo ligaram as racionalidades políticas à construção de como as crianças deveriam "ver", sentir, pensar e falar do mundo e do eu como participantes ativos. O estudo sobre a construção dos discursos pedagógicos ilustra, por exemplo, como o fenômeno da escolarização concebida como um disciplinamento e uma administração da criança cruzou, a partir do século XVIII, as fronteiras nacionais da Europa e, inclusive, as da América do Norte, posteriormente.

Por outro lado, a educação do período da troca de século era baseada em um terreno de jogo desigual[7]. Os sistemas de governo que ordenam os discursos pedagógicos funcionavam como sistemas de inclusão-exclusão, sendo que tal inclusão-exclusão tinha a ver não apenas com certas categorias grupais (os afro-americanos, os americanos nativos ou a discriminação sexual). As práticas pedagógicas descartavam a participação de certas crianças que não se "adaptavam" às normas personificadas nas distinções sobre as quais se organizava a pedagogia. Embora as teorias sobre a aprendizagem e os estudos do desenvolvimento infantil fossem dirigidos para aumentar a liberdade individual através da educação, por exemplo, as categorias infantis que construíam atribuíam conjuntos de normas particulares a todas as crianças. O movimento de estudo da criança nos Estados Unidos, por exemplo, materializava determinados pares de categorias opostas para dividir as crianças: branco-negro, homem-mulher, civilização-selvageria. Esses pares de categorias classificavam as disposições subjetivas das crianças mediante normas tiradas de uma visão protestante determinada da individualidade, que era, além disso, de fala inglesa, masculina e racial. A introdução de normas produziu um sistema para classificar e desclassificar as crianças para terem acesso aos níveis de ação e de participação, designando a todas aquelas crianças que ficassem fora da norma como "inadequadas", já que se situavam fora das normas de "desenvolvimento", de capacidade e, portanto, das regras da razão.

Por isso, a reforma é uma prática de administração social para governar a alma. O governo, como já expus, não consistia apenas em dar uma determinada direção ao planejamento institucional e às funções sociais (*welfare*) do Estado. A globalização da escolarização de massas em pleno século XX era um conjunto específico de práticas de governo, inscritas nos princípios da "razão", com as quais dar forma à ação e à participação individuais; mas, ao mesmo tempo, o sistema pedagógico aparentemente universal também dava espaço a sistemas de exclusão por meio de métodos, como as distinções, as diferenças e a divisão que organiza o *ser* da criança. Embora tenha destacado especialmente essa união de padrões da administração social e da liberdade nos Estados Unidos, mudanças similares apareciam inscritas nos sistemas escolares e nos princípios de instrução construídos em outros países, como Finlândia e Portugal (ver, por exemplo, Simola, 1993; Nóvoa, 1993), e nas pedagogias soviéticas referentes à educação (Popkewitz, 1984). As narrativas universais de salvação inscritas no sistema escolar, exatamente como Meyer e colaboradores (1992) ilustraram, transformaram-se em um fenômeno global. Assim, embora ainda se possa comparar as diferentes tradições formais dos Estados no momento de organizar suas escolas e ainda se possa falar, no momento de empreender uma reforma, da existência de uma alternativa entre um planejamento centralizado ou descentralizado do sistema escolar, isto se refere somente a uma pequena diferença no momento de determinar qual é o lugar efetivo de tomada de decisões em cada uma das estruturas organizacionais, uma diferenciação que não tem muito sentido quando se consideram as práticas discursivas. O que deve ser explicado está no nível dos sistemas de conhecimento e de "razão" que presidem a educação e da pedagogia que ordena e divide as capacidades das crianças, o ensino e a formação dos professores (Popkewitz, 1996, 1998a; Meyer *et. al*, 1997).

## AS REFORMAS EDUCATIVAS CONTEMPORÂNEAS E A RECONFIGURAÇÃO DAS PRÁTICAS DE GOVERNO

As reformas educativas modernas mantêm algumas das trajetórias históricas em que me detive no item anterior. O problema da reforma continua combinando os padrões próprios da administração social e os padrões da liberdade. Tais padrões são ordenados sobre a base de discursos de ciência e de políticas públicas que interiorizam a racionalização populacional e as noções liberais de responsabilidade individual e autonomia. O lugar da luta na administração social continua sendo a *alma*. Atualmente, nos Estados Unidos, fala-se de liberdade por meio de formas retóricas particulares que falam de "voz", emancipação, capacitação e "conhecimento do professor" e participação da comunidade. Todavia, a liberdade implica um amálgama diferente de instituições, idéias e tecnologias em relação às do passado no que se refere aos padrões de administração e de liberdade. A discussão histórica prévia permite-me destacar essas diferenças a seguir.

### O neoliberalismo entendido como histórias de salvação: distinções entre Estado e sociedade civil nos estudos críticos contemporâneos

Um dos temas educativos centrais nas discussões sobre reformas educativas modernas é o do *neoliberalismo*. Em certo nível, o "neoliberalismo" é uma história de salvação que inclui formas particulares da administração social da alma. O pensamento econômico impregna as práticas sociais e culturais através de conceitos sobre os mercados, a privatização e a "escolha" do cliente como "consumidor" dos sistemas de "provisão" de prestações sociais. As teorias da Escola de Economia de Chicago, englobadas sob o termo "neoliberalismo", são traduzidas em forma de teorias sociais relacionadas com a política de prestações sociais dos governos nacionais e dos organismos internacionais (como é o caso das políticas do Banco Mundial para as "nações em vias de desenvolvimento"). Esse movimento para a prática social e cultural não pode ser entendido como um caso de racionalidades econômicas que rebaseiam as práticas culturais previamente existentes, mas sim como um exemplo de tradução entre o primeiro domínio e o segundo. O neoliberalismo não é um único conjunto de políticas, mas múltiplas trajetórias que se referem à política de prestações sociais, as quais também estão relacionadas com questões de eqüidade e com a construção de novas imagens nacionais em processos de realinhamento interno dos movimentos sociais dentro de cada nação (como, por exemplo, no caso do desenvolvimento dos movimentos feministas, "verde" e "étnico"), que não pode ser reduzido somente a mudanças econômicas. Em geral, a esquerda defendeu a posição de que o neoliberalismo trouxe o desmantelamento do Estado do bem-estar mediante a incorporação como práticas sociais e culturais de uma lógica economicista conservadora.

Embora seja uma prática popular taxar as mudanças do neoliberalismo de "restauração conservadora" e de abandono das obrigações coletivas do Estado do bem-estar, penso que tais análises estão erradas e fora de lugar. Seu erro é aceitar as distinções políticas e categóricas produzidas na arena política quando se fala de "mercados" e de privatização como o fenômeno histórico que é preciso examinar. As idéias sobre os mercados e a privatização fazem parte de uma retórica política pela qual se empregam diferenciações e divisões diversas para ordenar os princípios de interpretação e de inovação. Mesmo sendo críticas, tais análises estão limitadas pelo conjunto de regras discursivas com as quais se configuram os problemas e, portanto, mantêm seu próprio marco de referência comum com as racionalidades políticas do neoliberalismo. Tais análises também passam por alto os matizes e as redes de relações políticas que intervieram na Europa (e nos Estados Unidos) com as mudanças eleitorais e as tradições nacionais de prestações sociais que constroem as múltiplas opções políticas que são consideradas sob a etiqueta de neoliberalismo. Podem-se comparar, por exemplo, os casos dos partidos conservadores e social-democratas na Suécia com os partidos democratas e republicanos nos Estados Unidos, para entender como a extensão do âmbito dos mercados (*marketization*) pode dar lugar a diferentes conjuntos de práticas sociais e de compromissos ideológicos com um Estado "protetor" (segundo a tradição nacional de Estado do bem-estar [nota da edição espanhola]).

O atual desdobramento de categorias nos discursos políticos do neoliberalismo para explorar os problemas de mudança política e social não só está errado, como também pode ser perigoso. O perigo está em tomar os próprios conceitos da análise (neoliberalismo, mercados, etc.) como conceitos determinantes, em vez de como conceitos que necessitam de explicação histórica. Tomar o neoliberalismo como categoria sujeita à crítica, por exemplo, implica a aceitação de uma noção do tempo particular, de tipo liberal, contínua e unidirecionalmente progressiva, seja a noção do tempo de Locke ou a dialética hegeliana. A representação discursiva do tempo, segundo alguns teóricos pós-coloniais, por exemplo, deixa de estudar uma narrativa ocidental específica de progresso e permite a gestão e a supervisão sob a forma e em nome de alguma noção de "desenvolvimento" (ver, por exemplo, Chakrabarty, 1992; Gupta, 1994). Além disso, os discursos do neoliberalismo, e sobre ele, voltam a introduzir a distinção entre Estado e sociedade civil pela diferenciação entre o Estado e o "mercado". O problema de governo discutido previamente ao falar da construção do Estado do bem-estar liberal torna problemática tal caracterização diferenciadora. Uma conseqüência das narrativas neoliberais e das críticas de esquerda é que se legitimam mutuamente mediante a inserção de narrativas salvadoras específicas que possibilitam a ação.

Embora esteja claro que a retórica moral e política das lutas educativas moveu-se entre as diferentes linguagens do neoliberalismo, as análises do mesmo (mercado, escolha, privatização) levam-nos a perguntar pelas condições históricas nas quais o poder é construído e praticado. Minha discussão histórica prévia pretendia oferecer um enfoque alternativo à análise das políticas atuais ao tornar os sistemas de conhecimento em fatores centrais em toda a pesquisa do poder. Meu argumento baseia-se em utilizar a discussão histórica como um ponto de apoio analítico a partir do qual sugerir os deslocamentos na administração da alma implicados nas práticas de reforma contemporâneas.

### Revisão das histórias de salvação: identidades culturais em sua vertente política

Anteriormente, referi-me aos discursos de reforma como narrativas de salvação. As narrativas de reforma contemporâneas podem ser concebidas como uma revisão de narrativas prévias que organizaram a administração da alma durante a última mudança de século. Se se pensa nas construções da identidade nacional na entrada do século XX, pode-se ver que as narrativas e as imagens do indivíduo chegavam associadas a um senso social coletivo. A americanização do imigrante nos Estados Unidos ou a tentativa do governo soviético de incorporar grupos étnicos e culturais diferentes em uma única imagem do soviético, para dar dois exemplos, articularam uma identidade coletiva com a intenção de reconstruir individualidades diferentes em uma só imagem do cidadão. As metáforas operativas do progresso e da redenção derivavam-se de normas coletivas e de um corpo social funcionalmente integrado.

Hoje em dia, a idéia social, coletiva, de uma nação e de sua cidadania vê-se confrontada com pressões provenientes de minorias, com questões de igualdade racial, assim como com os modelos migratórios e demográficos mutantes em cada nação. Nos contextos nacionais contemporâneos, as narrativas de reforma podem ser concebidas como um processo em que se forjam narrativas que concretizam uma visão do cidadão e da nação. Na Espanha, esses debates têm a ver com as lutas entre o governo nacional e os governos autônomas; na Argentina, expressam-se na forma de discussões sobre questões de direitos humanos, e os discursos de multiculturalismo transformam-se, nos Estados Unidos, em motivos de conflito sobre questões de memória e de identidade nacionais[8].

As novas narrativas de salvação acerca das imagens do cidadão e da nação tratam de como se deve conhecer as pessoas, entender-se e experimentar a si mesmas como membros de uma comunidade e como cidadãos de uma nação (ver Balibar e Wallerstein, 1991, p.49; Huyssen, 1995). Podem-se conceber os debates políticos contemporâneos nos Estados Unidos sobre a "família tradicional", "o retorno ao básico" e as restaurações conservadoras que circulam nos debates sociais, assim como as discussões na Europa sobre os imigrantes e a nacionalidade, por exemplo, como debates que têm muito pouco a ver com o fato de que imagens passadas estejam sendo apresentadas novamente como argumentos para debater no presente idéias já antigas de nacionalidade e de cidadania, mas construindo a seu redor novos conjuntos de representações coletivas e de princípios para a ação e a participação.

Na Argentina, os discursos de nacionalidade (*nation-ness*, não *nationality*) têm a ver com a *recuperação* de um senso de compromisso nacional, mas esse senso de nacionalidade torna-se palpável na produção de novos monumentos e heróis-heroínas ao ser substituído o governo militar por um novo governo democrático (Dussel *et al.* no prelo). A imagem do cidadão está inscrita em uma marcada noção de *reconciliação* que veio inserir-se nos discursos públicos para aceitar o passado de ditadura militar. Paralelamente ao discurso de reconciliação, são desenvolvidos debates sobre onde e quando construir monumentos e museus que gerem novas memórias e uma nova leitura do passado através da articulação de novos heróis para pensar em identidades nacionais. Essas discussões sobre identidades nacionais são expressadas, hoje em dia, mediante discursos de reconciliação que se centram na memória cultural e coletiva, ao invés de pressupostas identidades da nação que dominaram em períodos anteriores.

Essas histórias de salvação mutantes representam linguagens, narrativas e imagens que circularam nas diferentes reformas educativas. Enquanto os discursos educativos de princípios do século eram encaminhados para a eliminação de qualquer influência comunal ou étnica no momento de criar identidades coletivas, os atuais discursos de educação professoral voltam a incluir a figura do pai e o fenômeno da etnicidade nas práticas pedagógicas como uma maneira de administrar as ações sociais e a participação. O conhecimento educativo profissional substitui o "social" pelo novo professor e pesquisador "locais", culturalmente orientados, que falam dos "conhecimentos pessoais dos professores", da "sabedoria dos professores" e da relação entre eles e as comunidades e os pais.

As reformas educativas atuais reconstroem os padrões da administração social. As identidades coletivas e sociais, e as normas universais de que as reformas prévias vangloriavam-se, são substituídas por imagens de uma identidade local, comunal e flexível. As reformas concebem um indivíduo que resolve problemas, que parece ser um indivíduo descentralizado que age e participa mantendo a distância em relação à intervenção estatal (para discussões comparadas das pedagogias centradas na criança e construcionistas, ver Walkerdine, 1988; Hultqvist, 1998; Hunter, 1994). O professor e a criança são construídos como seres de múltiplas identidades, orientados para a colaboração, membros de uma "comunidade local" e com uma disposição flexível para a resolução de problemas.

A atual reestruturação da educação em nível global utiliza uma "racionalização" que constrói os princípios das capacidades e das ações do professor e da criança. Em muitos países, as reformas curriculares tratam menos do conteúdo específico da atribuição escolar e mais de tentar fazer com que a criança se sinta "em casa", com uma identidade cosmopolita que se vangloria de uma flexibilidade pragmática e de uma capacidade de "resolução de problemas" em escolas de comunidade (de bairro) e em sistemas de prestação social baseados na comunidade (Rose, 1994, 1996).

Essas discussões alteram as formas de representação e as imagens mediante as quais a cultura constrói e vive em sua própria temporalidade (Popkewiz, no prelo). Ao justapor concepções mais antigas do "lar" de cada um com as novas imagens que aparecem, existem ambigüidades e pontos de confronto forjados nos novos territórios culturais. Tais construções da memória implicam um desmantelamento das imagens anteriores. A produção de memórias novas com as quais a pessoa conhece a si mesma, entende-se e experimenta tem de ser dissociada das antigas identidades coletivas e reimaginada com outra narrativa coletiva (Balibar e Walterstein, 1991). Produz-se um distanciamento em relação a identidades anteriores, e o "lar" (a identidade) já não se encontra onde cada um pensava que estava. Em parte, a unidade imaginada é instituída contra outras unidades possíveis, assim como contra outras posições interpretativas e capacidades analíticas das pessoas (ver, por exemplo, Shapiro, 1996, 1997). As lutas sobre questões de identidade que se produz agora nos casos dos direitos das minorias e da mulher, por exemplo, originaram novas exclusões e zonas tabu, ao chocarem-se noções monolíticas de identidade com aquelas dos que estão convencidos de que as identidades são heterogêneas. As atuais discussões nos Estados Unidos sobre a revisão do currículo escolar também podem ser entendidas como transformadoras do imaginário geopolítico e das noções de comunidade nas quais se pode localizar a identidade (Popkewitz, 1998b).

### A hibridez dos discursos na construção da alma

Os imaginários nacionais representados nas reformas escolares mantêm os padrões da administração social e da liberdade através de um conhecimento universalista da ação e dos atores. A imagem aparentemente unitária da criança e do professor nas reformas não é dada por um único discurso sobre o progresso e a mudança dos agentes, mas é um híbrido que se produz à medida que as imagens globais, nacionais e locais coincidem parcialmente para produzir seus princípios de governo. Melhor dizendo, produz-se um revestimento em forma de práticas globais, locais ou nacionais, já que os conhecimentos produzidos não são nem locais, nem globais, mas um amálgama de ambos que tem suas próprias configurações e implicações.

A hibridez dos discursos é evidente no imaginário nacional sobre a "unidade" da União Européia. As reformas atuais referem-se à Europa como um continente diverso, ao mesmo tempo que fala de uma "identidade européia", mas estando essa identidade construída "dentro" da União criada pelo Tratado de Maastricht, já que só nos defrontamos com o silêncio no que se refere àqueles países do leste europeu que se encontram no outro lado dos "muros".

As reformas educativas na Argentina também podem ser entendidas como portadoras de uma complexa trama de técnicas e de conhecimentos que não são exercidos através de estratégias fixas ou de uma aplicação hierárquica do poder que se desloca sem oposição alguma desde as nações centrais no sistema mundial até os países periféricos e menos poderosos. Na realidade, as reformas argentinas vangloriam-se de alguns processos de mediação e de transformações do "espaço de racionalidades políticas em função da modalidade de técnicas e propostas que são usadas em contextos locais particulares".

As políticas educativas "pós-coloniais" na Europa Oriental, na África e na América Latina também são uma mescla que inclui certos discursos coloniais sobre liberdade *à la* européia juntamente com discursos que se movem nos interstícios do colonial e do colonizado. Em contextos diferentes, formular e pôr em andamento as políticas implicam pressupostos plurais, orientações e estratégias para realizar a reforma.

## IMAGINÁRIOS NACIONAIS E INCLUSÃO-EXCLUSÃO SOCIAL

É neste ponto que quero incidir na segunda intervenção que postulei inicialmente neste capítulo: a relação entre a reforma e o problema da inclusão e da exclusão sociais. Os deslocamentos contemporâneos nos padrões de administração social e nos padrões de liberdade para uma política cultural mais do que social são sinal, penso, de um movimento para conjuntos particulares de práticas na qualificação e na desqualificação dos indivíduos voltados para a participação. No entanto, o problema de inclusão e de exclusão do qual falarei aqui é distinto do que falamos na política social e educativa contemporânea. Nesse tipo de literatura, a inclusão é vista como um princípio moral com o qual julgar a efetividade da política.

Os estudos de inclusão identificam processos que têm relação com o acesso individual ou grupal aos processos de tomada de decisão e aos recursos, ao passo que a exclusão é algo separado da inclusão. A exclusão é um subproduto das práticas incorretas de inclusão e, portanto, deve ser corrigida por exemplo, através de melhores políticas que ofereçam representação (ou "voz") aos diferentes interesses sociais.

A pesquisa sobre as políticas neoliberais de escolha de escola na Inglaterra e nos Estados Unidos, por exemplo, são uma amostra dessa noção da inclusão como um princípio social do qual se pode deduzir a exclusão.

Entretanto, o problema da inclusão-exclusão em que me deterei tem a ver com o problema da administração social da alma, pois meu interesse principal é o da análise dos discursos da pedagogia como princípios consagradores das capacidades saudáveis e das disposições do eu. Como venho dizendo, as categorias e as distinções da pedagogia propõem-se "dizer" o que deve ser valorizado e perseguido como eficaz, como os costumes e as sensibilidades da criança que tem êxito. Porém, essa comemoração das características interiores da criança forma um sistema que exclui ao mesmo tempo que inclui.

Permitam-me mencionar o exemplo recente de um grupo de crianças de Soweto, na Cidade do Cabo, na África do Sul. As crianças pertenciam às famílias mais pobres de Soweto e aprenderam a tocar música clássica européia com instrumentos de corda. O programa exigia delas não só que aprendessem a tocar, mas que também seguissem a regra de aprendizagem que incluía, segundo o folheto informativo, freqüência regular, disciplina e dedicação ao grupo. A "participação dos pais e da comunidade" também era exigida. Apesar das contradições e tensões de tal atividade, a inclusão ou o "abandono" estava relacionado com o fato de que a criança tivesse interiorizado certas disposições e sensibilidades que construíam sua participação. Para as crianças que não participaram não foi dito que não podiam participar por causa de sua raça ou seu sexo, por exemplo, mas ficavam autodesqualificadas ao "decidir-se" que não tinham os costumes e as maneiras apropriados às exigências do programa.

Essa comemoração do "ser" que funciona tanto para qualificar como para desqualificar em nível da alma é ainda mais claramente exemplificadora pela idéia reinante nos Estados Unidos sobre as reformas da "educação urbana" (Popkewitz, 1998b). Em contextos nacionais diferentes, existem discursos educativos diferentes que constroem a imagem de certas crianças como "necessitados", isto é, como sem êxito na escola por sua pobreza, por racismo ou por qualquer outra forma de exclusão que impeça o seu aproveitamento escolar e que complete os estudos. Nas reformas contemporâneas nos Estados Unidos, esses discursos sobre a criança que necessita de ajuda especial e classes de recuperação são organizados em torno de distinções e divisões que têm a ver com a "educação urbana". A "criança urbana" é, nos Estados Unidos, uma criança a quem o Estado identifica como necessitada de classes especiais, de programas de ensino especial e de materiais especiais para poder salvá-la dos processos que produziram nela o sentimento de fracasso psicológico e uma falta de aproveitamento.

Todavia, o que quero considerar aqui é como os projetos particulares de ajuda à criança urbana necessitada estão inscritos em sistemas de exclusão. Para entender como o discurso da criança urbana constrói a criança como "a outra", precisamos pensar nos discursos educativos como discursos criadores de um "espaço" habitado pela criança que tem pouco a ver com a geografia, ou seja, com o espaço físico real da cidade. O "urbanismo" presente nos discursos educativos constrói um espaço particular normalizado ou "mapa" que localiza a criança como alguém cujas capacidades e disposições são diferentes das de "outras" crianças que são dotadas das características internas que lhes permitem ter êxito na escola. As crianças e seus pais são vistos como carentes das capacidades para agir de maneira correta (um lar que proporcione *livros e tempo de leitura*, por exemplo), para dispor de uma auto-estima positiva ou para participar de maneiras "apropriadas" e "vitoriosas" nas atividades escolares. A ausência de comportamentos e disposições "para aprender" aparece como algo que o professor deve corrigir através da reconstrução da alma (Popkewitz, 1993). As divisões e a normalização inscritas nas construções da criança urbana estão no nível das qualidades, disposições e sensibilidades interiores que (des)capacitam a criança individual para agir. As distinções e as divisões impossibilitam que essa criança possa chegar alguma vez a ser normal e estar "na média".

A expressão "educação urbana" deve ser entendida não como um conceito geográfico que descreve as crianças que vivem em um determinado lugar, mas como uma categoria que inclui o conjunto de princípios segundo os quais há crianças que são classificadas como necessitadas de ajuda e, portanto, fora da normalidade. Os discursos dos "necessitados" (ou das crianças da pobreza) aparecem reclassificados nas escolas dos Estados Unidos de maneira que essa criança é a que possui uma "urbanidade" (*urban-ness*) na qual se solapam discursos sociais, pedagógicos e psicológicos. A criança "urbana", nos Estados Unidos, é a criança necessitada que requer a ajuda do Estado por sua pobreza e/ou discriminação. A *alma* da criança urbana deve ser administrada em nome da liberdade. O desdobramento particular dos discursos sobre "educação urbana" enquadra a criança em um conjunto específico de distinções e divisões que funciona como um "espaço" no qual se entende a criança, pensa-se nela e age-se em função dela. Este é o espaço discursivo da "criança necessitada" que se vê imersa em uma educação urbana que pouco tem a ver com a localização geográfica, e sim com a produção do "outro", cujas atitudes, normas, valores e comportamentos são diferentes daqueles que são silenciosamente construídos como a norma e o normal. Assim, urbano acaba significando uma prática social que, por sua vez, deu conta de que algo estava ausente na criança urbana.

É nesse nível de conhecimento do eu que o problema da inclusão e da exclusão social opera; é nesse nível que as teorias pedagógicas sobre a criança e o professor normais serão examinadas. As distinções nas construções próprias da pedagogia são produzidas por atores sociais específicos em um terreno social cujas disposições e sensibilidades são autorizadas como o motivo da escolarização (ver, por exemplo, Bourdieu, 1984, 1996). No exemplo previamente exposto, a criança urbana funciona como exemplo da criança que se distingue por não "se adaptar" às capacidades tidas por universais, e é assim que se transforma na *criança necessitada*, encerrada em seu mundo e separada por seu ser da outra criança, aquela a quem se reconhecem as capacidades universais de saúde, de razão e de competência para triunfar. As divisões da pedagogia que criam as distinções entre aquelas que têm necessidade e aquelas que têm êxito parecem naturais e normais, mas não o são. As distinções que diferenciam e dividem foram historicamente construídas como conseqüência do poder e servem para criar sistemas de inclusão-exclusão e distinções entre capacidades de "resolução de problemas" das diferentes crianças que não são universais, mas particulares em nível do próprio ser.

Em resumo, preocupo-me com as questões de inclusão e de exclusão para situá-las em uma única dimensão contínua na qual o conhecimento reinante diferencia e divide. É sobre esse contínuo que as atuais análises de inclusão passam por cima. O poder, no sentido da produção de princípios que excluem ao mesmo tempo que incluem, está localizado nas práticas classificatórias e divisórias em nível do ser da criança e do professor. Meu tratamento do problema da inclusão-exclusão tenta oferecer uma estratégia comparada com a qual compreender as relações globais e nacionais como sistemas híbridos de racionalização formados em um terreno de jogo desigual no sentido dos princípios gerados sobre o ser da criança e do professor.

## CONSIDERAÇÕES FINAIS

As atuais discussões e críticas da reforma educativa trataram as práticas da reforma como argumentos de princípios relacionados com o progresso social. Esses argumentos estão centrados, em um certo nível, nas qualidades globais do sistema educativo nos processos modernizadores do Estado-Nação. É possível viajar à Espanha, à Argentina, à Suécia ou à África do Sul e ouvir como os diferentes discursos justapõem os objetivos sociais às práticas de reforma, tais como a pesquisa-ação na educação de professor, a colaboração com as escolas comunitárias (de bairro) e a "provisão de voz" aos grupos subordinados. Normalmente, tanto defensores como críticos da reforma mantêm uma discussão de princípios sobre a possibilidade de progredir. Nesses discursos de reforma, existe um compromisso com a crença de que as políticas e as ciências da educação deverão melhorar a escola ou emancipar-se. Os usos de tais discussões de princípios levaram a certas distinções interpretativas na reforma contemporânea que, como já disse, são historicamente enganosas, como também podem ser a separação do privado e do público, ou do Estado e da sociedade civil, que aparecem interiorizadas nas discussões do neoliberalismo, entre o "europeu" e o não-europeu e os antigos âmbitos coloniais.

Minha intenção neste capítulo foi argumentar contra tudo isso. Tentei pôr em um contexto histórico os sistemas de razão inerentes à reforma. Argumentei que a fusão dos padrões da administração social com os padrões da liberdade não está isenta de uma certa ironia, já que não produz liberdade em sentido absoluto, mas revisa o indivíduo mediante o governo da alma. Ao nos transportarmos desde as primeiras décadas de nosso século até hoje, pude considerar como a construção da individualidade implica terrenos de conhecimento e poder mutantes, e estes produzem conjuntos diferentes de internamento e de delimitação à medida que os modelos discursivos movem-se dos projetos sociais coletivos do passado para as metáforas culturais e de "comunidade" nas reformas atuais.

Minha retrospectiva histórica, no entanto, não tinha como fim apenas me interrogar em relação ao passado, mas também problematizar as formas particulares de racionalização sobre as questões educativas nas reformas contemporâneas. Meu argumento centrou-se nos sistemas de racionalização como o foco de interrogação crítica mais do que como um pressuposto da pesquisa. Embora a maior parte da literatura educativa aceite as histórias inerentes de salvação, essas histórias merecem ser continuamente questionadas como práticas de governo que produzem, ao mesmo tempo, sistemas de exclusão (espaços de internamento e de delimitação do "outro") ao abrir os espaços sociais. Os sistemas de inclusão e de exclusão não estão necessariamente nos sistemas categóricos de representação (para excluir categorias grupais, como as de raça e sexo, por exemplo), mas nos princípios do ser gerados pelas teorias pedagógicas e psicológicas para a ação e a participação.

Foi na discussão sobre a inclusão-exclusão que identifiquei a ênfase dada pelas reformas contemporâneas na configuração de alguns professores e de alguns alunos solucionadores de problemas, participativos, cooperativos, o que não deixa de ser uma forma de produzir regras de razão que servem para qualificar e desqualificar os indivíduos no que se refere a suas capacidades para a ação e para a participação. Os espaços da criança e do professor dentro do espaço da *educação para os necessitados e urbana* são introduzidos e delimitados por meio da inclusão de conjuntos específicos de distinções e divisões que põem os professores, as crianças e os pais em um hábito além do normal e da razão. Minha discussão da urbanidade (*urban-ness*) como um discurso histórico particular da educação ilustra de que modo os espaços sociais que internam e confinam as crianças funcionam por meio dos conhecimentos aplicados.

Através dos diferentes movimentos interpretativos, o problema da globalização e da reforma mostrou duas dimensões. Há, por um lado, um conceito geográfico da globalização que leva em consideração as diferenças entre os distintos territórios nacionais, mas a globalização também tem a ver com os sistemas de razão empregados na reforma educativa. Essa noção da globalização tratava de como os sistemas particulares de idéias são estendidos como universais e de como se faz com que apareçam como disposições "naturais" daqueles professores e crianças que são bons, eficazes, competentes e que se "desenvolvem". Essa noção da globalização centra-se nas formas pelas quais se sancionam as idéias sobre localidades históricas e terrenos sociais particulares mediante o esvaziamento da história, de maneira que podem ser vistas e utilizadas como universais e apropriadas para todos. Contudo, as idéias sobre a criança, a reforma escolar e o ensino que circulam como globais não o são no sentido de estarem livres de valores e de princípios sociais. É o esvaziamento da história que ocorre nos conhecimentos da pedagogia e da infância utilizados nos discursos de reforma que produz uma memória que serve para normalizar e para criar sistemas de inclusão e exclusão à medida que as idéias universais revertem em lugares sociais particulares em forma de princípios de ação e de participação.

As disciplinas sociais e as ciências socioeducativas contemporâneas são fundamentais no momento de se criar narrativas de salvação e imagens nacionais. As ciências educativas servem para consagrar as representações culturais que são historicamente fabricadas para produzir uma nacionalidade (*nation-ness*) e também oferecem um terreno em que se produzem as disputas sobre as imagens nacionais e a alma. Os discursos científicos sobre a reforma escolar que circulam entre nações e em foros internacionais são mais do que maneiras de representar aproximações mais eficientes à educação: representam imagens e princípios do cidadão que deve participar e agir dentro de cada um dos diferentes sistemas nacionais. Nesse sentido, os discursos das ciências educativas referentes ao ensino e à educação do professor tratam não só da aprendizagem e do ensino das crianças que devem participar das novas condições sociais e econômicas, mas também de como dar forma à personalidade e aos conhecimentos da criança que deve controlar as mudanças sociais e culturais que estão ocorrendo. As narrativas e as imagens globais sobre a pedagogia progressista, sobre as crianças como "construtoras de conhecimento" e sobre as individualidades descentralizadas relacionam os discursos políticos e culturais sobre o cidadão com as práticas pedagógicas (ver Popkewitz, 1991). Essas práticas sociais ainda mantêm sua posição na administração social da individualidade.

Também se torna irônica a falta de contextualização histórica na política e na pesquisa educativas. Aceita-se sempre que os processos de construção da narrativa da memória e do esquecimento são guiados por fins normativos, mas não se reflete sobre como essas construções normativas de finalidade e realização são efeitos do poder. O que se esquece é da relação entre o conhecimento científico social e o Estado ao qual corresponde a administração social da liberdade. Existe um esquecimento histórico sobre a conexão entre política pública (*policy*) e ação policial (*policing*) que surgiu no século XIX. Também se obscurece o modo como os discursos de redenção nos campos social e educativo são também sistemas de razão que internam e confinam. "As guerras de paradigmas" entre os "modernos" (os culturais e os neomarxistas) e as diversas variantes da crítica literária "pós-moderna", da teoria cultural e do feminismo não são, "simplesmente", guerras sobre quem está autorizado a falar sobre a disciplina. As disputas sobre os sistemas de razão nas disciplinas sociais e educativas enquadram-se nos modelos mutantes da administração social da liberdade.

## NOTAS

[1] Este não deve ser o caso dos professores ou daqueles que, às vezes, são os maiores protagonistas das reformas, como vimos nas reações estudantis de 1968 e nas reações dos estudantes na Grécia durante as reformas governamentais de 1998-1999. Porém, em tais episódios, há um modelo generalizado que busca a mudança organizada e o controle organizado por meio de práticas chamadas "reformas".

[2] Minha discussão está relacionada com a tradição democrática liberal, que é parte da ilustração. Também reconheço que há diferentes reações contra a ilustração, que não se centram na ênfase nos indivíduos, como encontramos na América Latina na relação entre a Igreja e o Estado. O relato que exponho está historicamente relacionado com a conjuntura histórica dos Estados Unidos, como também incluo algumas referências ao Norte da Europa e à Europa continental. A relação dessas narrativas com o Sul da Europa e a América Latina reafirma que o problema da administração social está aberto e sujeito à pesquisa histórica.

[3] Embora meu marco de referência seja os Estados Unidos, também há histórias de salvação que ligam a família, os meninos e as meninas com a escola dos países do Norte da Europa. Ver Boli, 1994, por exemplo. Durante o século XIX até o século XX, a história das histórias de salvação da América Latina têm diferentes trajetórias particulares segundo sua relação entre a Igreja, a Ciência e o Estado. A razão de por que essas tradições antiliberais estão ameaçadas na política atual é uma pesquisa empírica e não-resolvida neste capítulo.

[4] Embora a idéia de progresso como um modelo linear de desenvolvimento seja uma invenção do Renascimento, as noções de desenvolvimento e de progresso já se encontram no pensamento clássico. Os gregos, por exemplo, têm uma concepção do mundo que não considera os indivíduos como o centro do cenário ou como o *eixo* da sociedade em torno da humanidade. Enquanto se identificou o desenvolvimento com o crescimento, a melhora social não se centrou na organização da sociedade: não havia nenhuma noção de filosofia da mudança biológica ou do aperfeiçoamento cultural da humanidade; cada ser vivo tem suas próprias leis de causa, mecanismo e finalidade, seus estados fixos. Com o Cristianismo, os elementos de resignação e fatalismo da atitude transformaram-se em uma atitude que considerava o futuro e a esperança. O tempo tornou-se

linear e irreversível, e introduziu-se um movimento dialético desde sua origem para a crise, crucificação e ressurreição. Também havia uma idéia de necessidade histórica: o que aconteceu no passado era considerado como defasado, mas necessário.

5 Os sistemas religiosos de autoridade também se redefiniram; parte, através da relação entre o Estado e a religião e através das mudanças nas cosmologias sociais em que se via a religião. Para ver mais sobre esse debate, consultar Berger (1969) e Luchmann (1967).

6 Não compartilho da argumentação de Lasch em múltiplos aspectos, especialmente por seu reducionismo. Todavia, a discussão histórica geral das ciências sociais e as práticas de bem-estar são importantes.

7 No final do século passado, havia uma certa preocupação com a etnia dos que emigraram do Leste e do Sul da Europa e dos que não tinham noção de civilidade protestante, e também com a construção de uma cidadania produtiva entre as populações nativas americanas e as afro-americanas. A disciplina de estudos sociais surgiu a partir dessa preocupação.

8 Utilizo tais exemplos em relação a um projeto de pesquisa atual sobre a produção da imaginação nacional e de ciências da educação na Espanha, na Argentina, na Suécia e nos Estados Unidos.

## REFERÊNCIAS BIBLIOGRÁFICAS

BADIE, B.; BIRNBAUM, P. (1983): *The sociology of the state*. Chicago. University of Chicago.
BALIBAR, E.; WALLERSTEIN, I. (1991): *Race, nation, class: Ambiguous identities*. Nova York. Verso.
BOURDIEU, P. (1984): *Distinction: A social critique of the judgment of taste*. Cambridge. Harvard University Press.
BOURDIEU, P. (1989/1996): *The state nobility: Elite schools in the field of power* (Traduzido por L. Clough). Stanford, CA. Stanford University Press.
CHAKRABARTY, D. (1992): "Provincializing Europe: Postcoloniality and the critique of history", in *Cultural Studies*, v. 6, n. 3, p. 337-357.
FOULCAULT, M. (1979): "Governmentality", in *Ideology and Consciousness*, n. 6, p. 5-22.
FOUCAULT, M. (1984): "What is enlightenment?", in P. RABINOW (org.): *The Foucault reader*, p. 32-50. Nova York. Pantheon.
FRANKLIN, B. (1987): "The first crusade for learning disabilities: The movement for the education of backward children", in T. POPKEWITZ (org.): *The formation of scholl subjects: The struggle for creating an American institution*, p. 190-209. Nova York. Falmer.
GREEK, C. (1992): *The religious roots of American sociology*. Nova York. Garland.
GUPTA, A. (1994): "The reincarnation of souls and the rebirth of commodities: Representations of time in 'east' and 'west'", in J. BOYARIN (org.) *Remapping memory: The politics of time/space*, p. 161-184. Minneapolis. University of Minnesota Press.
HACKING. I. (1990): *The taming of chance*. Nova York. Cambridge University Press.

HOFSTADTER, R. (1955): *The age of reform, from Bryan to FDR.* Nova York. Vintage.
HULTQVIST, K. (1998): "A history of the present on children's welfare in Sweden", in T. POPKEWITZ; M. BRENNAN (orgs.): *Foucault's challenge: Discourse, knowledge, and power in education.* Nova York. Teachers College Press.
HUNTER, I. (1994): *Rethinking the school: Subjectivity, bureaucracy, criticism.* Nova York. St. Martin's Press.
HUYSSEN, A. (1995): *Twilight memories: Marking time in a culture of amnesia.* Nova York. Routledge.
LASCH, C. (1979): *Haven in a heartless world: The family besieged.* Nova York. Norton.
METHA, U. (1997): "Liberal strategies of exclusion", in F. COOPER; A. STOLER (orgs.): *Tensions of empires: Colonial cultures in a Bourgeois world* (p. 59-86). Berkeley. University of California Press.
MEYER, J.; BERNAVOT, A. et al. (1992): *Schooll knowledge for the masses: World models and national primary curricular categories in the 20th century.* Washington, DC. Falmer Press.
MEYER, J.; BOLI, J.; THOMAS, G.; RAMÍREZ, F. (1997): "World society and the nation-state", in *American Journal of Sociology,* v. 103, n. 1, p. 144-81.
NÓVOA, A. (1993): "The Portuguese State and Teacher Education Reform: A sociohistorical perspective to changing patterns of control", in T. POPKEWITZ (org.): *Changing patterns of power: social regulation and teacher education reform,* p. 53-86. Albany, NY. SUNY Press.
ORLOFF, A.; SKOCPOL, G. (1984): "Why not equal protection? Spending in Britain, 1900-1911, and the United States, 1880s-1920", in *American Sociological Review,* n. 49, p. 726-750.
PAOLETTI, J. B.; KREGLOH, C.L. (1989): "The children's departament", in C. BRUSH KIDWELL; V. STEELE (orgs.): *Men and women: Dressing the part,* p. 22-41. Washington, DC. Smithsonian Institution Press.
POPKEWITZ, R. (no prelo): "National imagineries, memory, and power: Hybridity in comparative educational research", in J. SCHRIEWER (org.): *Discourse formation in comparative education.* Berlim. Peter Lang Verlag.
——— . (1984): *Paradigm and ideology in educational research: Social functions of the intellectual.* Londres e Nova York. Falmer Press.
——— . (1991): *A political sociology of educational reform: Power/Knowledge in teaching, teacher education, and research.* Nova York. Teachers College Press.
——— . (1993): *Changing patterns of power: Social regulation and teacher education reform.* Nova York. SUNY Press.
——— . (1996): "Rethinking decentralization and the state/civil society distinctions: The state as a problematic of governing", in *Journal of Educational Policy,* n. 11, p. 27-51.
——— . (1998a): "The culture of redemption and the administration of freedon in educational research", in *The Review of Educational Research,* v. 68, n. 1, p. 1-34.
——— . (1998b): *Struggling for the soul: The politics of education and the construction of the teacher.* Nova York. Teachers College Press. (Está sendo traduzido pela Universidade Nacional Autônoma do México e Pomores Press, Barcelona.)
ROSE, N. (1989): *Governing the soul.* Nova York. Routledge, Chapman; Hall.

ROSE, R. (1994): "Expertise and the government of conduct", in *Studies in Law, Politics, and Society*, n. p. 359-397.
ROSE, R. (1996): "The death of the social: Re-figuring the territory of government", in *Economy and society*, v. 25, n. 3, p. 327-356.
SHAPIRO, M. (1996): *Sovereign anxieties*. Documento entregue no Seminário de Turku University: Regulación del Estado, Ciudadanía y Democracia.
SHAPIRO, M. (1997): *Violent cartographies: Mapping the culture of war*. Minneapolis. The Universty of Minnesota Press.
SIMOLA, H. (1993): "Educational science, the state, and teachers: Forming the corporate regulation of teacher education in Finland", in T. POPKEWITZ (org.): *Changing patterns of power: Social regulation and teacher education reform* (p. 161-210). Albany, NY. SUNY Press.
SWANN, A. (1988): *In case of the state*. Cambridge, UK. Polity Press.
WALKERDINE, V. (1988): *The mastery of reason: Cognitive development and the production of rationality*. Londres. Routledge.
WEBER, M. (1958): *The Protestant ethic and the spirit of capitalism*. Nova York. Scribner.
WHITTY, G. (1997): "Creating quasi-markets in education", in M. APPLE (org.): *Review of research in education*, n. 22, p. 3-48. Washington, DC. American Educational Research Association.

# 8

# A escola crítico-democrática: uma matéria pendente no limiar do século XXI

*Luis Rigal*
Universidad Nacional de Jujuy (Buenos Aires)

*Na história se faz o que se pode e não o que se gostaria de fazer. Uma das grandes tarefas políticas que se deve observar é a perseguição constante de tornar possível amanhã o impossível de hoje.*
(Paulo Freire, 1992)

## FIM DE SÉCULO, INÍCIO DE SÉCULO: CELEBRAÇÕES E PREOCUPAÇÕES

### Levantar o olhar

O início do século convoca à celebração de uma aposta no futuro e à reflexão sobre o tempo ido nos diversos âmbitos da vida da humanidade. Porém, fundamentalmente, leva a iludir-se com projetos distintos dos vigentes.

Naturalmente, e também miticamente, há nessa situação algo de passagem, de necessidade de olhar de maneira simultânea para trás em busca de chaves que permitam calibrar o presente e levantar o olhar, tratando de esboçar e, se fosse possível, de definir um horizonte do futuro.

Este momento de corte e de passagem no mundo da cultura e, portanto, da educação pode ser caracterizado como *momento de crise*. E remete-nos ao sentido que Gramsci atribuía-lhe: momento no qual o velho está agonizando, ou morto, e o novo ainda não acabou de nascer. Momento, portanto, de *incerteza* (a morte do velho também aniquila as já velhas certezas) e de *fragmentação* (o vigente está em pedaços e não se sabe como recompô-lo).

Podemos afirmar que crise, incerteza e fragmentação também atravessam o campo da educação e determinam boa parte dos debates e dos discursos atuais. Momento, além disso, em que o incompleto e o efêmero parecem caracterizar aqueles e colocam a interrogação de se o novo tempo não será de crise permanente, de vertiginosa e heterogêneas *provisioriedades*.

Contudo, nem a crise da cultura nem a crise da educação neste início de século têm um único cenário e um único perfil, além da enganosa universalidade que propõem termos como *globalização* e a pretensa democratização do conhecimento que proclamam os apologistas da sociedade da informação. Como afirma Braudel, "não há um tempo histórico único e unívoco". Não só cada sociedade tem seu próprio tempo, mas também dentro dela convivem e superpõem-se tempos diferentes.

Aqui falaremos da educação do século XXI na América Latina como um espaço histórico que recorta, limita e define seu próprio tempo e singulariza o início do século. Projetaremos uma reflexão teórica sobre um futuro possível, de transcender o imediato e o conjuntural que, freqüentemente, pela intensidade e gravidade de seus problemas e pela inexistência de novos paradigmas abrangentes, parece tornar-se o único referencial de nosso pensamento, confundindo e equiparando, muitas vezes, presente e futuro.

## O marco

Três preocupações orientam nossa reflexão sobre a educação e a escola para o século XXI:

- *Preocupação ética.* Refletir sobre a classe de pessoa que se quer chegar a ser e a sociedade em que se quer viver, bem como a classe de vida que se quer que ocorra nela.
- *Preocupação política.* Relacionar permanentemente a questão da educação com a questão da construção, apropriação, legitimação e distribuição do poder na sociedade, bem como a construção de estruturas de poder que estabelecem relações de dominação e de subalternidade.
- *Preocupação epistemológica.* Elaborar um pensamento de ruptura e superação do dado, coerente com a busca ética de gerar pensamento crítico que situe o conhecimento como momento dialético da práxis. Preocupação em compreender a realidade (para dar-lhe sentido) a fim de poder encarar a sua transformação. Concepção (e isto não é desdenhável, nem meramente complementar) que atribui à ação do homem um importante peso na construção da história, entendida como presente modificado (Feinmann, 1994). Nossa proposta equipara-se com a que Rorty denomina "olhar filosófico edificante", que posa permanentemente no contingente e no não-sistemático, buscando criar espaços abertos e dialéticos de construção-destruição de pensamento, não-obcecado pela segurança ou pelos conhecimentos imutáveis (Rorty, 1991).

A preocupação epistemológica também propõe a necessidade de empregar um *dispositivo teórico totalizador*, facilitador do enfoque crítico.

Antes de entrar em sua discussão, pensamos que é necessário referirmo-nos ao sentido que atribuímos ao emprego de conceitos totalizadores, geralmente criticados e recusados (por sua rigidez, dogmatismo e autoritarismo que, com freqüência, foram utilizados em alguns discursos da modernidade) por boa parte do pensamento pós-moderno (Lyotard, 1979).

Recorrer ao uso de totalidades não é gerar categorias ontológicas ou olhares reducionistas forçadamente homogeneizadores, mas apenas apelar para um:

> *[...] recurso heurístico que permite tornar visível aquelas mediações, inter-relações e interdependências que formam as estruturas políticas e sociais* (Aronowitz e Giroux, 1991, p. 70).

A totalidade supõe a estruturação das contradições e diferenças que, no campo social e político, referem-se a relações de dominação, de modo que permita o reconhecimento e a compreensão dos fragmentos heterogêneos e diversos que constituem essas estruturas. Acreditamos em uma concepção não-totalitária da totalidade como marco de referência crescentemente complexo e dinâmico organizado como sistema aberto estruturado-estruturante; uma unidade não-violenta do múltiplo, que permita relacionar fragmentos, marcar seus entrecruzamentos e seus vínculos interdependentes: uma relação por via das diferenças, não das forçadas semelhanças, um conceito novo e dialógico (Jameson, 1996, Capítulo 1).

## Hegemonia como totalidade

A partir desse enquadramento epistemológico (centrado nas noções de pensamento crítico e de totalidade), articulado com nossas preocupações éticas e políticas, propomos elaborar uma *noção de hegemonia como conceito totalizador* que permita não só captar em sua complexidade estrutural o discurso educativo dominante (construído dentro da lógica e dos limites do modelo neoliberal-neoconservador) (Giroux, 1993, Capítulo 1), mas também projetá-lo crítica, contestatória e transformadoramente para o futuro de um modo que suponha sua superação, levando em conta os debates que hoje presidem a passagem modernidade-pós-modernidade, a partir da explosão e da liquefação do homogêneo relato da modernidade que tanto influenciou o projeto de nossas instituições educativas (Lyotard, 1979).

Genericamente, a hegemonia refere-se a um processo de estabelecimento de consensos, de visões comuns da realidade.

A hegemonia aparece como um processo cultural totalizador, com intencionalidade social, que organiza significados, valores e práticas. Essa totalização opera de um modo muito intenso, "naturalizando" modos de ver e de agir e constituindo um sentido da realidade.

> *Satura a sociedade de tal maneira, que constitui o limite da lógica para a maioria das pessoas* (Williams, 1988, parte 1).

A intencionalidade social expressa a capacidade dos setores sociais dominantes, a fim de articular seu discurso (mediante processos de confrontação, de transformação e de aceitação) com certos componentes ideológicos existentes e fazer com que seus interesses apareçam como sendo universais e válidos para o conjunto da sociedade em uma conjuntura histórica determinada.

A hegemonia inclui confrontação: o campo da sociedade civil é o âmbito para a disputa hegemônica entre diversos atores sociais.

Estudar a educação seguindo as pegadas do conceito gramsciano de hegemonia não só supõe reconhecê-la, fundamentalmente, como lugar político, mas também supõe reconhecer o educativo cultural como dialético campo de autonomia relativa: a educação e a escola como espaços de disputa hegemônica, como campos culturais complexos e contraditórios de afirmativos processos de confrontação, desarticulação e rearticulação entre diversos setores sociais em luta pela dominação (Mouffe, 1979).

Dessa concepção derivam, em nossa opinião, duas dimensões para a análise:

- O fato pedagógico e o cotidiano institucional escolar são entendidos como *negociação cultural*, que supõe assimetria nos lugares e relações sociais entre os atores (em termos de poder) e singularidades e diferenças desses atores (em termos culturais), em um momento e em um espaço concretos. Dessa forma, o pedagógico não é entendido como um mero depósito ou imposição, ou como um diálogo idealizado e abstrato diálogo de saberes (Giroux, 1990, Capítulo 3; Sharp, 1988, p. 73-82; Young, 1971, Capítulos 1 e 2).
- A educação é pensada de forma substantiva, não como "um mero adestramento" instrumental (Freire, 1992), mas como um momento da práxis social destinada a ser *produtora de sentido*.

## A ESCOLA ATUAL: ENTRE A MODERNIDADE E A PÓS-MODERNIDADE EM TOM LATINO-AMERICANO

### Sobre a modernidade

O discurso da modernidade que prefigurou a instituição escolar e que inercialmente chegou até nossos dias experimenta hoje uma profunda crise e é objeto de variadas tentativas de transformação e reforma. Nesse discurso, a escola ficava situada no centro das idéias de justiça, igualdade e distribuição de saberes para a criação de um sujeito histórico racional, autônomo e livre. Era construtora de cidadania, buscava construir sujeitos que pudessem chegar argumentativamente à vida pública, habilitar o maior número de pessoas no uso da razão e transformá-las em cidadãos livres (Brunner, 1985).

No entanto, a modernidade política apenas realizou essa idéia de cidadania livre e individualidade autônoma. Fenômenos sociais, como alienação, anomia, burocratização, exploração e exclusão, que caracterizaram diversos traços da moderna sociedade emergente, assim o comprovam (Angulo, 1997).

Portanto, o fracasso desse objetivo político da modernidade expressa também o fracasso da escola e constitui *uma matéria pendente a ser resolvida em qualquer projeto para o futuro;* talvez, a principal matéria pendente.

## A modernidade e a pós-modernidade na América Latina

Voltando às primeiras considerações que formulávamos, tampouco existiu uma única modernidade e, portanto, uma única escola moderna.

Perry Anderson critica o conceito linear-universal de modernidade. Afirma que a modernidade não existe como tal: deve ser situada historicamente como forma de expressão do desenvolvimento contraditório, desigual e combinado do capitalismo, isto é, cada trajetória do desenvolvimento capitalista leva a um determinado perfil da modernidade (Anderson, 1989).

Isto é tão certo para a realidade da América Latina como o reconhecimento de que modernidade e pós-modernidade foram, em seu germe, noções externas à América Latina e, desse modo, tanto seus debates como as instituições que se constituíram e reformaram em nome delas são, em grande parte, importados a partir de outro cenário; importação que expressa também a situação de dependência e dominação em que estiveram as sociedades latino-americanas desde:

> *[...] a primeira fase de globalização do capital que levou à sua incorporação forçada ao mercado mundial no século XVI* (Stavenhagen, 1997).

Como resultado dessa situação histórica e estrutural, a modernidade latino-americana foi descentralizada e fragmentada desde sua origem e não pôde dar uma identidade social integrada, e sim uma identidade que se expressa metaforicamente como um "espelho despedaçado" (Brunner, 1992, p. 15-17). Esse espelho despedaçado (não-identidade ou identidade híbrida) é produto dos efeitos culturais daquelas relações de poder e do lugar que a América Latina ocupou dentro delas (García Canclini, 1990, Capítulo 2).

A modernidade na América Latina foi basicamente um projeto intelectual de imitação que resultou em uma "pseudomodernidade em muitos aspectos caricaturesca" (Octavio Paz, 1987), também expressão do drama histórico de boa parte da intelectualidade latino-americana que sempre chegou tarde a todas as conjunturas, careceu de pensamento autônomo e dobrou-se antes e também agora – às vezes, resignadamente e outras, fascinada, mas sempre acrítica – ao discurso hegemônico.

A escola da modernidade na América Latina esteve marcada por tal tradição. O projeto de nação da geração dominante entre 1850 e 1900 definiu finalidades muito precisas para a escola moderna latino-americana (em suas versões mais primitivas no México, no Uruguai, na Argentina, no Brasil, e na Colômbia): a formação de uma cidadania capaz de se somar ao progresso social do momento constituía a meta fundamental da instituição escolar. Transmissora por excelência de uma cultura homogênea, sem brechas, nem diferenças, aspirava assim a produzir um tipo de sujeito apto a adaptar-se às exigências políticas e sociais que a classe dominante perseguia. Os habitantes do país, sem distinção de sexo, nacionalidade ou credo, isto é, o "povo" todo, eram convocados a ultrapassar as portas que a instrução pública abria.

Por trás dos discursos e dos rituais democratizadores, a igualdade que a escola propunha era só para formar um cidadão quase abstrato: tal fato supunha um "forçamento" que negava a existência das fortes diferenças culturais e econômicas. A tentativa de "integrar" à sociedade emergente, para que se pensasse e a pensassem como uma totalidade harmônica, fez com que fossem tratados como sujeitos indistintos o camponês, o habitante da cidade, o nativo, o estrangeiro, o católico e o protestante. Integração e igualação eram impostas quase autoritariamente.

Tentava-se instalar, através da escola, uma lógica, um sistema de representações, um conjunto de hábitos cujo *caráter pretensamente universal* outorgava à instituição escolar a possibilidade de legitimar só uma bagagem cultural e deslegitimar outras. O popular, com seus saberes, suas crenças e seus pressupostos sobre o mundo, não aparecia no horizonte escolar. A paritr do poder que conferia aos governantes a posse da "razão", julgava-se sobre o verdadeiro e sobre o falso, com a ilusão de impedir o crescimento de culturas que se achavam distanciadas dessa lógica e na tentativa de padronizar os sujeitos que transitavam pela instituição escolar – exigência necessária para o modelo de desenvolvimento que marcou a época.

Assim, o projeto de escola pública construiu uma matriz cujos componentes culturais, ideológicos e políticos apresentavam-se como os únicos possíveis, com a "naturalidade" com a qual os apresenta o discurso hegemônico. O *saber* e a *cultura* foram definidos pela classe dirigente da época, ao passo que os saberes e as culturas populares foram ignorados ou negados em nome do progresso social, do projeto civilizatório. Era a dicotomia "civilização ou barbárie" (Sarmiento), isto é, no começo da escola moderna na América Latina, tentou-se desenvolver uma dicotomização do mundo cultural no qual o patrimônio dos setores populares era desestimado como produto valioso. Os processos educacionais que se realizavam nesse cenário confirmavam alguns saberes como válidos (pela busca de consenso ou de algum tipo de imposição) e, simultaneamente, desqualificavam outros (Rigal, 1991).

## Sobre a pós-modernidade

A irrupção da pós-modernidade também marca, para a América Latina, a liquefação dos metarrelatos da modernidade (Lyotard, 1979) que serviram para prefigurar a escola moderna, em uma cena histórica mutante de acentuação da "fragmentação" e da hibridação das identidades e sujeita a múltiplas globalizações, em que a produzida pela imagem mediática alcança uma potência inusitada.

Esse novo discurso, que se constitui como um contradiscurso:
- Expressa que os resultados estão nas antípodas do profetizado pelo discurso da modernidade:
  – Sujeitos sem consciência autônoma (consumidores passivos, em vez de cidadãos ativos).
  – Sociedade crescentemente injusta.
  – Progresso tecno-industrial que acentua as diferenças materiais e as diferenças no acesso aos bens produzidos por esse progresso.
  – Fragmentação extrema da consciência e da experiência do homem pelas lógicas tecno-ubano-maciço-consumistas.
  – Cinismo e ética da instrumentalidade e da aparência; algo como ciência e estética sem ética (Casullo, 1996, Capítulo 9).
- Instala-se como uma "destruição" (*unmaking*) da totalidade. Daí sua preocupação epistemológica com os fragmentos e as diferenças.

Os múltiplos discursos da pós-modernidade (em sua diversidade e heterogeneidade) possuem alguns traços comuns: são contraditórios, ambíguos e multifacetados. Em nosso caso, alinhamo-nos com os que afirmam que:
- A modernidade e a pós-modernidade expressam uma modulação diferente sobre as mesmas preocupações, reconhecem que a vitalidade do moderno foi seu projeto de mudança e preocupam-se com o desuso da filosofia crítica e com as implicações que tem para produzir novos projetos de mudança (Laclau, 1988; Subirats, 1995; Feinmann, 1994).
- A pós-modernidade não é um discurso da "nova" sociedade pós-industrial ou da "nova" sociedade da informação e do conhecimento, mas corresponde a "uma modificação sistêmica da própria sociedade capitalista, uma realidade superdeterminada pelas modificações das relações técnicas e relações sociais de produção do próprio capitalismo" (Jameson, 1996, Capítulo 1) que expressa a *contraditória lógica cultural do capitalismo* tardio.

Nesse novo cenário discursivo, a escola moderna manifesta a sua crise. Antes de mais nada:
- *Crise por sua falência na constituição de sujeitos políticos.*

- *Crise pela liquefação de seu monopólio cultural.* A escola moderna propunha-se ocupar um lugar exclusivo, quase monopólico, de socialização secundária, para formar, submeter e integrar socialmente.
  A época presente está marcada por uma profunda reestruturação cultural em meio à qual a escola perdeu essa centralidade que, como sistema nacional de ensino, deteve desde o século passado. O mundo da cultura atual eclipsou os tradicionais fatores de socialização: família e escola. Ambas se encontram desafiados pela multimídia. Desafio não só de um novo ator, mas também de um novo veículo de transmissão cultural: a imagem. Sua presença absolutizante universaliza-se de tal modo, que assistimos ao surgimento de uma nova ordem simbólica "caracterizada por um grande consumo de signos e imagens, mas, antes de mais nada, encontramo-nos diante de uma profunda semiotização da vida cotidiana" (Mejía, 1995).
  A multimídia desloca e interpela a escola; além disso, a imagem põe em questão o sentido e o próprio valor da escrita e seu monopólio na transmissão de universos culturais. A palavra escrita foi historicamente o brasão distintivo da escola moderna. E a escola atual parece não ter encontrado ainda a via institucional para articular palavra e imagem nas propostas pedagógicas.
- *Crise por dificuldades de reconversão diante da dinâmica da produção científica e tecnológica.* Hoje, existe uma coincidência generalizada em atribuir ao conhecimento (e ao conhecimento científico e tecnológico) um papel central como fator produtivo (Coraggio, 1992). A escola é, então, desafiada a acompanhar essa situação, a compatibilizar-se com processos de transformação produtiva com alta incorporação de componentes científicos e tecnológicos. Na busca desse matiz latino-americano, os sistemas educativos surgem atrasados. Parece não haver possibilidade objetiva de adequar-se ao vertiginoso ritmo do desenvolvimento científico e tecnológico e ao desafio que este impõe às construções curriculares e à formação docente. Por fim, a velocidade da mudança científica e tecnológica e a enorme quantidade de informação gerada por elas que é preciso processar questionam a ênfase que a escola da modernidade atribuía aos processos de instrução e transmissão.

Todavia, a presença articulada dessas três dimensões da crise apenas aproxima uma explicação parcial da situação da escola latino-americana. Essas dimensões estão, na realidade, sobredeterminadas pela implantação (dentro da lógica da atual etapa capitalista para os países dependentes) de *modelos de ajuste econômico* que incluem o encolhimento e a precarização inexorável do sistema estatal de bem-estar (com o conseqüente desbaratamento do Estado educador), além da transferência de uma multiplicidade de funções (a educativa, entre elas) à sociedade civil freqüentemente frágil em sua trama organizacional (transformada na linguagem do modelo dominante em mero "mercado"). Surge, então, uma nova dimensão da crise: a *crise da precariedade e da deterioração da escola* (Rigal, 1991).

## OS PROCESSOS ATUAIS DE MUDANÇA EDUCATIVA: CONTEXTO E ESCOLA EMERGENTE

### Traços do cenário atual: o modelo neo-neo

O modelo *neo-neo:*[1]

> *[...] expressa a fusão do neoliberalismo, com sua ênfase na liberdade econômica da economia de mercado como pré-requisito para a liberdade política, com um neoconservadorismo que, por meio de sua preocupação com a manutenção da ordem social, propõe severas limitações à democratização da sociedade* (Giroux, 1993).

Queremos apresentar apenas alguns elementos que nos permitam relacionar as estratégias das reformas educativas que uma parte considerável dos países latino-americanos está executando na década de 90 com as formas de produção e organização econômica que produziu a nova divisão global do trabalho do capitalismo e dos discursos político-ideológicos correspondentes.

Partindo do pressuposto de que o modelo *neo-neo* expressa o discurso hegemônico desta época (hegemonia fortalecida pela crise do projeto ideológico e político alternativo ao sistema capitalista), faremos referência a alguns de seus traços que mais diretamente determinam a problemática educativa e escolar.

### O perfil econômico do modelo

Essa nova etapa do desenvolvimento mostra uma hegemonia do capital especulativo financeiro sobre o clássico capital de investimento industrial; uma globalização da produção e do mercado; uma vertiginosa mundialização dos fluxos financeiros e a grande explosão do fluxo financeiro não-regulado; uma concentração econômica multinacional; um enfraquecimento do poder de confronto dos trabalhadores e uma crescente livre circulação do capital e restrições à livre circulação da força de trabalho (Dieterich, 1996).

Nessa segunda fase da globalização para os países dependentes, o capital estende seus interesses produtivos a todo o globo, integrando-o em um sistema internacional de acumulação e divisão do trabalho. A *informação* e a *multimídia* têm importância como suporte desse processo de consolidação e expansão da sociedade global. Como destacamos antes, ocorre um esvaziamento do protagonismo dos sistemas estatais nacionais para a esfera privada, o mercado, com o conseqüente desaparecimento das diversas manifestações do Estado de bem-estar.

Nesse contexto, a globalização supõe uma acentuação da dependência latino-americana: ajustes econômico-financeiros do gasto público, a fim de assegurar o pagamento da dívida externa, atraso tecnológico e aberturas cada vez maiores para os países centrais, além de dependência de suas estratégias financeiras e comerciais.

### O perfil político do modelo

Às crises dos sujeitos sociais históricos (em especial, a classe operária) e das formas burguesas de representação política e da política acrescenta-se uma importante concentração do poder das classes dominantes em nível internacional (Grupo dos 7, Conselho de Segurança, Fundo Monetário Internacional, domínio das elites americana-européia no mundo cultural mediático, fosso abismal entre o norte e o sul no campo científico-tecnológico). Há uma transnacionalização das decisões que redunda em uma restrição do poder e da autoridade soberana dos Estados-Nação, especialmente os de países dependentes (Dieterich, 1996).

Predomina uma *democracia restrita*, que surge do paulatino enfraquecimento do sistema político do Estado e da sociedade civil e de seu conseqüente escasso controle das reformas políticas e econômicas que se desenvolvem. Isto é manifestado em uma cidadania frágil, intermitente, desencantada e distanciada da coisa pública. Essa ênfase na necessidade de uma democracia restrita já aparece na década de 70, quando se notava:

> [...] que alguns problemas da governabilidade provêm de um excesso de democracia (Huntington, 1991).

### O perfil cultural do modelo

Talvez sejam dois os traços que se deve recortar: a impactante revolução cultural gerada pela multimídia, que reafirma a rotunda expansão da indústria cultural capitalista, e o auge da:

> [...] cultura de consumo e o consumo da cultura com seu impacto na constituição de sujeitos (García Canclini, 1997, Capítulo 1).

Tal é a determinação que exerce por essas vias a produção material e a instrumentação cultural dos poderes do capital, que se pode afirmar o seguinte:

> [...] a autonomia relativa da esfera cultural está fragilizada e atenuada (Jameson, 1996), tendo-se perdido seu caráter afirmativo (Marcuse, 1974).

### Os pressupostos éticos do modelo

Esse modelo gera (como efeito buscado) uma crescente dualização e polarização sociais: forte incremento das desigualdades, concentração da riqueza, pauperização e fragmentação das classes subalternas e exclusão social. Assim como manifesta uma preocupação com os "excessos políticos", não presta atenção a esses "excessos sociais", que são considerados custos inevitáveis na aplicação do modelo.

A pergunta central é: qual é sua ética, já que quando o modelo funciona bem gera mais desemprego e pobreza e maior concentração da riqueza?

Em sua configuração ética, subjaz um *paradigma utilitarista* (a busca exclusiva do próprio bem e da satisfação do interesse próprio), à custa de um paradigma romântico (orientação de vida identificada com princípios, ideais e consideração com os outros).

Essa concepção utilitarista, com forte influência do pensamento de Bentham, completa-se com a visão hobbesiana do homem como lobo do homem em um neodarwinismo que proclama que o único direito genuíno de sobrevivência é o que se pode conquistar no mercado (Chomsky, 1996).

A noção atual de modernização neoliberal funda-se nesse neodarwinismo como especificação do liberalismo e como pauta que rege a relação interindividual: a seleção natural, a primazia dos melhores, dos mais fortes e poderosos. O liberalismo clássico preocupava-se com o homem e com todos os homens; este não. Os desempregados, os excluídos, não têm direitos; estes só são conferidos pela condição de agente econômico, não pela de cidadão.

A proposta educativa que deriva de tal concepção propõe uma quase total limitação da autonomia do sujeito (em termos de liberdade e pensamento crítico), rendida ideologicamente perante as decisões do mercado e da filosofia social neodarwinista:

> *A dissolução definitiva dos laços de solidariedade e de consciência histórica (que constituem o último baluarte dos pobres) é a condição necessária para a implementação definitiva da utopia do mercado e o regresso das maiorias do terceiro mundo à escravidão, gerada por forças objetivas e de projeções subjetivas incompreendidas* (Dieterich, 1996).

O personagem planejado para esse modelo é, no cotidiano, um trabalhador produtor de lucros e um ente consumista (de bens materiais ou imateriais-imagens e idéias), com um horizonte mental fixado no imediato (que é o horizonte do conservador). A democracia é, antes de mais nada, uma *democracia de espectadores*, não de atores protagonistas; no máximo, de figurantes.

### O discurso hegemônico como pensamento único

O discurso *neo-neo* expressa um projeto integral e configura um macrorrelato, um paradigma universal, um esforço totalizador típico da modernidade. Trata-se de um projeto político formulado, lançado e sustentado pelos estados do capitalismo avançado.

Para isso, foi edificada uma sólida hegemonia; um novo "senso comum" que alcançou uma escala realmente mundial: a globalização ideológica, que é resultado de uma vontade política de interesses concretos, e não a "expressão necessária e inexorável" de determinismos históricos universais, como indica o discurso dos intelectuais "pombos amestrados" (Goytisolo, 1998).

A expressão patética da sociedade unidimensional proclama o capitalismo como estado natural da sociedade e o mercado como a instituição de estatuto superior não só econômico, mas também político, em detrimento das formas democráticas. À medida que esse discurso é assumido universalmente (os condenados aclamando os verdugos), instala-se em uma nova versão, mais poderosa e extrema: o irracional como característica cultural central da sociedade industrial (Marcuse, 1974).

No entanto, uma vez mais se trata de uma hegemonia também fundada em componentes coativos, empregados por aquela estrutura transnacional de poder mundial; por exemplo, pela proposição-imposição de ajustes estruturais (Fundo Monetário Internacional; Banco Mundial).

### As demandas que o modelo formula para a educação

Assim enunciado, o modelo propõe uma estreita vinculação, quase exclusiva e excludente, entre estrutura de produção e realização mundial do capital (estrutura ocupacional) e estrutura do sistema educativo mundial.

Desse modo, praticamente desaparece a autonomia entre educação e economia que caracterizou a escola moderna (Da Silva, 1995), desloca-se a educação da esfera do Estado para a esfera privada e deprecia-se a escola como formadora de cidadania.

## Os atuais processos de reforma educativa

### Transformação e reforma educativa: algumas precisões conceituais

Transformação e reforma educativa são significantes em princípios difusos e polissêmicos e, para delimitar seu significado, devem ser pensadas como estratégias do modelo *neo-neo*.

Nesse sentido, e conceitualmente, a reforma educativa é uma proposta de mudança das pautas de regulação social para a adaptação à demanda que o modelo formula: organizando e conferindo valor a determinado tipo de saberes; legitimando formas institucionais e de relação social; valorizando determinados estilos de raciocínio, classificação e ponderação, bem como mobilizando os estamentos públicos correspondentes (Popkewitz, 1991).

Os atuais enfoques de reforma dão ênfase à organização do sistema educativo, sem referi-lo a pontos de vista sociais e históricos e sem levar em conta questões estritamente políticas. Em relação a isso, boa parte das pesquisas existentes sobre as reformas educativas parecem ignorar os determinantes sociais e políticos, manifestando uma preferência pela consideração de critérios de ordem administrativa ou de controle de qualidade (Veiga Neto, 1997). Ao mesmo tempo, definem a identidade e a formulação do docente como uma questão de controle e avaliação, a partir de uma concepção desierarquizadora de seu nível profissional.

## Características do atual processo de transformação educativa

O discurso da reforma educativa como construção hegemônica

A grande maioria dos documentos das experiências de reforma educativa na América Latina faz considerações iniciais sobre a profunda crise dos sistemas educativos, o relevante papel da ciência e da tecnologia no desenvolvimento produtivo e a preocupação por estender a educação e melhorar sua qualidade (Cepal-Unesco, 1992).

A sua estruturação posterior torna-o um discurso "metanarrativo e fechado" (Popkewitz, 1991), que aceita a globalização e o mercado em sua versão neoliberal como a ordem natural das coisas (portanto, incontestado e incontestável), e que propõe a modernização da educação e a conquista de dois objetivos estratégicos, um de ordem econômica e outro de ordem política.

Sobre isso, a Cepal e a Unesco apontam que a principal estratégia que é preciso promover desde o início da década de 90 tem como objetivo:

> [...] criar as condições educacionais, de capacitação e de incorporação do progresso científico tecnológico que tornam possível a transformação das estruturas produtivas da região em um marco de progressiva eqüidade social.

Para tanto, é promovida uma reforma institucional que procura alcançar simultaneamente dois objetivos estratégicos: a formação da cidadania moderna e a competitividade internacional dos países. Acrescentam que, para alcançar esse último objetivo,

> [...] é preciso estabelecer um novo tipo de relação entre a educação e a produção. A pergunta é como ressituar a educação frente ao trabalho, e este frente àquela, reconhecendo que ambos os espaços (o formativo e o laboral) estão cada vez mais próximos e entrecruzam-se de numerosas e diversas maneiras (Cepal-Unesco, 1992).

Principais traços do modelo proposto
- O *manifesto* dos discursos da reforma (educação para todos, qualidade da educação) não pode ser considerado sem levar em conta, simultaneamente, o que aparece *latente* (diversos mecanismos de ajuste econômico, diminuição do sistema estatal, desaparecimento do Estado educador, protagonismo do mercado) (Da Silva, 1995).

  Entre o manifesto e o latente existe, na prática, uma contradição insuperável. Ao mesmo tempo, o latente opera como *determinante* nas práticas concretas dos processos de reforma educativa.
- *O objetivo estratégico econômico transforma-se no principal*, e o político em subordinado, com um mero "caráter de exigência instrumental para que aquele outro objetivo possa ser cumprido sem obstáculos internos" (Coraggio, 1992), o que significa, na prática, formar, sobretudo, agentes econômicos, em vez de cidadãos.

- O *discurso da reforma formaliza-se como uma proposta eminentemente instrumental e técnica*. Porém, o modelo *neo-neo* em educação, como projeto hegemônico, não é só desestatização, desregulação e privatização como estratégia de contenção de gastos sociais. À medida que a educação perde sua autonomia, proporciona uma contribuição funcionalmente eficaz para a realização dos interesses dos setores econômicos dominantes; enquanto subalterniza o objetivo político, também contribui para o estabelecimento de uma democracia restrita.
  Essa influência neoconservadora reforça a *necessidade de "despolitizar"* o projeto de modernização educativa e transformá-lo em um problema administrativo de governo e de engenharia. As questões de política e de tomada de decisões, os interesses setoriais, são traduzidos em termos como gerenciamento, eficiência, produtividade.
- *As técnicas de gestão escolar* estão influenciadas por uma lógica da produção industrial e da competência do mercado, sustentando-se em três elementos básicos da teoria clássica de gestão:
  1. A tomada de decisões recai sobre a equipe planejadora.
  2. Mecanismos mais precisos de controle de qualidade são introduzidos.
  3. O salário e a promoção estão diretamente vinculados com os resultados (Ball, 1990).
  Essas tecnologias de gestão reforçam a imposição de decisões desde a cúpula até a base, privilegiam a visão dos que têm o controle e reforçam as estruturas de dominação.
- Isto nos leva a falar da *lógica do controle técnico*, referente à existência de controles incrustados na estrutura física do trabalho que tornam o trabalhador um *acompanhante* do instrumento técnico (Apple, 1987, Capítulo 5), uma mera "roldana de transmissão": tal fato indica claramente que controle técnico e desqualificação laboral tendem a caminhar juntos.
  A introdução da lógica de controle técnico na escola afeta a autonomia institucional do professor: os objetivos, os processos, o resultado e os critérios de avaliação tendem a ser definidos exaustivamente por instâncias (atores sociais ou instrumentos) externos. O papel do professor fica reduzido ao de *adestrador* e, portanto, ele só deve ser adestrado. Na América Latina, tal desqualificação foi acompanhada por uma notória proletarização do professor. Por exemplo, entre 14 países analisados durante a década 1985-1995, só em dois o salário real do professor havia se mantido ou havia aumentado. No restante, havia diminuído, em cinco casos com uma redução de 50% de seu valor (Moura Castro e Carnoy, 1997).
- Assim como o professor moderno aparece estreitamente conectado com o desenvolvimento do Estado de bem-estar, *o professor que propõe*

*a reforma está associado ao mercantil e ao instrumental*, e sua identidade aparece dividida, fragmentada (Lawn, 1998). É que o restabelecimento do lugar do Estado e a revalorização do mercado requerem gerar *mudanças na subjetividade* dos professores para que cumpram um papel mais ajustado dentro do projeto hegemônico.
Também nesse aspecto, o novo discurso pretende ter um enorme poder disciplinador, via formação do professor e definições dos conhecimentos necessários (que devem operar fundamentalmente como reguladores sociais) (Popkewitz, 1991).
- *A escola proposta pelo modelo está unilateralmente pensada em termos de eficácia* e gera uma permanente confusão entre a noção de qualidade da educação, colocada como conceito teórico, e a de rendimento escolar, ao qual se referem habitualmente os instrumentos de medição daquela. Não se pode homologar qualidade e rendimento, observando nas provas apenas a informação recebida pelo aluno e deixando de lado a dinâmica institucional e os processos de aprendizagem que a escola produz e que não estão atados aos conteúdos. A qualidade educativa não é medida através de instrumentos que tentam provar o acesso ao conhecimento (Puiggrós, 1994). A qualidade é garantida com condições institucionais e laborais aptas para realizar o processo de ensino-aprendizagem com currículos que levem em conta a diversidade cultural, com uma capacitação docente permanente. A qualidade não está associada à promoção de uma competência selvagem que "facilite" um melhor rendimento escolar.
- *A concepção do projeto curricular na prática é basicamente tyleriana*, com seu perfil pouco democrático. Predomina o que Schön denominou o "modelo de racionalidade técnica", com a tripla concepção que contém: "o currículo como problemática eminentemente técnica; a relevância dos especialistas externos em seu papel de guia do planejamento educativo e a sua capacidade de controle sobre o processo pela avaliação externa" (Rué, 1997). Congruente com essa concepção é o caráter não-vinculante que têm as propostas de muitos atores sociais convocados (os sindicatos docentes, por exemplo), em uma concepção da participação que não a inclui na tomada de decisões.
- *O conhecimento e os saberes que são transmitidos são propostos fundamentalmente como objetos assépticos de consumo cultural*, não de apropriação crítica. A contrapartida disso é um sujeito pensado como agente passivo, adaptado e adaptável.

O viés economicista do neoliberalismo confunde cidadão com agente econômico, com cliente, com consumidor, confusão esta que expressa um profundo desprezo pela preocupação moderna com a cidadania, sua submissão ao mercado e uma redução da noção de democracia ao entendê-la como processo fundamentalmente econômico que se manifesta pelas escolhas do consumidor (García Canclini, 1997, Capítulo 1).

Essa concepção de democracia e de cidadania é determinada pelo componente neoconservador em quatro dimensões:
- Como *cidadania tímida*, própria de uma concepção atenuada e restrita da democracia.
- Como *cidadania acrítica*, "prática social não-problemática que faz uma leitura não-crítica de sua herança cultural" (Giroux, 1993).
- Como *cidadania fragmentada e apática*, produto de uma sociedade com frágeis tramas associativas, muito impregnada da ética neodarwinista.
- Como *cidadania consumidora cultural*, para um modelo que necessita de receptores passivos e individuais dos numerosos e heterogêneos fluxos de informação e de bens (Rigal, 1997).
* *Na base ética dessa proposta, existe uma forte desumanização* dos propósitos da educação e da escola. Os atores sociais não são reconhecidos integralmente como sujeitos através de uma proposta pedagógica que os reconheça em sua dialética de razão e afeto, padrão e sensibilidade, intencionalidade e compreensão; ficam reduzidos, porém, a *sujeitos segmentados* (por exemplo, agente econômico), ou a *sujeitos limitados* em sua autonomia e poder (por exemplo, consumidor).
* Contra a pretensão totalizadora do metarrelato que a funda, *surge uma escola fragmentada em sua visão da realidade e fragmentadora de sujeitos*, na qual existe uma notória contradição entre os enunciados do discurso e a vida cotidiana escolar, contradição que se faz mais intensa nas instituições que atendem as classes subalternas.

## PENSANDO OUTRA ESCOLA PARA A NOVA ÉPOCA

### Sobre o pensamento pós-moderno

Retomemos aqui o que foi expresso sobre nossas preocupações fundamentais: a ética, a política, a epistemologia.

Para precisarmos melhor nosso olhar a partir delas, temos de distinguir algumas posições intelectuais e teóricas da pós-modernidade. Parece-nos pertinente partir de uma tipologia elaborada por McLaren, introduzindo algumas variantes (McLaren, 1997, Capítulo 7).

Podem ser diferenciadas duas vertentes do pensamento pós-moderno:

A vertente acrítica
Essa vertente articula duas dimensões: a conservadora e a lúdica.
Na *dimensão conservadora*, o fim da história está indicado na configuração dessa nova sociedade: a sociedade pós-industrial, a qual vê a his-

tórica como cumprida. São possibilistas: só é possível o que é possível hoje, o presente é imodificável.

Parece que a tarefa ideológica fundamental do pós-moderno em sua versão acrítica é:

> coordenar novas formas de práticas e hábitos sociais e mentais (o que Williams chama de estrutura de sentimento) com as novas formas de produção e organização econômicas que produziu a nova divisão do trabalho do capitalismo (Jameson, 1996, Capítulo 1).

Na *dimensão lúdica,* não são propostas grandes perguntas; tudo é aparência, simulacro, espetáculo, cenário; o único real, e ao mesmo tempo efêmero, é o texto e a imagem. A partir de uma visão superestrutural (que acentua a autonomia da esfera cultural), surge a política como uma prática paródica e textual, e sua análise mascara a relação entre os discursos dominantes e as relações sociais que buscam legitimar; vê o social como uma multiplicidade de fragmentos diferentes, absorvidos e dissolvidos no mundo dos signos e da comunicação eletrônica.

Em alguma medida, passam do desencanto pessimista e freqüentemente niilista sobre a condição humana, próprio do existencialismo, a um desencanto *light,* da intranscendência. São, enfim, céticos, tanto porque não se preocupam com a transformação social quanto por seu relativismo epistemológico. Vêem o presente marcado pela opacidade e a incerteza, conformado por um conjunto heterogêneo de coisas que flutuam à deriva.

### A vertente crítica

É uma concepção teórica que prioriza a análise da produção social e histórica das diferenças e a desigualdade com uma intenção totalizadora. Ela concebe os significados e os textos como práticas materiais estruturalmente determinadas: propcura, portanto, ligar a discussão cultural com uma reflexão sobre suas vinculações e sua determinação pela base material.

Pensa a pós-modernidade como uma etapa da modernidade; e o projeto da modernidade, como um projeto inacabado, não como um projeto sepultado. Recuperam uma preocupação humanista: mantêm as mesmas preocupações da modernidade pela emancipação e pela autonomia (*ética da liberdade*), e a igualdade do homem e da sociedade (*ética da solidariedade*).

> *Questionam a inquietação, a opressão e a desigualdade como fatores de desumanização e reivindicam a liberdade e o protagonismo do sujeito, reconhecendo sua capacidade de criação, de recriação e de transformação da natureza material e social* (Rigal, 1997).

Nossas preocupações são expressas a partir dessa vertente.

## Os fins da escola

A "outra escola" é concebida como uma forma de política cultural que ajusta uma introdução, uma preparação e uma legitimação de formas particulares de vida social.

> *A pedagogia que emerge dessa concepção crítica é fundada na convicção de que, para a escola, é uma prioridade ética o dar poder ao sujeito social facilitando-lhe a atribuição de sentido crítico ao domínio de habilidades cognoscitivas e técnicas* (McLaren, 1997).

Esta também é uma tentativa de reescrever o institucional de modo que facilite a recuperação do sujeito como *protagonista situado* (temporal e espacialmente) a partir do respeito e da aceitação do diverso e do inacabado.

Essa escola, inexoravelmente, responde a um *modelo antagônico ao dominante*: origina-se a partir de uma concepção absolutamente distinta sobre o papel do Estado, a natureza da sociedade e da democracia e o papel dos sujeitos sociais subalternos. Pretender uma escola crítica, democrática e de qualidade exige inexoravelmente imaginá-la em uma sociedade mais igualitária e justa, com um importante papel do Estado na geração de uma maior eqüidade na distribuição dos bens econômicos, sociais e culturais e com uma ativa e interessada participação cidadã na vida pública.

Esse papel que é atribuído ao Estado requer a reconstituição de uma terceira dimensão, que supere a visão dicotômica que enfrenta de maneira absoluta *o estatal* com *o privado*. Essa dimensão ausente é o público, entendido como um:

> *[...] espaço que possa assegurar nos mais extensos âmbitos da vida coletiva uma maior informação, participação e descentralização das decisões* (Portantiero, 1989).

O público deve ser pensado para a complexidade de nossas sociedades, ou seja, deve ser pensado como heterogêneo, multissocial e multicultural. O desafio para a "outra escola" é transformar-se em um lugar significativo para construir relações emancipatórias dentro de uma concepção e de uma estratégia que facilitem a constituição do público (Giroux, 1993, Capítulo 5).

Em síntese, podemos expressar que a finalidade da escola do século XXI, pensada como "outra escola", é construir uma cultura orientada para o pensamento crítico que pretenda dotar o sujeito individual de um sentido mais profundo de seu lugar no sistema global e de seu potencial papel protagônico na construção da história.

## As funções da escola

Resgatamos a importância de três funções da escola: a socializadora, a compensadora e a reconstrutora (Pérez Gómez, 1998).

Queremos fazer uma consideração especial sobre a função reconstrutora, devido à importância que adquire como resposta pedagógica às interpelações profundamente epistemológicas que produz a irrupção maciça do mediático no campo da socialização:

> Mais do que transmitir informação, a função educativa da escola contemporânea deve orientar-se para provocar a organização racional da informação fragmentada recebida e a reconstrução crítica das preocupações acríticas (Pérez Gómez, 1992).

Dessa forma, é reforçada a sua condição de *produtora de sentido,* ao facilitar que cada indivíduo reconstrua conscientemente seu pensamento e ação por meio de um processo coletivo de descentralização e reflexão sobre a própria experiência e a dos demais e tenha autonomia intelectual para analisar criticamente os processos e os conteúdos socializadores recebidos e articulá-los em um âmbito totalizador.

## A outra escola: crítica e democrática

O perfil da escola para o século XXI como *escola crítico-democrática* propõe transformar as instituições escolares em relação aos seguintes aspectos.

### Os objetivos da escola

A escola também deve cumprir um papel relevante na formação de cidadãos, como sujeitos políticos, para uma democracia substantiva que os exige protagonistas, ativos e organizados: formar governados que possam ser governantes.

Uma escola formadora de cidadania possui dois objetivos fundamentais:

- Contribuir no plano público, para o desenvolvimento de uma cultura do discurso crítico sobre a realidade concreta.
- Socializar os valores e as práticas da democracia nos âmbitos institucionais cotidianos que facilitem a participação ativa e crítica e as experiências de organização (Brunner, 1985).

Em relação à formação científico-tecnológica, a "outra escola" deve dar conta não apenas da velocidade vertiginosa do desenvolvimento da ciência e tecnologia, mas também do fato de que ele está cada vez mais concentrado e mais desigualmente distribuído; portanto, incrementa as distâncias entre países centrais e países dependentes.

Embora a escola dificilmente possa corrigir, mesmo que seja de forma parcial, tais iniquidades, pode sim criar consciência sobre elas e fomentar o desenvolvimento de um pensamento autônomo, capaz de processar criticamente tal conhecimento de acordo com as necessidades e os interesses de formações sociais concretas.

### A instituição

O tema central é reivindicar a singularidade da natureza educativa da escola, substituindo a visão empresarial da gestão como gerenciamento e do educando como cliente.

Para facilitar a formação cidadã, devem-se fortalecer os espaços e as práticas democráticas, incluindo a participação dos diversos atores na tomada de decisões, e fortalecer a autonomia protagônica da díade professor-aluno.

Dar prioridade à reconstrução da esfera pública e definir um papel ativo da instituição escolar em sua consolidação supõe uma nova proposição dos vínculos e das articulações com o contexto institucional e social imediato.

### A relação ensino-aprendizagem

A velocidade da mudança científica e tecnológica e a enorme quantidade de informação que gera, que é preciso processar, questionam a ênfase que a escola da modernidade dava aos processos de instrução e transmissão. Essa análise precisa ser deslocada para os processos de produção de conhecimento (como aprender) e de reconstrução de conhecimento (reelaboração crítica).

Essa orientação deve reforçar a escola em sua condição fundamental de produtora crítica de sentido e contribuir para que o pedagógico não seja uma mera dimensão técnico-instrumental centrada na aprendizagem individual. Para isso, deve-se resgatar novamente a importância dos processos de ensino-aprendizagem como instâncias de produção dialógica coletiva e de negociação cultural (Freire, 1985; Rigal, 1991).

### O currículo

O currículo deve ser considerado um produto cultural, núcleo de relações entre educação, poder, identidade social e construção da subjetividade; uma forma institucionalizada para a constituição de sujeitos, para a produção de identidades individuais e sociais. Como produto cultural, o currículo é um campo privilegiado na escola para a construção e para a disputa hegemônica.

Nós o entendemos como:

> *[...] síntese de elementos culturais (conhecimentos, valores, costumes, crenças, hábitos) que estabelecem uma proposta político-educativa destinada a gerar significado e sentido para a vida social impulsionada por diversos grupos e setores sociais cujos interesses são diversos e contraditórios, ainda que alguns tendam a ser dominantes ou hegemônicos e outros tendam a opor-se a tal dominação ou hegemonia; chega-se a essa síntese por meio de diversos mecanismos de negociação e imposição social* (De Alba, 1995).

Muitas vezes, essa síntese é contraditória, daí que é difícil conceber o currículo como um sistema congruente e articulado: é produto de confrontos, negociações, imposições. De fato, é uma estrutura dinâmica e contraditória que deve reconhecer e processar conteúdos de resistência e oposição.

Essa concepção está no oposto daquela que considera o currículo como um simples instrumento técnico e, como tal, desprovido de intencionalidade social e cultural.

Correlativamente a essa perspectiva, propõe-se uma *estratégia real e efetivamente participativa (não-fictícia) para o projeto do currículo*, que reconheça o papel ativo que cumprem professores e alunos em sua realização e execução e resgate os importantes elementos que, a partir da sua prática, podem ser trazidos para uma construção curricular colaborativa entre agentes sociais distintos (Rué, 1997).

O sujeito
A constituição de sujeitos sociais (entendidos como atravessados por uma pluralidade de posições pelas quais sua configuração ocorre no âmbito de várias formações discursivas) deve basear-se em uma pedagogia da diferença e pela igualdade.

Reconhecer as diferenças é aceitar e respeitar as singularidades culturais e procurar preservá-las na constituição pedagógica dos sujeitos. Porém, não só existem *diversidades culturais*, pluralidade de sentidos e valores; também há *heterogeneidades estruturais* entre dominadores e dominados que devem ser levadas em conta por uma proposta pedagógica com pretensão igualitária, isto é, a sociedade não só mostra diversidade, mas também desigualdades. Contornar isso pode ocasionar que:

*[...] sob o manto da adaptação para a diversidade, o que fundamentalmente se dê seja, na realidade, uma adaptação à desigualdade, em lugar de uma tentativa de superá-la* (Flecha, 1994).

Embora dificilmente o sistema educativo possa modificar os fatores estruturais que determinam a desigualdade,

*[...] pode sim (a paritr do crítico e do ético) criar uma reflexão "não-naturalizada" da desigualdade e desenvolver experiências institucionais que primem pela igualdade e pela justiça* (Pérez Gómez, 1998).

O professor
O professor deve ser requalificado como profissional e como protagonista. Essa requalificação deve incluir a modificação racional da formação docente, o substantivo melhoramento de suas condições de trabalho e a eliminação dos mecanismos de controle técnico, de modo que fortaleça sua autonomia e valorize sua prática.

Isto significa superar seu papel de roldana de *transmissão*, passivo e instrumental; tampouco voltar à concepção do positivismo pedagógico e seu papel como mediador coercitivo, moralizador e normalizador, e sim aproximá-lo do intelectual transformador (Giroux, 1990), crítico e emancipador: desafio para a formação e o acompanhamento dos docentes que permita a reflexão sobre suas próprias práticas e o questionamento das estruturas institucionais em que trabalham (Contreras, 1997, Capítulo. 6).

## FINAL PROSPECTIVO... E ESPERANÇOSO

Em trabalhos anteriores (Rigal, 1991), insistimos em que o desafio atual é produzir modos de representar a escola que a associem a algum horizonte possível. Trata-se de unir alguns de seus elementos dispersos como produto da crise às novas visões e aos novos desafios

Pensamos que, a partir do pensamento crítico, podem ser trazidas contribuições para essa reinvenção da escola no começo do século XXI.

Pensar a escola a partir dessas raízes parece ser um exercício de autonomia intelectual que permite transcender os estreitos limites unidirecionais do discurso hegemônico e sua tecnocrática lógica da racionalidade instrumental que tão airosamente vigoram nas políticas educativas nacionais.

Esta é uma tarefa intelectual, mas não será frutífera se for elaborada na solidão ou por meio de esforços individuais. Requer atores coletivos, capazes não só de elaborar um novo discurso, mas também de consolidá-lo hegemonicamente e de globalizá-lo. Portanto, convoca muitas e diversas pessoas do mundo da escola, do mundo da universidade e da academia, do mundo das comunidades, do mundo das organizações sindicais, do mundo das organizações não-governamentais, do mundo das organizações políticas. E tal convocação deve ser concretizada em sólidas propostas de políticas ajustadas, e não em mesquinhas competências individuais. Só assim se poderão vislumbrar, construir e impulsionar utopias possíveis, como sonhos realizados... e celebrá-las.

## NOTA

[1] Para um tratamento detalhado, ver Ezcurra, 1998; Chomsky, 1996; Dieterich, 1996.

## REFERÊNCIAS BIBLIOGRÁFICAS

ANDERSON, P. (1989): "Modernidad y revolución", in CASULLO, N. (1989): *El debate modernidad-posmodernidad*. Buenos Aires. Puntosur.
ANGULO, R.; FÉLIX, J. (1997): *Reconsiderar el proyecto de la modernidad in educación*. Mimeo.
APPLE, M. (1986): *Ideología y currículum*. Madri. Akal.
APPLE, M. (1987): *Educación y poder*. Madri. Paidós.
ARONOWITZ, S.; GIROUX, H. (1991): *Postmodern education*. Oxford. University of Minnesota Press.

BALL STEPHEN, J. (1990): "La gestión como tecnología moral", in BALL S., J. (org.): *Foucault y la educación: disciplinas y saber*. Madri. Morata.
BRUNNER, J. J. (1985): *La educación y el futuro de la democracia. Documento de trabajo*, n. 73. Santiago do Chile. Flacso.
_____. (1992): *América Latina: cultura y modernidad*. México. Grijalbo.
CASULLO, N. (1989) (org.): *El debate modernidad-posmodernidad*. Buenos Aires. Puntosur.
_____. e cols. (1996): *Itinerarios de la modernidad*. Buenos Aires. CBC-UBA.
CEPAL-UNESCO (1992): *Educación y conocimiento: eje de la transformación productiva con equidad*. Santiago do Chile. Naciones Unidas.
CONTRERAS, J. (1997): *La autonomía del profesorado*. Madri. Morata.
CORAGGIO, J.L. (1992): *Economía y educación in América Latina: notas para una agenda*. Santiago do Chile. CEAAL.
CHOMSKY, N. (1996): "Democracia y mercados in el nuevo orden mundial", in CHOMSKY, N.; DIETERICH, H. (1996): *La sociedad global: educación, mercado y democracia*. Buenos Aires. CBC-UBA.
CHOMSKY, N.; DIETERICH, H. (1996): *La sociedad global: educación, mercado y democracia*. Buenos Aires. CBC-UBA.
DA SILVA, T.T. (1992) (org.): *Teoria educacional crítica em tempos pós-modernos*. Porto Alegre. Artes Médicas Sul Ltda.
DA SILVA, T.T. (1995): "El proyecto educacional moderno: ¨identidad terminal?", in *Revista Propuesta Educativa*, n. 13. Buenos Aires. Flacso.
DE ALBA, A. (1995): *Currículum: crisis, mito y perspectivas*. Buenos Aires. Miño y Dávila.
DIETERICH, H. (1996): "Globalización, educación y democracia in América Latina", in CHOMSKY, N.; DIETERICH, H. (1996): *La sociedad global: educación, mercado y democracia*. Buenos Aires. CBC-UBA.
EZCURRA, A.M. (1998): *¿Qué es el neoliberalismo?* (No prelo)
FEINMANN, J.P. (1994): *Marx hoy*. Buenos Aires.
FLECHA, R. (1994): "Las nuevas desigualdades educativas", in *Nuevas Perspectivas Críticas in Educación*. Madri. Paidós.
FREIRE, P. (1985): *Entrevista con Paulo Freire*. Buenos Aires. CEDAL.
FREIRE, P. (1992) "Escuela pública y educación popular", in FREIRE, P.: *Política y educación*. México. Siglo XXI.
GARCÍA CANCLINI, N. (1990): *Culturas híbridas: estrategias para entrar y salir de la modernidad*. México. Grijalbo.
GARCÍA CANCLINI, N. (1997): *Imaginarios urbanos*. Buenos Aires. Eudeba.
GIROUX, H. (1990): *Los profesores como intelectuales: hacia una pedagogía crítica del aprendizaje*. Madri. Paidós.
_____. (1993): *La escuela y la lucha por la ciudadanía*. México. Siglo XXI.
GOYTISOLO, J. (1998): "Palomos amaestrados", in *Le Monde Diplomatique* (org.): *Pensamiento crítico y pensamiento único*. Madri. Debate.
HUNTINGTON, S. P. (1991): *The crisis of democracy*. Nova York. University Press.
JAMESON, F. (1996): *Teoría de la posmodernidad*. Valladolid. Trotta.
LACLAU, E.; MOUFFE, Ch. (1987): *Hegemonía y estrategia socialista*. Madri. Siglo XXI.
_____. (1988): "Politics and the limits of modernity", in ROSS (org.): *Universal Abandon?* Minneapolis. University of Minnesotta Press.

LAWN, M. (1998): "Reforma inglesa: La declinación del maestro moderno y el surgimento del trabajador flexible", in *Revista Crítica Educativa*, n. 4. Buenos Aires.
LYOTARD, J.D. (1979): *La condición posmoderna*. Madri. Marcas.
MARCUSE, H. (1974): *El hombre unidimensional*. Madri. Joaquín Mortiz.
McLAREN, P. (1997): *Pedagogía crítica y cultura depredadora*. Barcelona. Paidós.
MEJÍA, M.R. (1995): *Competencias y habilidades para una escuela del siglo XXI*. Bogotá. CINEP.
MOUFFE, Ch. (1979): "Ideología y hegemonía in Gramsci", in MOUFFE, Ch.: *Gramsci and marxist theory*. Londres. Routledge & Kegan.
MOURA CASTRO, C.; CARNOY, M. (1997): *La reforma educativa in América Latina*. Washington. BID.
PAZ, O. (1987): *El ogro filantrópico*. México. Joaquín Mortiz.
PÉREZ GÓMEZ, A. (1992): "Las funciones sociales de la escuela: de la reproducción a la reconstrucción crítica del conocimiento y la experiencia", in GIMENO SACRISTÁN, J.; PÉREZ GÓMEZ, A.: *Comprender y transformar la enseñanza*. Madri. Morata.
PÉREZ GÓMEZ, A. (1998): "Socialización y educación in la época posmoderna", in GOIKOETXEA PIEROLA, J.; GARCÍA PEÑA, J. (orgs.): *Ensayos de pedagogía crítica*. Madri. Popular.
POPKEWITZ, T.S. (1991): *Sociología política de la reforma educativa*. Madri. Morata.
PORTANTIERO, J.C. (1989): "La múltiple transformación del estado latinoamericano", in *Nueva Sociedad*, n. 104. Caracas.
PUIGGRÓS, A. (1994): *Imaginación y crisis in la educación latinoamericana*. Buenos Aires. Rei-IDEAS-Aique.
RIGAL, L. (1991): "La escuela popular y democrática: um modelo para armar", in *Revista Crítica Educativa*, n. 1.
RIGAL, L. (1997): "Escuela, ciudadanía y posmodernidad progresista", in *Revista Crítica Educativa*, n. 3.
RORTY, R. (1991): *Moral identity and private autonomy*. Cambridge. Cambridge University Press.
RUÉ, J. (1997): "Currículo: concepciones y prácticas", in *Cuadernos de Pedagogía*, n. 253. Barcelona.
SARMIENTO, D. F.: *Facundo* (várias edições).
STAVENHAGEN, R. (1997): "Treinta años después", in *Revista Crítica Educativa*, n. 3.
SHARP, R. (1988): *Conocimiento, idelogía y política educativa*. Madri. Akal.
SUBIRATS, E. (1995): *Escepticismo e identidad*. Madri. Taurus.
VEIGA NETO, A. (1997): "Michel Foucault y la educación: hay algo nuevo bajo el sol?", in VEIGA NETO, A. (org.): *Crítica postestructuralista y educación*. Barcelona. Laertes.
WILLIAMS, R. (1988): *Marxismo y literatura*. Barcelona. Península.
YOUNG, M. (1971): *Knowledge and control*. Londres. Collier Macmillan.

# 9 A educação do século XXI: a urgência de uma educação moral

*Marina Subirats*
Universitat Autònoma de Barcelona

Ao longo do século XX, o conceito de educação mudou muito, pois os sistemas educativos tiveram de adaptar-se a demandas sociais que nem sequer eram previsíveis no século XIX. No entanto, a educação continua tendo um forte componente artesanal, não tanto pelo fato de exigir a interação e, por isso, uma forte dedicação de trabalho humano que não pode ser substituído por trabalho mecânico, mas porque o "produto" da educação ainda é escassamente planejado. De que tipo de conhecimentos necessitam as novas gerações? De que tipo de atitudes, aptidões, habilidades, disposições, valores? Ainda que tais perguntas sejam às vezes formuladas, raramente são levadas em conta na elaboração dos currículos. A produção de personalidades capazes de viver em sociedade, que é a finalidade da educação, continua sendo pensada como resultado casual de um conjunto de circunstâncias complexas e, geralmente, incontroláveis. Os modelos culturais que precisam ser transmitidos baseiam-se ainda em uma concepção da pessoa culta herdada do Renascimento e, evidentemente, impossível de alcançar em nossos dias. Os conteúdos curriculares são, muitas vezes, fruto de pactos corporativos e escalões acadêmicos: como se pode prescindir da matemática? Ficaria esquecida a história? Seria escandaloso que não se aprendesse inglês! E assim, sucessivamente, partindo-se da idéia de que, de qualquer forma, a personalidade humana desenvolve-se por si mesma e de que a função da educação é dar instrumentos para o acesso a saberes relativamente codificados.

Espero que, se as coisas forem bem, nosso conceito da educação variará ainda mais no século XXI e à educação serão propostos alguns problemas de fundo: de que uma pessoa necessita ser para viver em uma sociedade concreta? Ou, dito de uma forma mais atual, como deve estar construída? O que é preciso transmitir-lhe, e como, para que alcance este ser e o correspondente conhecer? Há uma série de sinais que apontam que essa concepção da educação é necessária, mas também há outros que apontam que será muito difícil realizá-la. Isto quer dizer que as coisas podem não ir bem, e pode-se continuar utilizando o sistema educativo para uma função principal, a de seleção das pessoas em relação ao mercado de trabalho e a legitimação das diversas posições sociais em função dos logros educativos, o que significaria esquecer que, já no momento atual, há outras funções sociais que necessitam do apoio da educação para poder avançar.

As finalidades da educação parecem estar mais claras do que nunca, já que ela se transformou em um requisito indispensável para se viver em nossa sociedade e que o conhecimento é a grande produção de nosso tempo – "a sociedade do conhecimento" é uma mensagem na moda neste momento. No entanto, quero chamar a atenção sobre outros aspectos da educação, sobre outras necessidades, que de fato me parecem muito mais urgentes. E não por desprezar o conhecimento, antes pelo contrário: mais do que transmitir conhecimentos, a educação deve formar indivíduos capazes de buscar e manejar por sua conta os conhecimentos que lhes sejam necessários, operação muito diferente da de transmitir conhecimento propriamente.

## A EDUCAÇÃO DO SÉCULO XX: DO LER E CONTAR À TITULARIDADE

Se olharmos para trás, rapidamente nos daremos conta de que a educação escolar generalizada para toda a população, que é aquela a que me referirei aqui, é um fato de criação muito recente na história. Houve um tempo em que a sociedade estava definida por papéis sociais e econômicos que mudavam lentamente. A tarefa de socialização consistia em preparar as novas gerações para substituir as antigas, para ocupar alguns postos e realizar algumas tarefas que eram consideradas invariáveis e eternas. Na produção, os camponeses sucediam aos camponeses, e as tarefas eram realizadas a partir de um saber transmitido pela tradição. O filho sucedia ao pai e devia agir como ele, realizar os mesmos gestos, plantar as mesmas árvores; qualquer mudança podia ser catastrófica, dado que se desconhecia o porquê dos processos naturais e só a experiência oferecia alguns elementos para saber o que era correto. Na família, acontecia o mesmo: a filha sucedia a mãe, herdava inclusive seu nome, sua roupa, seus utensílios domésticos; os papéis sociais estavam tão definidos, que a socialização não era outra coisa a não ser transmitir às novas gerações os velhos moldes conhecidos e o temor a qualquer variação.

Embora sempre houvesse personalidades originais, dissidentes, de difícil ajuste aos moldes preexistentes, seu alcance era limitado: quando a norma é a tradição, toda tentativa de variação sanciona-se negativamente. Mesmo hoje, em determinadas zonas do mundo, e especialmente na África, encontramos sociedades regidas pelo princípio da tradição e da conformidade ao grupo como norma básica, que sancionam negativamente a introdução de mudanças, já que estes podem pôr em perigo os próprios fundamentos da produtividade, da convivência e da ordem social[1]. Nessas situações, nesse tipo de sociedades, a educação tem escassa razão de ser; a aprendizagem para a reprodução é baseada fundamentalmente na imitação inquestionável da ação e das atitudes das gerações adultas, que tratam de evitar, na medida do possível, que cada pessoa tenha uma personalidade própria e atue de forma distinta das demais.

No entanto, no ocidente, tal situação começou a variar faz muitos anos. A introdução de novos conhecimentos mostrou que os procedimentos produtivos podiam mudar e que era possível aumentar a produtividade, e com ela a riqueza, utilizando técnicas novas, distintas das tradicionais. Técnicas que já não podiam ser aprendidas apenas por imitação, uma vez que requeriam a utilização de conceitos abstratos e o manejo de determinados saberes, como a leitura ou a capacidade de contar. Surgiu, assim, a necessidade do sistema educativo, limitado inicialmente a determinados grupos urbanos, estendido depois, com muitas lutas, dificuldades e tempo, ao conjunto do território e à população infantil. É a ruptura dos modelos produtivos tradicionais que obriga a criar uma instituição que realize, consciente e sistematicamente, a transmissão de conhecimentos e habilidades considerados indispensáveis para produzir mudanças no sistema tradicional de produção.

Contudo, a aceleração nas mudanças técnicas produziu outros efeitos na sociedade e no sistema educativo, especialmente na segunda metade do século XX. Com o desenvolvimento da indústria e do trabalho assalariado, foi rompida a continuidade na herança das posições sociais: na faixa majoritária da população, o filho já não ocupa o posto do pai; o mercado de trabalho está estratificado e necessita-se de algum critério para vincular os indivíduos a postos de trabalho concretos, mais além dos casos em que se mantém a herança. E o critério que se impôs maciçamente foi o das titulações acadêmicas, de modo que a passagem pelo sistema educativo e o nível de titulação alcançado é hoje a medida mais universalmente utilizada para valorizar as pessoas no momento de sua incorporação ao mercado de trabalho e para determinar o tipo de emprego em que podem inserir-se. A posse de títulos acadêmicos é, de forma crescente, uma condição necessária, embora não suficiente, para o emprego, especialmente para os empregos relativamente bem-remunerados.

É assim que o sistema educativo assumiu, como função principal, a de expedidor de títulos, criador de hierarquias e selecionador de força de trabalho, função que continua exercendo atualmente, com pequenas mudanças conjunturais. Em nosso país, por exemplo, o crescimento universitário foi espetacular, e isso levou a se pensar que o sistema educativo oferece realmente igualdade de oportunidades a todos os indivíduos jovens, mas isso continua incorreto. Os dados obtidos na Enquete Metropolitana de Barcelona de 1985 e 1995 mostram-nos que, na área metropolitana e para a geração que em cada uma dessas datas tinha entre 26 e 35 anos, a probabilidade de obter um título universitário era aproximadamente de um para sete segundo a origem social fosse de classe baixa ou de classe alta e média-alta em 1985, e de um para quatro e meio em 1995[2]. Como se pode ver, as proporções melhoraram notavelmente em 10 anos, no sentido do decrescimento da desigualdade, mas continuam mostrando uma elevada diferença de oportunidades em função da origem social. Além disso, o crescimento universitário gerou uma maior estratificação dentro das titulações: as cifras anteriores referem-se a qualquer título universitário, mas, quando se introduz a distinção por níveis de titulação universitária, quer dizer, licenciaturas, bacharelados e títulos de pós-graduação, mestrados ou doutorados, as diferenças aumentam de novo: em 1995, a probabilidade de ter um título de pós-graduação era de sete para um conforme a procedência social alta ou baixa.

A partir do momento em que prevalece no sistema educativo a função de seleção para o mercado de trabalho, são produzidas uma série de distorções nas funções de transmissão de conhecimentos. O valor dos conhecimentos passa para segundo plano, enquanto em si mesmos em primeiro plano aparece seu valor simbólico, seu valor de troca no mercado. Qualquer debate sobre o quê é preciso ensinar e a quem fica imediatamente tergiversado por outros interesses: o sistema educativo é mais um campo de confronto em que cada grupo social tende a maximizar suas oportunidades e vantagens. Isso arrasta a educação a uma espiral de conflitos, de tentativas de resolução por meio de reformas que nunca podem conseguir o consenso, já que o debate é outro: sob a aparência de melhorar os conhecimentos e as aprendizagens, de torná-los mais adequados a uma realidade mutante, o que se observa é o confronto entre os que tentam hierarquizar mais os títulos e fazer o processo mais seletivo, para fechar posições, e os que tentam abri-lo, para melhorar suas possibilidades nos estratos altos da educação, dos quais sempre estiveram excluídos.

## AS SOCIEDADES PÓS-INDUSTRIAIS: A RUPTURA DOS MODELOS MORAIS

Enquanto isso, as sociedades aceleram seus ritmos de mudança. Não só já ficou para trás a tradição e a herança como fundamentos da produção e das posições sociais. Nas sociedades pós-industriais, são produzidas outras quebras, outras rupturas, outras mudanças, que hoje estão reclamando instâncias institucionais também distintas das tradicionais para a socialização e a educação.

A obsolescência dos saberes tradicionais como base da produção não supôs, em um primeiro momento, a destruição de outros hábitos sociais. O funcionamento da vida cotidiana continuou ocorrendo a partir da tradição herdada: os esquemas de comportamento moral na família, na vizinhança, com os amigos, na vida social, tudo isso continuou regido pelos princípios da tradição e continuou sendo transmitido por imitação de uma geração para outra. Introduzindo, certamente, cada vez mais mudanças, porque a legitimidade da tradição já estava começando a ser rompida, as circunstâncias mudavam, o processo de individualização estava em andamento e era cada vez mais legítimo, frente aos hábitos tradicionais, perguntar e perguntar-se por que se devia viver e comportar de uma certa maneira. O termo "moral", nesse contexto, não deve ser tomado apenas no sentido dos valores, mas também dos hábitos. A aprendizagem das normas relativas à nutrição, à higiene, à saúde, às relações de todo tipo, às formas de lazer, à participação política e cidadã fazem parte dos esquemas morais de uma sociedade. E esses esquemas são os que, durante muito tempo, continuaram mais ou menos vigentes, submetidos às rotinas, naturalizados. Aparentemente, faziam parte de algo dado pela natureza humana e, portanto, sua mudança era improvável. Sua aprendizagem tampouco necessitava de uma instância separada: a imitação familiar era suficiente.

Contudo, chegou o momento em que esse esquema foi rompido, empurrado por um conjunto de transformações que acabaram submergindo qualquer ilhota de tradição ancorada no passado. As normas da tradição caem em desuso, porque já não são aceitáveis e não resistem às perguntas do porquê. O vazio criado pela falta de normas é invadido por um grande número de respostas, as mais aceitáveis das quais são as que nos chegam com o aval da ciência. Como se alimentar? Como se relacionar? Como se cuidar? Os discursos pseudocientíficos invadem o mercado. O afã de achar respostas, e respostas sérias, nas quais possamos confiar, age, nesse mercado, de multiplicador de receitas: receitas que se convertem em variáveis, contraditórias, incertas. Não faltam respostas, falta a certeza, a legitimidade de um fundamento em que acreditar; e, no excesso de informações contrapostas, é criada a angústia, o retorno, com freqüência, ao desejo de crença simples, firme, milagrosa, transcendente.

Vários fenômenos superpõem-se neste momento: por um lado, a ruptura dos moldes tradicionais em relação às identidades e, portanto, às formas adequadas ou inadequadas de ser e de agir. As identidades sexuais vão ficando apagadas, especialmente para as mulheres, mas em num processo que provavelmente se acelere nos próximos anos, também para os homens. As identidades de classe também ficaram para trás e, embora continuem perdurando em muitos comportamentos, já não são aceitas como princípios normativos organizadores do comportamento ou das formas de vida. Em nosso país, também as identidades religiosas foram diluídas: os princípios religiosos estão cada vez menos adequados como fundamentos da moral, inclusive no caso de pessoas praticantes, especialmente entre as pessoas jovens, embora em outros países este pareça ser um dos princípios de identidade que não só se mantém, como também é contraposto com violência aos avanços das formas de vida ocidental: o avanço dos fundamentalistas religiosos é uma das respostas mais preocupantes que se está dando à ruptura dos modelos tradicionais de comportamento[3]. A destruição das identidades tradicionais, entendidas como moldes reguladores das condutas individuais, é um fato que, como todos, pode ter duas leituras: causar o pânico ao vazio, o "medo à liberdade" que há anos Fromm já apontou, ou constituir a ocasião real de assunção dessa liberdade, desprovida de preconceitos tradicionais que limitavam as possibilidades individuais e perpetuavam as posições de poder. Porque, evidentemente, nas identidades tradicionais havia muito de sujeição, de imposição de uma normativa de aceitação das posições estabelecidas, para benefício dos que se encontravam nas posições dominantes.

No entanto, há algo que é importante distinguir: a destruição das identidades tradicionais e de suas formas geracionais de transmissão coloca inevitavelmente a necessidade de se encontrar novos critérios morais e novos instrumentos de socialização que não sejam regidos unicamente pelo mercado das mensagens mediáticas; de outro modo, os desastres multiplicam-se, como, por exemplo, o da sexualidade. Destruídos os velhos princípios que reprimiam a sexualidade das adolescentes com potentes ameaças e eficazes mecanismos de vigilância familiar, hoje apenas existem critérios entre as adolescentes em relação a qual deve ser seu comportamento sexual. Estimuladas a praticarem sexo pelos meios de comunicação, que o transformam no elemento central do prazer pessoal, e pela imitação crescente de um comportamento masculino que sempre foi mais livre, as jovens carecem de normas adequadas para saber como agir; tampouco as famílias não sabem como abordar a questão e, com freqüência, quando o fazem, utilizam os tradicionais critérios repressores, ou limitam-se a facilitar os instrumentos necessários para evitar a gravidez. E o resultado é, forçosamente, o crescimento da gravidez de adolescentes, que ninguém sabe como enfrentar, porque ninguém se sente responsável pela transmissão de normas de conduta, já que toda norma de conduta enunciada como tal ficou estigmatizada como elemento repressivo procedente do passado quando, na realidade, as normas de conduta são o próprio fundamento da vida social.

Timidamente, o sistema educativo foi tendo consciência dos problemas destacados e enunciou alguns deles, iniciando um debate sobre os valores. E o fez porque o sistema educativo é uma das instituições sociais que mais diretamente recebem as conseqüências negativas da falta de socialização normativa, já que é o primeiro que deve defrontar-se com os comportamentos agressivos, a falta de motivação e a falta de projeto pessoal por parte das gerações mais jovens. E não só por isso: o sistema educativo é que recebe todas as críticas quando os desmandos de uma juventude violenta tornam-se públicos. As notícias, no começo de fevereiro de 1999, da violência desencadeada por milhares de menores na França[4] geram imediatamente a suspeita de que o sistema educativo não esteja cumprindo com sua parte. No entanto, até agora, os discursos sobre valores ocupam um espaço relativamente marginal entre as preparação dos professores: o predomínio dos currículos tradicionais e a própria preocupação dos professores, focalizada mais nos conteúdos do que nos valores e nas exigências derivadas da função de seleção, tornam muito difícil a introdução de outro tipo de metas que representem uma mudança de 180° em relação à orientação educativa dos últimos 50 anos.

Há um último elemento de ruptura que é necessário apontar: a multiplicação e a fragmentação dos saberes, que constitui outro ponto de pressão sobre o sistema educativo. A constante mudança nos sistemas de produção faz com que se produza, conseqüentemente, a obsolescência dos saberes aprendidos na escola e gera críticas contra ela. A resposta do sistema educativo foi, geralmente, a tentativa de aumentar os conhecimentos, de multiplicar as matérias: aposta perdida de antemão, já que o crescimento exponencial dos saberes torna totalmente impossível sua aquisição em uma determinada etapa da vida. Embora nos seja penoso, é preciso renunciar definitivamente à imagem do homem do Renascimento, do filósofo-cientista-artista que podia abranger o conjunto de saberes de seu tempo, precisamente porque a produção de saberes era extraordinariamente lenta e limitada. Multiplicar hoje os saberes na educação fundamental e média (a educação superior tem, obviamente, outra função) não conduz senão à distinção espontânea entre "aquilo que é preciso saber para ser aprovado", que se aprende na escola e não se usa para mais nada, e "aquilo que é preciso saber para viver" que, em geral, aprende-se pela televisão, cada dia menos controlável pela população e mais inclinada ao despropósito como meio de chamar a atenção.

## CONSTRUIR UM NOVO MODELO DE EDUCAÇÃO

Diante dos vazios de normativa moral criados pelas mudanças sociais recentes necessita-se de uma nova forma de estabelecer critérios e que estes sejam transmitidos às novas gerações. Embora se possa pensar em outras formas institucionais, hoje em dia a única instituição social expressamente planejada para a formação das pessoas jovens, e que oferece certa garantia de cobertura universal (ainda que não-igualitária), é o sistema educativo. De modo que é preciso empreender seriamente um novo debate sobre suas funções, sobre as tarefas que socialmente lhe são encomendadas, para ver como, paulatinamente, pode-se transformar em uma instituição não só transmissora de conhecimentos, mas também transmissora, de modo patente, de critérios e normas de comportamento. Transmissão na qual o sistema educativo sempre participou por meio, entre outras coisas, do que se denominou "currículo oculto", mas sem colocar nem discutir quais eram essas normas e, inclusive, alegando que não era um terreno de sua incumbência.

Nesse sentido, a transformação do sistema educativo implica dois requisitos prévios: um debate social sobre a natureza de uma nova moral, que já não pode ser de conteúdos, mas de critérios; e a transformação da figura docente, que não pode ser colocada como correia de transmissão de alguns saberes indiscutíveis, mas que deve ter o caráter intelectual, mais próximo, por exemplo, dos professores universitários, que têm uma ampla margem de liberdade para selecionar conteúdos e determinar as formas de sua transmissão.

Em relação ao debate sobre a nova moral, não é aqui o lugar de entrar a fundo nisso; quero apenas apontar algumas idéias. Depois de anos trabalhando no âmbito da co-educação, e de observar como se realiza a transmissão dos gêneros no sistema educativo, algumas coisas parecem-me evidentes: a necessidade, para que uma educação funcione, de que os indivíduos jovens identifiquem seu lugar no mundo e contem com um sistema de reconhecimento de suas próprias capacidades como elemento indispensável para que se transformem em sujeitos ativos, capazes de exercer a responsabilidade e de buscar e delimitar, por iniciativa própria, os saberes que lhes são úteis para exercerem tais responsabilidades. Sem algumas metas definidas, a educação não tem sentido para os que a experimentam. Naturalmente, esta é uma das dificuldades hoje, já que partimos da dissolução dos papéis profissionais ou familiares herdados e, portanto, a identificação dos encargos futuros pode parecer mais incerta do que nunca. Todavia, o sistema educativo pode criar no indivíduo o conceito de seu valor para a comunidade, de sua responsabilidade perante ela, a partir da própria concepção da escola como comunidade. Algo que não é novo, que já estava nas concepções educativas da primeira metade do século e que foi ficando perdido pelo aumento das exigências curriculares e das urgências da seleção.

Certamente, será difícil que o sistema educativo empreenda esse caminho, se não houver na sociedade um novo projeto humanista. A competitividade e o economicismo, que foram de grande utilidade para forçar o desenvolvimento dos sistemas produtivos e situar-nos pela primeira vez na história em sociedades de abundância, deverão ter limites. Hoje, começam a ser valores fortemente daninhos para a sociedade, pois levam a desigualdades ferozes, constituem uma ameaça mais do que evidente para o ecossistema e uma ameaça menos visível, mas já bem detectável, para a "natureza interior" humana à qual Habermas repetidamente se referiu. Porém, embora o sistema educativo, por si mesmo, não possa mudar tudo, e não conseguirá mudar nada se não for a colaboração de outros âmbitos sociais, é uma instituição adequada para a reflexão e o início desse tipo de mudança, porque é precisamente onde se manifesta de modo mais direto a crise do modelo dessa natureza interior, do sistema de valores e crenças que sustentam as pessoas em sua vida social e pessoal.

No que se refere mais diretamente ao próprio sistema educativo, a transformação também não é fácil. Por outro lado, os sistemas educativos têm hoje uma estrutura consolidada, com uma forte ênfase nos aspectos curriculares, nos modelos por matérias e sistemas de avaliação. Toda tentativa de substituir a lógica curricular vigente por outra lógica choca-se com dificuldades enormes, como já se viu, por exemplo, no caso da reforma educativa espanhola, que incorporou um conjunto de saberes transversais — os saberes encaixam-se com dificuldade nas programações habituais e vão ficando, portanto, como elementos secundários mais do que como linhas fundamentais da educação. É que, efetivamente, os valores não podem ser ensinados da mesma maneira e com a mesma metodologia que as matérias instrumentais. Ao mesmo tempo, por outro lado, costuma dar-se maior valor hierárquico aos conhecimentos do que às normas, e os próprios professores sentem-se mais legitimados intervindo no terreno dos conteúdos, que costumam ser avaliados por alguma disciplina científica, do que em um terreno moral, considerado de menor relevo, carente de normas fixas e monopolizado, durante muito tempo, pela Igreja e pelos setores mais conservadores da sociedade. O discurso científico, como aval dos conhecimentos transmitidos pela escola, é considerado um saber objetivo, indiscutível, neutro. Enquanto, ao contrário, não existem referências fixas no que se refere aos valores e aos comportamentos morais, que hoje entendemos basicamente como fatos opináveis, contingentes e discutíveis, pouco aptos, portanto, para uma transmissão sistemática e apoiada em um saber profissional.

Diante dessas dificuldades, a solução, no meu entender, passa por um maior desenvolvimento da democratização no próprio sistema educativo. A concepção do docente como transmissor de alguns saberes definidos só tem sentido em um modelo institucionalizado de conhecimento, um modelo que opera de cima para baixo, com controles ao longo de toda a cadeia, ou seja, um modelo no qual a autonomia do sistema educativo em relação ao poder é muito escassa. A questão da autonomia do sistema educativo, de sua definição como campo de confronto entre diversas concepções do conhecimento, mal foi considerada. Naturalmente, há autores, como Bernstein, que se referem amplamente a ela, desde um ponto de vista analítico, mas, em geral, a exploração das margens possíveis de autonomia para o sistema educativo não foi feita nem em termos teóricos, nem em termos práticos, se excetuarmos as tentativas isoladas de construir uma escola inovadora, que permitiram incorporar alguns dispositivos, mas que raramente se difundiram maciçamente. No entanto, trata-se de uma questão-chave para a construção de uma nova forma de educação, já que é a condição de democratização real do sistema educativo e a possibilidade de criar comunidades escolares nas quais a coletividade docente possa fazer o ajuste entre o conjunto de saberes e valores considerados necessários e as características do grupo concreto, suas necessidades, perspectivas e possibilidades reais.

Nesse sentido, o exemplo das universidades parece-me altamente educativo. A democratização das universidades (com as diferenças de grau existentes ainda entre elas e por países) supôs a possibilidade de pesquisar além dos campos estabelecidos, dos modelos escolásticos, das hierarquias de poder e deu lugar a uma explosão do conhecimento que, certamente, fez implodir corpos de doutrina, introduzindo incertezas, mas, ao mesmo tempo, produzindo avanços extraordinários no conhecimento. Para isso, bastou partir da idéia da liberdade de cátedra e supor que os pesquisadores e docentes universitários são os que estão em melhor situação para decidir seus temas e a forma de transmiti-los. A diferença está apenas em que a pesquisa universitária é vista hoje como uma necessidade para a produção e, portanto, tendeu-se a aproveitar nela todo o caudal humano de iniciativa, em vez de submetê-lo a uma ordem hierárquica. E, no terreno da educação fundamental e média, ao contrário, persiste a suspeita sobre a capacidade do docente e, portanto, na Espanha, nos úlitmos tempos é aumentado o controle sobre o modelo curricular, com um conjunto de exigências com que se tenta atenuar alguns fracassos do sistema educativo que, por outro lado, estão praticamente programados em seu próprio funcionamento.

Essa mudança requer também, de qualquer forma, uma nova mentalidade da coletividade docente, acostumada a ser tutelada, e cuja vontade de intervenção mais ativa nos próprios modelos de educação foi repetidamente frustrada. A recuperação do conceito integral da educação, muito além da transmissão de saberes, continua sendo uma utopia, infinitas vezes repetida no passado, mas que nem por isso foi alcançada.

## NOTAS

[1] Ver, por exemplo, MAPPA, S. (1998): *Pouvoirs traditionnels et pouvoir d'Etat in Afrique*. Paris. Editions Karthala, para uma ampla descrição das mentalidades africanas atuais e das normas sociais que regem os comportamentos, para com-

provar até que ponto o mundo ocidental evoluiu em relação a algumas formas culturais que ainda estavam vigentes em certos âmbitos territoriais espanhóis até há relativamente muito pouco tempo.
2   NELLO, O.; RECIO, A.; SOLSONA, M.; SUBIRATS, M. (1988): *La transformació de la societat metropolitana*. Barcelona. Institut d'Estudis Metropolitans.
3   O tema do renascimento das identidades nacionais, religiosas e culturais como resposta aos fenômenos desencadeados pela globalização é extremamente indicativo da falta de capacidade atual para encontrar um novo marco de referência e estímulo para os indivíduos. Diante da destruição de marcos tradicionais de referência, aponta-se para uma volta ao passado que, em si mesma, pode criar mais problemas do que os que resolve, já que tende a estar acompanhada de uma volta ao passado também em uma série de aspectos negativos. Ver, por exemplo, CASTELLS, M. (1997): *La era de la información*. Alianza.
4   Ver, entre outros, *El País*, 7 de fevereiro de 1999.